PAMELA HANSEN

Die Inselpastorin

Mein Leben mitten in der Nordsee

Rowohlt Taschenbuch Verlag

4. Auflage Juni 2024
Originalausgabe
Veröffentlicht im Rowohlt Taschenbuch Verlag,
Hamburg, März 2020
Copyright © 2020 by Rowohlt Verlag GmbH, Hamburg
Redaktion Regina Carstensen
Covergestaltung zero-media.net, München
Coverabbildung FinePic®, München
Satz aus der Pensum Pro
bei Pinkuin Satz und Datentechnik, Berlin
Druck und Bindung CPI books GmbH, Leck
ISBN 978-3-499-00066-9

*Für meinen großen Boss
und für den Wanderhemdbügler,
die es beide immer wieder schaffen,
mich zu den unmöglichsten Dingen
zu motivieren.*

PROLOG

«Solange es nicht Hallig Hooge oder Helgoland wird, ist alles okay.» Das waren die Worte meines damaligen Mannes, als wir uns im Sommer 2011 nach einem fünfjährigen USA-Aufenthalt überlegten, wo in Deutschland ich eine Pfarrstelle annehmen könnte. Wir hatten uns darauf geeinigt, dass ich im Grunde freie Wahl hätte bei allem, was mir das Landeskirchenamt vorschlug. Nur eben bitte nicht Hallig Hooge oder Helgoland. Eine weitere Bedingung hatte mein Mann noch: Landschaftlich schön sollte es gerne sein!

Ich kam dann im Herbst 2011 von einem Gespräch im Landeskirchenamt in Kiel zurück und wusste nicht recht, wie ich die Botschaft überbringen sollte, dass man mir genau das vorgeschlagen hatte: Helgoland!

Mein Mann hatte natürlich gleich gefragt: «Na, und? Wie war's? Was haben sie gesagt?»

Und ich antwortete: «Es wird nicht Hallig Hooge.»

Dann nahm ich innerlich Anlauf und gestand: «Sie haben mir allerdings tatsächlich Helgoland vorgeschlagen.»

Daraufhin herrschte erst einmal ein paar Minuten Schweigen.

Schließlich fragte ich: «Könntest du dir das vorstellen? Nach Helgoland zu ziehen und da zu leben?»

Erneutes Schweigen.

«Wie viele Einwohner hat Helgoland eigentlich?» Die Frage kam zögerlich.

Ich kramte in meinem Gedächtnis: «So etwa 1400.»

«Helgoland ist ziemlich klein, oder?»

«Ungefähr eineinhalb Quadratkilometer. Es gibt immerhin ein Unterland, ein Mittelland und ein Oberland. Drei Etagen sozusagen. Ich war als Kind mal mit einer Jugendgruppe auf Helgoland und erinnere mich noch, dass ich ganz beeindruckt von dem Fahrstuhl war, der das Unterland mit dem Oberland verbindet. Natürlich mussten *wir* die Treppe nehmen.»

Nochmals Schweigen.

Schließlich meinte mein Mann: «Wenn es auf Helgoland auch für mich eine Stelle gibt, sollten wir es zumindest versuchen. Und wenn es nicht gutgeht, müssen wir da eben wieder weg.»

Ich nickte: «Das klingt nach einem Plan. Außerdem wolltest du ‹landschaftlich schön›. Jetzt kriegst du ‹landschaftlich schön›.»

In den nächsten Tagen wurden natürlich noch so einige Vor- und Nachteile abgewogen. Es wurde viel überlegt und geredet, und noch mehr überlegt und weitergeredet. Wir zogen Erkundigungen ein, wie es arbeitstechnisch für meinen Mann auf Helgoland aussehen würde, und: Sie suchten tatsächlich eine Lehrerin oder einen Lehrer[*]! So dauerte es am Ende gar nicht so lange, bis die Entscheidung getroffen war: Ja, wir wollen es auf Helgoland versuchen. Der abschließende Kommentar meines Mannes dazu war: «Auf Hallig Hooge hätte ich mich aber wirklich nicht eingelassen!»

Schnell teilte ich dem Landeskirchenamt unsere Entschei-

---

[*] Die weibliche und die männliche Form, oder beide zusammen, werden in lockerem Wechsel verwendet; die jeweils anderen Geschlechter sind mitgemeint, es sei denn, es handelt sich um Zitate.

dung mit. Es wurde alles auf den Weg gebracht und der Umzug organisiert.

Es gibt Leute, die der Meinung sind, man sei auf Helgoland dem Himmel näher als anderswo. Das kann ich total unterstreichen! Als es mich dorthin verschlug, war ich dem Himmel wirklich schon sehr nah. Umgezogen bin ich nämlich per Flugzeug. Der Hund auch. Das Hab und Gut nicht. Das kam mit dem Schiff hinterher. Die Ankunft hier war schon so wirklich Helgoland: mit dem Flieger auf die vorgelagerte kleinere Insel, die Düne, und von da ging es mit der Dünenfähre rüber zur Hauptinsel. Manche Leute behaupten ja, die Fähre sei ein Dünentaxi, vermutlich, weil es schöner klingt. Das Dünentaxi gibt es auch, ist aber ein *echtes* Taxi, also ein Auto. Dieses Taxi verfrachtete mich und meine Hundedame Jessie vom Flugplatz zum Anleger der Dünenfähre. Damals war Jessie noch eine Hundedame. Heute ist sie ziemlich in die Jahre gekommen und eher eine Oti (Helgoländisch für «Oma»).

In Sachen Helgolandreisen war ich zu diesem Zeitpunkt bereits Profi, denn meinen ersten hochoffiziellen Besuch auf dieser Nordseeinsel hatte ich schon hinter mir. Der hatte zunächst vor Weihnachten stattfinden sollen, aber ich hatte Schiss bekommen, dass ich womöglich über Weihnachten ohne meine Familie auf Helgoland festhängen könnte. Im Winter ist die Gefahr nämlich ziemlich groß, dass witterungsbedingt schon mal Flüge ausfallen. Bei Nebel. Und Schiffe fallen auch mal aus. Bei Sturm. So hatte das erste Vorstellungsgespräch vom Büro unseres Propstes aus via Skype stattgefunden, denn das pröpstliche Büro* im schönen Dithmarschen in Schleswig-

---

* Ein Propst oder eine Pröpstin verwaltet zusammen mit vielen anderen

Holstein ließ sich im Gegensatz zur Insel auch bei Nebel oder Sturm gut wieder verlassen. Es befand sich ja auf dem Festland und konnte mit dem Auto erreicht werden.

Normalerweise stellt sich die angehende neue Pastorin persönlich in der Gemeinde vor, in der sie tätig werden möchte, damit sich alle beschnuppern und kennenlernen können. Also, sie stellt sich zuerst dem Kirchengemeinderat zu Beschnupperungszwecken vor. Der Rest der Gemeinde ist später dran.

Da ich aber ja witterungsbedingte Bedenken hatte, die Reise zu dieser Jahreszeit nach Helgoland anzutreten, reiste ich, wie schon erwähnt, nach Meldorf ins schöne Dithmarschen. Dort nahm ich in der Kirchenkreisverwaltung zusammen mit dem Propst den ersten Kontakt zum Helgoländer Kirchengemeinderat über das Internet auf. Wir unterhielten uns während dieses digitalen Treffens darüber, wie die Insel so tickt, und natürlich auch, wie ich als Pastorin so ticke. Im Grunde ging es da schon um ein erstes Vorfühlen, ob eine kleine Inselgemeinde mitten in der Nordsee und eine Pastorin, die gerade fünf Jahre in einer Kleinstadt nahe Detroit hinter sich hat, überhaupt zusammenpassen. Immerhin ist das Pastorinnen-Dasein im US-Bundesstaat Michigan ein ganz anderes als das auf Deutschlands einziger Hochseeinsel.

Während des Gesprächs mit dem Kirchengemeinderat erfuhr ich auch, dass tatsächlich gerade die Flüge von und nach Helgoland wegen Nebel ausfielen. Wie gut, dass wir ein «analoges» Treffen gar nicht erst versucht hatten.

Dieser erste Kontakt mit Hilfe der modernen Technik hatte

Leuten den Kirchenkreis, in dem mehrere benachbarte Kirchengemeinden zusammengefasst sind. Natürlich machen sie noch viel mehr ...

jedenfalls bei den Beteiligten einen positiven Eindruck hinterlassen, denn wir alle konnten uns gut vorstellen, dass ich in der Kirchengemeinde auf Helgoland meinen Dienst als Pastorin antrete. Auch wenn ich schon einen ersten Vorgeschmack bekommen hatte, was mich in Zukunft wetter- und reisetechnisch erwartete, freute ich mich auf die neue Aufgabe und auf die netten Menschen, die mir auf dem Bildschirm entgegengelächelt hatten.

Woran ich mich heute noch genau erinnern kann, ist ein Gedanke, der mir während des Gesprächs durch den Kopf schoss: Da, wo die zusammensitzen, sieht es saugemütlich aus! Wie sich später herausstellte, war das das pastorale Amtszimmer. Ich finde es heute immer noch saugemütlich!

Die persönliche Vorstellungsrunde wurde schließlich Anfang Januar nachgeholt. Per Flugzeug. Passenderweise zum Dreikönigstag war ich zwar nicht dem Stern, aber doch meiner Berufung gefolgt und zum persönlichen Kennenlernen auf die Insel gereist.

Zum Zeitpunkt meines offiziellen Umzugs wusste ich also schon, was mich erwartete, und war nach der Landung fröhlich mit Jessie auf die Dünenfähre geklettert. Und dann war ich verwirrt. Wir fuhren nämlich nicht dahin, wo wir im Januar hingefahren waren: zur Landungsbrücke. Wir fuhren in den Nordosthafen, von dem ich zu diesem Zeitpunkt noch nicht einmal wusste, dass der überhaupt existiert.

Ich hatte mir schon in allen Einzelheiten ausgemalt, wie meine Reise verlaufen würde: Wie ich in dem kleinen Örtchen Österdeichstrich in der Nähe von Büsum das Flugzeug besteige, wie wir über die Nordsee fliegen, wie wir landen, wie ich freundlich zu den Leuten am Flugplatz bin (ich bin schließlich die neue Pastorin), wie ich mit der Dünenfähre zur Hauptinsel schippere und wie ich an der Landungsbrücke in Empfang genommen werde. Und genau hier holte die Realität das Kopfkino ein. Denn am Nordosthafen sah alles irgendwie anders aus. Unbekannt. Und mit unbekanntem Terrain bin ich schnell überfordert, weil ich dann auf einmal ganz viel denken muss, um mich zurechtzufinden.

Zum Glück stimmte der letzte Teil meiner Vorstellung. Ich wurde abgeholt! Noch bevor ich mit Jessie von der Dünenfähre runtergeklettert war, sah ich zwei bekannte Gesichter auf der Rampe stehen, an der wir angelegt hatten: zwei liebe Menschen aus meinem Kirchengemeinderat, die sich schon bei meinem Besuch im Januar sehr nett um mich gekümmert hatten.

Als ich wieder festen Boden unter den Füßen hatte, wollte ich die beiden begrüßen, aber bevor ich überhaupt ein Wort herausbringen konnte, wurde ich schon fest gedrückt.

Ich: «Das ist ja schön, dass ihr mich abholt!»

Sie: «Na klar. Das muss doch sein.»

Ich: «Vor allem, weil ich gar nicht gewusst hätte, wo ich lang muss. Ich weiß nämlich nicht mal, wo ich bin. Letztes Mal bin ich doch woanders angekommen, oder?»

Er: «Ja, an der Landungsbrücke. Das ist da drüben.» Er zeigte mit dem Finger auf einen Punkt irgendwo hinter sich.

Sie: «Und damit du zum Pastorat findest, sind wir hier. Wir bringen dich da hin.»

Ich: «Ach, ist das klasse, endlich hier zu sein!»

Und dann wurde ich noch mal umarmt. Aber erst, nachdem auch Jessie ihre Begrüßungsstreicheleinheiten erhalten hatte.

Der herzliche Empfang am Anleger gab mir tatsächlich das Gefühl: Ich bin angekommen. Ich bin zu Hause. Seitdem versuche ich, wenn es die Zeit zulässt, meine Gäste auch immer vom Hafen abzuholen und ihnen so zu zeigen: «Schön, dass du da bist!» Das gilt im Übrigen auch für dich, liebe Leserin oder lieber Leser: «Schön, dass du da bist!»

Denn so kann ich dir durch Streiflichter aus meinem Alltag einen Eindruck vermitteln, wie es sich mitten in der Nordsee so lebt – als Pastorin und als Mensch. Dich erwarten Geschichten über Menschliches und Zwischenmenschliches, Inseltypisches, Bauliches und Erbauliches, Tierisches und die Herausforderungen des täglichen Lebens. Wenn du Lust hast, dann komm jetzt mit in meine Welt und sieh dir an, was da so los ist. Aber Vorsicht: Es weht manchmal ein steifer Wind!

ANKUNFT MIT DREI CONTAINERN

«Die ist mit drei Containern gekommen!»
«Dann muss sie ja einen ziemlich großen Hausstand haben!»
«Na ja, sie muss ja auch ein ganzes Pastorat möblieren!»
«Aber trotzdem: Die sind doch nur zu zweit!»
«Zu zweit mit Hund.»
«Ein Hund braucht aber nicht viel. Was anderes wär's, wenn sie Kinder hätten.»
«Guck mal, was die da alles auspacken!»
«Das sind aber viele Kartons!»
«Da sind bestimmt Bücher drin. Pastoren haben doch immer viele Bücher.»

So oder so ähnlich muss sich die eine oder andere Unterhaltung zugetragen haben, die an der Ecke des Pastoratsgrundstücks geführt wurde, kurz nachdem mein Hausstand auf der Insel eingetroffen war. Jedenfalls wurde mir das später so berichtet.

Von der Ecke des Pastoratsgrundstücks aus verbreitete sich die Nachricht dann wie ein Lauffeuer über die Insel, sobald der letzte Umzugscontainer vor dem Helgoländer Pastorat abgestellt worden war. Eine Stunde später wusste die ganze Insel bis ins Detail über den Inhalt der drei Container Bescheid. Obwohl diese noch gar nicht ganz ausgepackt waren.

Na gut, das war jetzt etwas übertrieben. Aber ich schwöre,

dass ein Großteil der Insel spätestens nach Abtransport des letzten Containers bestens über den Inhalt besagter Container informiert war. Ich weiß das, weil es nicht lange dauerte, bis man mich über den Inseltratsch informiert hatte, der sich mit dem Einzug der neuen Pastorin ins Helgoländer Pastorat befasste. Das hat sich übrigens bis heute nicht geändert. Ich weiß immer noch ziemlich schnell, wer hier was über wen redet.

Ja, ich war tatsächlich mit drei Umzugscontainern auf Helgoland angekommen! Heute finde ich das auch viel, weil ich die Lebensverhältnisse der Insulanerinnen und Insulaner inzwischen gut kenne: Alles hat nur einen beschränkten Raum, weil alles klein ist. Die Insel ist klein. Die Häuser sind klein. Sogar die Drehleiter der Feuerwehr ist klein. Die Keller sind klein – wenn sie überhaupt vorhanden sind. Die Dachböden sind klein – wenn sie überhaupt vorhanden sind. Die Supermärkte sind klein – wenn sie überhaupt ... Okay, okay, war ein Scherz. Es gibt immerhin zwei davon. Die Gärten sind klein – wenn sie überhaupt vorhanden sind. Manche Häuser haben nur eine klitzekleine Terrasse. Es gibt auch Häuser, die haben nicht mal diese. Dann steht eine Bank vor der Tür, auf der man ein paar Sonnenstrahlen und etwas frische Luft einfangen kann. Einige Leute haben dafür einen Schrebergarten. Die Schrebergärten sind auch klein. Aber Schrebergärten sind ja überall klein. Das Helgoländer Pastorat ist übrigens auch klein – jedenfalls im Vergleich zu den meisten seiner Pastoratsgeschwister auf dem Festland. Vergleicht man es mit den Häusern hier auf der Insel, ist es allerdings ziemlich groß.

Jedenfalls sollte sich jeder Mensch, der auf dieser Insel lebt, überlegen, wie viel Zeugs er oder sie sich ans Bein bindet. Denn das, was wir in unserem Haushalt anhäufen, muss auch irgendwo untergebracht werden. So gesehen ist die schockierte Aussage «Die ist mit drei Containern gekommen!» schon gut zu verstehen.

Allerdings muss ich zu meiner Verteidigung anführen, dass es sich bei den drei Containern um *kleine* Container handelte. Es waren keine regulären Zwanzig-Fuß-Container, sondern klitzekleine Zehn-Fuß-Container. So gesehen waren es also nur eineinhalb Container und nicht drei!

Außerdem war in dem letzten Container fast nix drin. Nur meine heißgeliebte Gartenschaukel, die unbedingt mitmusste und die man mir seit dem Einzug ins Helgoländer Pastorat versucht abzuschwatzen. Erfolglos! Die Gartenschaukel steht immer noch im Pastoratsgarten, wird fröhlich hin- und hergeschaukelt und mit Zähnen und Klauen und unter Einsatz meines Lebens gegen alle verteidigt, die irgendwelche unlauteren Absichten haben.

Es passiert dennoch weiterhin mit schöner Regelmäßigkeit, dass mich jemand im Vorbeigehen auf der Schaukel schaukeln sieht, abrupt stehen bleibt und ein massives Abschwatzmanöver startet.

«Du hast es aber gut.» Die meisten Menschen duzen sich hier.

«Ja, ich mache gerade eine kurze Pause.»

«So eine Schaukel ist schon was Schönes.»

«Finde ich auch. Sie war mein erstes amerikanisches Möbelstück. Mein amerikanischer Traum sozusagen. Als ich nach Amerika zog, habe ich mir gleich als Erstes diese Schaukel für die Veranda unseres Hauses gegönnt.»

«Die ist wirklich schön!» (Sehnsüchtiger Blick)

«Ich hänge auch sehr an ihr. Deshalb musste sie unbedingt mit nach Helgoland umziehen, auch wenn dafür ein Extra-Container nötig war.»

«Kann ich verstehen.» (Enttäuschter Blick)

«Hm.»

«Also, wenn du sie mal loswerden willst ...»

«Will ich nicht. Ich liebe diese Schaukel.»

«Bei mir würde sie sich auch richtig gut machen. Ich wüsste sogar schon, wo ich sie hinstellen würde.»

«Also, falls der unwahrscheinliche Fall eintreten sollte, dass ich mich von ihr trennen will, sage ich Bescheid.»

«Mach das, unbedingt.»

«Aber eigentlich werde ich mich erst von ihr trennen, wenn sie auseinandergefallen ist und sich wirklich, wirklich, wirklich nicht mehr reparieren lässt.»

(Niedergeschlagener Blick)

Ich hoffe nur, dass aus der Schaukelsehnsucht nicht irgendwann kriminelle Energie entsteht und meine Schaukel plötzlich verschwunden ist. Ich wüsste nämlich gar nicht, auf welcher Terrasse ich zuerst nachsehen sollte.

Aber zurück zum Umzug. Eine Mitarbeiterin der amerikanischen Gemeinde, in der ich als Pastorin arbeitete, erklärte mir mal, dass Psychologinnen folgende Meinung vertreten: Ein Umzug haut das persönliche Stresslevel weit nach oben, in schwindelerregende Höhen. Man muss sich das tatsächlich so vorstellen, als ob jemand auf einen Lukas haut. Nur dass der Stressball nicht gleich wieder runterkommt. Wäre ja auch zu schön. (Gibt's diese Jahrmarktattraktion eigentlich noch?)

Ich war an dem Tag, an dem die Container ankamen, also ziemlich gestresst. Nicht so, dass der Stressball die Glocke zum Läuten gebracht hätte, aber über die Hälfte der Strecke hatte er schon geschafft. Damit der Stressball nicht über das

Ziel hinausschoss, hatte ich die Container-Entladeaktion so organisiert, dass sie mir möglichst wenig zusätzlichen Stress verursachte: Damit alles koordiniert ablaufen konnte, hatte ich mich an der Wohnungstür postiert, und die Möbelpacker mussten an mir vorbei, bevor sie die Wohnung betraten. So konnte ich ihnen die richtige Parkposition für Tische, Schränke, Sitzgelegenheiten und Kartons zuweisen. Ein bisschen wie in dem Film *Top Gun*, in dem die Einweiser auf dem Deck des Flugzeugträgers ein wahres Ballett aufführen, um den jeweiligen Piloten wissen zu lassen, wo er denn mit seiner Tomcat hinmuss. Wer den Film gesehen hat, weiß, wovon ich rede. Wer ihn nicht kennt, hat vermutlich den Eindruck, dass die Helgoländer Pastorin öfter mal wirres Zeug von sich gibt.

Wie gesagt, ich hatte die Entladeaktion gut organisiert, und es lief alles nach Plan. Bis zwischen den hin und her flitzenden Möbelpackern ein mir unbekannter Mensch auftauchte und mich ansprach. Dadurch erhöhte sich im Verlauf des folgenden Gesprächs mein Stresslevel um ein Vielfaches. Ich sag nur: Hau den Lukas!

Unbekannter Mensch: «Sind Sie Frau Hansen?»
Ich: «Ja, bin ich.»
Unbekannter Mensch: «Na, dann herzlich willkommen.»
Ich: «Danke!»
Zu diesem Zeitpunkt war das Stresslevel noch da, wo es vorher auch war. Ich freute mich nur, dass mich jemand freundlich willkommen hieß.
Möbelpacker Nr. 1 drängelte sich dazwischen: «Ich habe hier Bücherkartons. Wo sollen die hin?»
Ich: «Lassen Sie mal sehen. Was sind das für Bücher?»
Möbelpacker Nr. 1: «Steht ‹Kirche› drauf.»

Ich: «Dann in mein Amtszimmer.»

Möbelpacker Nr. 1: «Wo ist Ihr Amtszimmer?»

Ich: «Da stehen Sie vor.»

Unbekannter Mensch: «Ich brauche den Gottesdienstablauf mit den Liedern für Ihren Vorstellungsgottesdienst, damit die Musiker proben können.»

Ich: «Ach so, ja. Aber ...»

Möbelpacker Nr. 2 und 3 kamen mit dem Sofa an: «Wo sollen wir das aufbauen?»

Jetzt geriet die Entladeaktion ins Stocken. Mein Stressniveau erhöhte sich.

Ich: «Im Wohnzimmer. Hinten rechts.»

Unbekannter Mensch: «Wie gesagt, ich hätte gerne den Gottesdienstablauf.»

Ich: «Aber den habe ich noch gar nicht fertig. Und alles, was ich brauche, um den zusammenzustellen, ist noch in den Umzugskartons.»

Mein Stressniveau kam dem roten Bereich gefährlich nahe.

Möbelpacker Nr. 1: «Ich habe hier noch mehr Kartons. Wo sollen die denn hin?»

Möbelpacker 2 und 3: «Wir kommen gleich mit den Regalen. Sie müssen uns kurz sagen, wo wir die aufbauen sollen.»

Mein Stressball hatte fast die Glocke erreicht.

Ich: «Mache ich gleich. Ich muss das hier nur eben kurz regeln.»

Unbekannter Mensch: «Bis wann haben Sie denn den Ablauf fertig?»

Ich: «Keine Ahnung. Mal überlegen. Erst müssen wir die Container entladen. Dann muss ich die richtigen Kartons mit dem Material für die Gottesdienstvorbereitung finden. Ich schätze, in ein paar Tagen könnte er fertig sein. Reicht das?» (War ich eigentlich völlig bescheuert? Das würde ich nie schaffen!)

Unbekannter Mensch: «Ja, das reicht. Danke.»

Irgendwann ging mir noch auf, dass ich nicht die geringste Ahnung hatte, wer diese unbekannte Person eigentlich war und wie ich ihr den Gottesdienstablauf zukommen lassen sollte. Beziehungsweise, wie ich ihr in ein paar Tagen mitteilen sollte, dass ich es *nicht* geschafft hatte, den Gottesdienst zu planen.

Nachdem die Gottesdienstablauffrage aber vorerst geklärt war, nahm ich mein Einweisungsballett an der Wohnungstür wieder auf, und alles lief wie am Schnürchen. Den Möbelpackern gelang es, sämtliche Container ordnungsgemäß zu entladen, das Helgoländer Pastorat genauso ordnungsgemäß mit meinem Hausrat zu bestücken und damit mein Stresslevel auf ein erträgliches Niveau zu senken.

Zum Glück war ich relativ schnell wieder relativ gelassen. Denn dadurch hatte dieses besondere Gefühl die Gelegenheit, an die Oberfläche zu treiben: das Gefühl, nicht in ein Pastorat eingezogen zu sein, sondern in ein Ferienhaus. Ich kann nicht genau sagen, woran es liegt, dass sich dieses Ferienhaus-Feeling damals eingestellt und bis heute gehalten hat. Vielleicht hat es mit der Bauweise des Hauses zu tun, vielleicht mit der Tatsache, dass ich ständig den Wind ums Haus wehen und bei geöffneten Fenstern die Wellen rauschen hören kann. Vielleicht liegt es am Leuchtturm, der in den dunklen Stunden alle fünf Sekunden durch die Fenster ins Haus blinkt. Vielleicht ist der Grund der, dass das Pastorat vergleichsweise klein ist. Vielleicht sind es auch die Fußbodenbeläge aus Kork, die in fast allen Räumen zu finden sind. Vielleicht ist es das Schlafzimmer mit Aussicht, durch dessen Fenster man einen Blick auf die Nordsee und auf einen Zipfel der Düne erhaschen kann. Vielleicht ist es der Balkon ebendieses Schlafzimmers, auf dem es sich so wunderbar im Sonnenschein frühstücken lässt. Wenn ich da frühstücken kann, auch wenn noch ein ganzer Arbeitstag vor mir liegt, habe ich immer das Gefühl, in den Ferien zu sein – und sei es nur für eine halbe Stunde.

Dieses Ferienhaus-Feeling ist wirklich schön, denn es hilft mir dabei, den «Stress-Lukas» im Griff zu behalten. Es passiert immer wieder, dass ich alles auf einmal regeln will, und auch ohne Umzug gibt es genügend andere Dinge, um die ich mich am besten sofort kümmern muss. Da ist es dann toll, wenn ich einfach mal aus dem Amtszimmer in meine «Ferienwohnung» flüchten kann, um es mir mit einem Becher Tee und einem Stück Kuchen am Küchentisch gemütlich zu machen. Selbstverständlich lege ich bei der Gelegenheit auch die Füße hoch. Eigentlich lege ich bei fast jeder Gelegenheit die Füße hoch, weil mir das unheimlich hilft zu entspannen.

Es muss also unbedingt ein zweiter Stuhl, ein Hocker, eine Kiste oder sonst irgendwas in der Nähe sein, worauf ich meine Füße platzieren kann. Füße hochlegen ist für mich gleichbedeutend mit Auszeit. Und wenn ich auf dem Weg bin, mir eine solche Auszeit in meiner Wohnung zu gönnen, fühlt es sich nicht an, als würde ich eine Dienstwohnung betreten. Nach Dienstwohnung hat es sich im Grunde noch nie angefühlt, auch wenn das der offizielle Begriff für diese Art von Behausung ist. Nein, es fühlt sich meistens nur nach «meiner Wohnung» an – und hin und wieder auch ein bisschen nach Ferienwohnung. Obwohl ich längst vollständig auf der Insel angekommen bin, habe ich manchmal dieses leise Gefühl, hier in den Ferien zu sein. Ich glaube, das hat damit zu tun, dass ich mich wohl fühle.

Ja, ich fühle mich wohl in dem Ferienhaus, das gefüllt ist mit dem Inhalt zweier Umzugscontainer und dessen Garten die Schaukel aus dem dritten Container ziert. Ich fühle mich wohl unter den Menschen, die so gerne über den Hausstand anderer Leute tratschen und die so liebenswert und direkt sein können. Ich fühle mich wohl auf der Insel, die es immer wieder schafft, meinen Stresspegel nach oben schnellen zu lassen, die andererseits aber auch so viel zu bieten hat, was diesen Stresspegel wieder runterholt.

«WIE BIST DU EIGENTLICH AUF HELGOLAND GELANDET?»

Der Nachbar von gegenüber schleppte einen Schaukelstuhl auf die überdachte Veranda meiner Doppelhaushälfte, positionierte ihn strategisch günstig und setzte mich hinein mit den Worten: «Deine Stühle sind ja schon verpackt, und irgendwo musst du schließlich sitzen.»

Das war der Beginn meiner Reise nach Helgoland. Sie hatte nicht in Deutschland begonnen, sondern auf der Veranda eines Hauses in Michigan, wo ich in besagtem Schaukelstuhl saß und dem Beladen eines Umzugscontainers zusah.

Schon oft wurde ich gefragt: «Wie bist du eigentlich auf Helgoland gelandet?» Habe ich keine Lust, lang und breit zu antworten, sage ich: «Mit dem Flugzeug.» Ernte ich daraufhin irritierte Blicke, füge ich noch hinzu: «Ich hätte auch mit dem Fallschirm abspringen können, aber das wollte ich nicht.»

Meistens lasse ich mich aber dazu hinreißen, etwas ausführlicher davon zu erzählen, wie es mich aus den USA ausgerechnet nach Helgoland verschlagen hatte.

Als Pastorin in der Nähe von Detroit hatte es mir ausnehmend gut gefallen. Ich hatte mich dann aber doch entschieden, nach Deutschland zurückzukehren, weil ich eine zwanghafte Sicherheitsfanatikerin bin. Der wirtschaftliche Einbruch in der US-amerikanischen Autoindustrie zog einen Rattenschwanz von finanziellen Konsequenzen nach sich, die sich am Ende auch auf meine Gehaltszahlungen auszuwirken drohten. In den USA wird keine Kirchensteuer gezahlt wie bei uns in Deutschland, sondern die Kirchengemeinden finanzieren sich auf direktem Weg mit dem Geld, das in der Kollekte landet. Die Kollekte ist eine Geldsammlung während des Gottesdienstes.

Und wenn ich sage, die Gemeinden finanzieren sich auf direktem Weg von diesem Geld, dann meine ich das auch so: Von ihm werden Strom-, Wasser-, Gas- und Heizrechnungen beglichen, fällige Renovierungen bezahlt, neues Mobiliar angeschafft, und es geht sogar noch ein Zehntel der Einnahmen an die Landeskirche. Von diesem Geld werden ebenfalls sämtliche Gehälter bezahlt. Verlieren die Menschen allerdings reihenweise ihre Arbeit, haben die Kirchengemeinden ein Problem. Ohne Arbeit haben die Mitglieder weniger bis gar kein Geld übrig, das sie in den Kollektenteller tun können. Und ohne Kollekte können keine Gehaltsschecks ausgestellt werden. Das ist der Rattenschwanz, von dem ich sprach, oder zumindest ein Teil davon.

Dass ich nie wusste, ob ich am Ende eines Monats überhaupt einen Gehaltsscheck bekommen würde, verursachte mir zunehmend seelischen Stress. Plötzlich überfielen mich erhebliche Existenzängste. Deshalb beschloss ich, meinem Seelenleiden ein Ende zu setzen und ins sozial gut abgesicherte Deutschland zurückzukehren.

Mein Mann war bereits ein Jahr vor mir zurück nach Deutschland gezogen, da seine Beurlaubung nicht verlängert worden war und er seinen Beamtenstatus hätte aufgeben müssen, um in den USA bleiben zu können. Dazu kam, dass er ohnehin keine Arbeitserlaubnis gehabt hatte und folglich nichts dazuverdienen durfte. Noch mehr bedrohte Existenz also. Mein Mann hatte sich inzwischen in unserer alten Heimat bereits wieder häuslich eingerichtet, und ich kam mit etwas Verspätung hinterher.

So saß ich also am Auszugstag auf meiner Veranda im Schaukelstuhl meines Nachbarn und versuchte, mir keine Sorgen um die korrekte Beladung des Umzugscontainers zu machen.

Der war doppelt so groß gewesen wie die «zehnfüßigen», die mir nach Helgoland gefolgt waren. Dafür war es dann aber auch nur einer.

Dieser Container parkte damals in dem kleinen Örtchen Wyandotte vor dem «Chestnuthouse» und wartete darauf, mit meinem Hab und Gut bestückt zu werden. Das Chestnuthouse, also Kastanienhaus, war von meiner Vermieterin so betitelt worden, weil es sich in der Chestnut Street, in der Kastanienstraße befand. Es sah aber auch wirklich aus wie ein Chestnuthouse: In den zwanziger Jahren des neunzehnten Jahrhunderts gebaut, mit rotbrauner Farbe und einer überdachten und erhöhten Veranda nach vorne zur Kastanienstraße raus, die gesäumt war mit, natürlich, Kastanienbäumen.

Ich schaukelte also auf der Veranda vor mich hin und freute mich, dass ich den Möbelpackerinnen unter den Füßen raus war. (Für alle, die diese norddeutsche Redewendung nicht kennen: «Unter den Füßen raus sein» bedeutet «nicht im Weg sein».) Die Möbelpackerinnen freuten sich vermutlich noch mehr, dass ich ihnen unter den Füßen raus war, denn ich war ihnen anfangs schon ziemlich auf den Senkel gegangen, weil ich unbedingt mithelfen wollte. Ich wusste sonst nichts mit mir anzufangen. Ich kann einfach nicht rumstehen und anderen Leuten bei der Arbeit zugucken. Sie machten mir jedoch schnell klar, dass genau das mein Job war: mich entspannt zurückzulehnen und sie in Ruhe ihre Arbeit machen zu lassen. Also saß ich in der Gegend rum und sah den Leuten bei der Arbeit zu.

Mein Leben, verpackt in einem Zwanzig-Fuß-Container, sollte von Wyandotte, Michigan, zunächst nach Heide, Schleswig-Holstein, verschifft werden. Dort hatte mein Mann ein Jahr zuvor eine Wohnung bezogen. Allerdings zog ich deutlich vor meinem Hausstand ein, denn der Container brauchte ein paar Wochen, bis er es von Michigan nach Schleswig-Holstein geschafft hatte.

Nach meiner Ankunft rückte ich einigermaßen zügig beim Landeskirchenamt an, nach dem Motto: «So, ich bin wieder da. Habt ihr eine Stelle für mich?»

Wäre es nach meiner Mutter gegangen, hätte ich noch zügiger den Kontakt zu besagtem Amt aufgenommen. Gleich nachdem sie das Pelzgesicht (unseren Hund) und mich auf dem Hamburger Flughafen begrüßt und umarmt hatte, sagte sie: «Du musst dich unbedingt morgen wegen einer Pfarrstelle beim Kirchenamt melden.»

«Mama, jetzt lass mich doch erst mal ankommen und mich wieder einigermaßen in Deutschland einleben», widersprach ich. «Dann ist immer noch Zeit, um mich beim Kirchenamt zu melden. Außerdem ist morgen Feiertag!»

Ich war am 1. Juni 2011 gelandet und der 2. Juni war Himmelfahrt. Auch nach fünf Jahren USA hatte ich die deutschen Feiertage durchaus noch auf dem Schirm.

Mama: «Dann aber gleich nächste Woche. Warte nicht zu lange, das ist wichtig! Nicht dass du die Chance auf eine Pfarrstelle verpasst.»

Ich: «Ja, Mama.»

Im Grunde stimmte ich ihr natürlich zu, aber nach fünf

Jahren im Ausland ist es nicht so leicht, sich wieder auf das Leben in der alten Heimat einzustellen. Das braucht seine Zeit. Ein Mitarbeiter des Missionszentrums (damals hieß es noch so, heute ist es das Zentrum für Mission und Ökumene) hatte mir mal erklärt, dass der Kulturschock gar nicht so groß sei, wie man denkt, wenn es in ein fremdes Land geht. Der Kulturschock bei der Rückkehr nach Hause sei viel größer. Ich kann nur sagen: Recht hat er!

Ein paar Wochen brauchte ich also, bis ich mich in Deutschland wieder zurechtfand. Ein echtes Problem waren die Panikattacken beim Autofahren. In Deutschland waren die Straßen während meiner Abwesenheit offensichtlich geschrumpft. Sie waren auf einmal furchtbar schmal, und ich war fest davon überzeugt, dass selbst auf der Autobahn ein Fahrzeug nicht an einem anderen vorbeifahren konnte, weil die Spuren im Leben nicht breit genug waren. Herzrasen bekam ich, wenn es sich bei einem dieser Autos auch noch um einen Lkw handelte oder sich die Fahrspuren bei einer Baustelle noch weiter verengten! Wie hätte ich da bitte alleine in einem Auto von Heide nach Kiel zum Landeskirchenamt fahren sollen, ohne einem Herzinfarkt zu erliegen?

Öffentliche Verkehrsmittel waren keine Alternative! Wie man Zug fährt, hatte ich in der Neuen Welt komplett verlernt. Obwohl ich einmal mit dem Amtrak unterwegs gewesen war, aber das zählt nicht, denn Amtrak fahren ist eigentlich wie mit dem Flugzeug reisen, nur auf Schienen.

Irgendwann war ich schließlich so weit, dass ich mich wieder einigermaßen entspannt im deutschen Straßenverkehr bewegen und Mamas Wunsch nachkommen konnte. Ich fragte beim Landeskirchenamt an, ob sie eine Pfarrstelle für mich hatten.

Sie hatten eine Pfarrstelle.

Sich auf Helgoland einzulassen, war nicht selbstverständlich und anfangs auch nicht ganz einfach für meinen Mann und mich. Ist ja doch ein bisschen am Hinterteil der Welt, dieses Inselchen. Nach einigen Überlegungen und Gemütsschwankungen setzte ich dann aber doch wie immer mein Vertrauen in meinen allerobersten Boss. Der würde schon wissen, warum er mich unbedingt auf Helgoland haben wollte. So nahm mein Dasein als Inselpastorin auf Helgoland im Februar 2012 seinen Lauf, als ich mich mit etwa dreißig «Füßen» Containerinhalt hier einrichtete.

Das bedeutete, mal wieder, eine Fernbeziehung. Und es glaube nur keiner, dass eine Fernbeziehung zwischen dem Kreis Dithmarschen und dem Kreis Pinneberg leichter zu wuppen ist als zwischen den USA und Deutschland. Die sechzig Kilometer Nordsee plus ein bisschen Landfläche zwischen Heide und Helgoland können einem Paar das Leben schon schwermachen. Zum Glück konnte mein Mann dann aber nach einem guten halben Jahr nachkommen. Was zur Folge hatte, dass noch ein Container vor dem Helgoländer Pastorat entladen wurde!

Leider wurde nach zwei Jahren aus dem «Uns» ein «Ich», weil irgendwo zwischen Festland und Insel die Liebe auf der Strecke geblieben war. Nun waren es schon so viele Container mit so viel Platz, doch die Liebe hatten wir offensichtlich nicht mehr mit hineinbekommen. Einmal noch musste ein Container gepackt werden: mit den Habseligkeiten meines Mannes. Sein Leben wurde nach der Trennung wieder zurück aufs Festland verschifft.

Meins blieb, wo es war, denn ich hatte mich inzwischen wieder über beide Ohren verliebt: in diese Insel. Für mich war

Helgoland nicht nur einer von diversen Orten, an denen Gott mich haben wollte, weil er (oder sie) mit mir und diesem Ort irgendwas vorhatte. Ja, ich war und bin immer noch fest davon überzeugt, dass Gott Pläne hat und es gerne so einfädelt, dass ich Teil dieser Pläne werden kann, wenn ich denn bereit bin, mich darauf einzulassen.

Deshalb habe ich auch fast immer das Gefühl, zur richtigen Zeit am richtigen Ort zu sein, egal wo ich gerade bin. In den USA war das jedenfalls so. Aber auf Helgoland hatte ich nicht nur das Gefühl, gerade jetzt und gerade hier genau richtig zu sein. Da war mehr. Ich hatte den Eindruck, als dürfte ich dieses Mal tatsächlich mitreden, anstatt nur rauszufinden, was mein alleroberster Boss denn nun schon wieder von mir wollte, und dem einigermaßen nachzukommen. Und was noch viel wichtiger war: Es hatte den Anschein, als dürfte ich dieses Mal mehr Gefühl investieren. Das klingt jetzt alles ein bisschen wirr, aber meine Beziehung zu Gott ist auch ziemlich wirr. Von daher passt das schon alles.

Jedenfalls hatte ich hier wirklich das Empfinden, Teil einer Familie zu sein. In den USA habe ich mich auch sehr wohl gefühlt. Auch dort war ich gerne. Auch dort hatte man mich in die Familie aufgenommen. Aber da war ich mehr die entfernte Verwandte aus Europa mit manchmal etwas spleenigen Ansichten und Verhaltensweisen gewesen. Auf Helgoland war das anders. Auf Helgoland wuchs ich langsam in den engeren Familienkreis hinein und fing an, mich als Teil dieser Familie zu fühlen. Auch wenn es immer mal wieder Situationen gab und gibt, in denen ich denke: Echt jetzt? Ist das wirklich euer Ernst? Doch am Ende ist diese Inselgemeinschaft genau das: eine große, manchmal dysfunktionale, aber meistens sehr liebenswerte Familie. Und das ist auch das, was die Kirche am

Ende ist: eine große dysfunktionale und meistens liebenswerte Familie – auf dem Festland genauso wie auf einer winzigen Insel mitten in der Nordsee.

Ja, Helgoland ist ein Sehnsuchtsort für mich geworden. Diesen Stellenwert musste sich die Insel allerdings erst hart erkämpfen, denn Sehnsucht nach Helgoland hatte ich nicht die geringste gehabt, bevor Gott mich auf diesen Felsen pflanzte. Als ich kurz vor Amtsantritt meinen Fuß auf das «Lunn» (Helgoländisch für «Land») setzte, dachte ich etwas panisch: Oh Gott, ist das klein hier! Hoffentlich ist es nicht *zu* klein.

Bis heute ist es mir nicht zu klein! Dass ich mich hier wohl fühle, habe ich ja schon erwähnt. Aber über das Wohlfühlen hinaus habe ich das Meer, die Insel, die Menschen und die Kirchengemeinde kennen und lieben gelernt. Und ich habe meine Arbeit hier lieben gelernt, mit den vielen bunten Facetten, die sie hat.

EINE KNEIPENPASTORIN

Ich stand auf der Kanzel und sang. Ein bisschen schief, und die Stimme wackelte – leider nicht nur ein bisschen. Vor lauter Aufregung. Krampfhaft versuchte ich, die unverständliche vorarlbergische Mundart nachzumachen, in der das Lied geschrieben war. Am liebsten hätte ich aufgegeben, aber es half nix. Augen zu und durch! Nein, nicht Augen zu. Ich wollte doch sehen, wer da alles saß und mir zuhörte: junge Menschen, alte Menschen, mitteljunge Menschen, mittelalte Menschen, Insulanerinnen und Insulaner, Feriengäste, Feuerwehrleute, Seenotretter, Vertreter der Kommunalgemeinde, eine Kirchendelegation vom Festland und mein eigener Kirchengemeinderat natürlich.

Ich sang das Lied zu Ende und fragte die Gemeinde, ob sie den Text verstanden hatte. Kopfschütteln. Ich erzählte, dass uns das mit den Briefen, die vom Apostel Paulus stammen, auch oft so geht. Unter anderem, weil sich bei Paulus die längsten Sätze der Bibel finden. Aber dafür bin ich ja da, um verständlich zu machen, was der gute Paulus eigentlich mitteilen wollte. Oder es zumindest zu versuchen.

So begann ich meine Predigt in dem Gottesdienst, mit dem ich der Gemeinde auf Helgoland vorgestellt wurde.

Ja, der Vorstellungsgottesdienst fand tatsächlich statt, denn ich hatte es irgendwann doch noch geschafft, den richtigen

Umzugskarton zu finden, der meine Gottesdienstvorbereitungsunterlagen enthielt, und einen schönen Gottesdienstablauf zusammenzubasteln.

Das ist übrigens einer der Gründe, warum ich überhaupt Pastorin geworden bin: Ich liebe Gottesdienste! Schon als Kind bin ich gerne in den Gottesdienst gegangen. Interessanterweise habe ich viel lieber den «richtigen» Gottesdienst besucht als den Kindergottesdienst. Logische Konsequenz: Ich war als Konfirmandin eine totale Streberin, was Gottesdienstbesuche anging.

Als Kind konnte ich natürlich nicht erklären, warum ich so gerne im Gottesdienst war. Ich fühlte mich da einfach nur wohl, und deshalb wollte ich immer wieder hin. Heute würde ich sagen, dass Gott und ich uns im Gottesdienst ausgesprochen nahe sind. Nicht dass wir nicht auch sonst eine ziemlich enge Beziehung hätten, aber im Gottesdienst ist es noch mal intensiver. Wenn Gott und ich und andere Menschen gemeinsam feiern können, dann gibt das unserer Beziehung etwas Besonderes.

Gott war schon ziemlich früh ein wichtiger Bestandteil meines Lebens. Er (oder sie) war permanent mit dabei, eigentlich wie ein dritter Elternteil. Von Gott habe ich mich angenommen und geliebt gefühlt, und zwar so, wie ich bin: Mit allem, was mich ausmacht, auch mit meinen Fehlern und Schwächen. Von Gott habe ich mich aber auch wieder und wieder herausgefordert gefühlt – was manchmal verdammt anstrengend sein kann und mich so manches Mal an den Rand der Verzweiflung getrieben hat.

Gott ist ein so wichtiger Bestandteil meines Lebens geworden, dass ich die Erfahrungen mit ihr (oder ihm) unbedingt weitergeben wollte. Dass ich das sogar beruflich tun und damit auch noch meinen Lebensunterhalt sichern könnte, kam mir allerdings lange nicht in den Sinn. Dafür musste erst mein Gemeindepastor sorgen.

Meine Mutter hatte mich eines Sonntagmorgens in den Gottesdienst geschleppt, «um sich endlich mal den neuen Pastor anzugucken», wie sie sagte. Ich war länger nicht mehr im Gottesdienst gewesen, weil ich aufgrund vorabendlicher Discobesuche zu müde dazu war. Dieses Mal hatte ich mich belatschern lassen.

Nach dem Gottesdienst sprach uns der Pastor an: «Oh, zwei neue Gesichter! Ich komme nächste Woche zum Kaffee vorbei, wenn es passt. Dann können wir uns besser kennenlernen.» Mama war erst etwas irritiert. Damit hatte sie nun gar nicht gerechnet. Sie fing sich aber schnell wieder und meinte: «Ja, das wäre schön. Wie sieht es denn am Dienstag bei Ihnen aus?»

Dienstag passte wunderbar, und unser Pastor schlug gegen drei Uhr bei uns auf. Während des Kaffeetrinkens fragte er mich das, was Erwachsene irgendwann immer eine siebzehnjährige Gymnasiastin fragen: «Und? Was willst du denn machen, wenn du mit der Schule fertig bist?»

Ich: «Um ehrlich zu sein, ich habe keinen blassen Schimmer.»

Er: «Studier doch Theologie und werd Pastorin.»

Ich schwöre, er hat es damals nicht ernst gemeint. Es war einfach nur ein Spruch, im Scherz so dahingesagt. Aber mich hat die Idee einfach nicht mehr losgelassen. Ich dachte: Pastorin werden ist schon ziemlich cool. Da kann ich meine Beziehung mit Gott voll ausleben und gleichzeitig die christlichen Werte weitergeben, die mir so wichtig sind: Liebe, Frieden, Versöhnung, Vergebung und Annahme. Am kommenden

Sonntag ging ich wieder in den Gottesdienst und sprach ihn direkt drauf an: «Wie geht das denn, wenn ich Pastorin werden will?»

Bis zu meinem Dasein als Pastorin war es von da an noch ein langer Weg mit vielen Höhen und mindestens genauso vielen Tiefen. Bis zu meinem Dasein als Pastorin auf Helgoland war es ein noch längerer Weg, aber ich war angekommen und hatte ein weiteres Etappenziel auf meinem Lebensweg erreicht: als Inselpastorin auf Helgoland tätig zu werden. An dieser Stelle muss ich allerdings nochmals betonen, dass in der Regel nicht ich diejenige bin, die die Etappenziele steckt. Dafür ist schon zum größten Teil mein alleroberster Boss verantwortlich. Sie hat mich um den halben Erdball geschleift, um den Menschen in den USA von ihr zu erzählen und dann hat sie mich auf diese Insel mitten in der Nordsee gezerrt, damit ich auch hier die Dinge tue, von denen ich denke, dass ich sie in ihrem Auftrag tun soll. Und einer der ersten Aufträge lautete: Feiern. In einem Vorstellungsgottesdienst.

Anschließend gab es im Gemeindehaus einen Sektempfang, und ich war damit beschäftigt, allen Menschen hallo zu sagen, die auf der Insel Rang und Namen haben – also allen, die da waren. Das waren im Großen und Ganzen diejenigen, die sich in der Kirche schon an meinen Singkünsten hatten erfreuen dürfen. Zum Glück kommentierte das niemand, und wir konnten uns darauf konzentrieren, uns gegenseitig kennenzulernen. Ich wanderte von Stehtisch zu Stehtisch, fragte die Leute aus und wurde selbst ausgefragt.

Das bedeutete allerdings, dass ich mich nicht sehr intensiv um meine Familie kümmern konnte und sie zeitweilig sich selbst überlassen musste. Mit verhängnisvollen Folgen: Mein Vater nutzte die Gelegenheit, um gleich mit jemandem in

Streit zu geraten, und meine Mutter unterhielt sich angeregt mit diversen Leuten über ihre Tochter. Ich selbst war damit beschäftigt, den Bürgervorsteher davon abzubringen, mich zu siezen. Dieser war nämlich nicht nur als Bürgervorsteher zu meiner Willkommensparty gekommen, sondern auch als Teil der Feuerwehrdelegation. Und Feuerwehrkameradinnen und -kameraden duzen sich.

Ich war zu diesem Zeitpunkt schon Mitglied der Feuerwehr, denn ihr war ich bereits auf dem Festland beigetreten. Nach meiner Rückkehr aus den USA war ich ja zunächst pfarrstellen- und damit auch arbeitslos gewesen. Ich hatte also viel freie Zeit gehabt. Kombiniert man diesen Überschuss an freier Zeit mit einem übersteigerten Helfersyndrom, ist ein Dasein als aktives Feuerwehrmitglied nicht mehr weit.

Das Argument des Bürgervorstehers, dass ich schließlich die Pastorin sei, konnte ich nicht gelten lassen. Nachdem wir das geklärt und ein Sektchen darauf getrunken hatten, wanderte ich weiter zu den Damen und Herren in Rot: den Seenotrettern. Ich fand es schon cool, die Feuerwehr bei meiner Willkommensparty dabeizuhaben, aber Seenotretter traf man nun auch nicht jederzeit und überall an. Ich steuerte also zielstrebig den Tisch mit den rot gekleideten Menschen an und ahnte nicht, dass ein paar Tische weiter gerade das Unheil seinen Lauf nahm.

Erst später, als meine Mutter und ich gemütlich auf dem Sofa saßen und den Tag Revue passieren ließen, erfuhr ich, dass sie an mehreren Stellen erwähnt hatte, was für eine tolle Pastorin die Insel Helgoland jetzt doch bekäme. O-Ton: «Meine Tochter passt hier richtig gut hin, denn sie ist eine Kneipenpastorin.»

Ich: «Oh Gott, Mama! Das hast du wirklich gesagt?»

Mama: «Ja, wieso? Stimmt doch! Du gehst doch gerne in die Kneipe. Und du unterhältst dich da auch gerne mit Leuten über Gott und den Glauben. Solche Pastoren braucht das Land!»

Ich: «Sicher, aber so was erzählt man doch nicht bei einem offiziellen Empfang! *Meinem* offiziellen Empfang!»

Mama: «Aber das muss dir doch nicht peinlich sein. Im Gegenteil: Das ist etwas, worauf du stolz sein kannst! Ich finde eben, dass du eine Kneipenpastorin bist. Das kann ich dann auch sagen.»

Am liebsten wäre ich noch nachträglich vor Scham im Erdboden versunken. Vor allem, weil ich wusste, dass meine Mutter bei diesem Thema ein durchaus ausschweifendes Kneipenbesuchsleben ihrer Tochter im Kopf hatte. Ja, ich bin früher gerne in die Kneipe gegangen. Und nein, ich bin nicht immer nüchtern nach Hause gekommen. Heute gehe ich immer noch gerne in die Kneipe, trinke aber mit Vorliebe alkoholfreies Bier, was den großen Vorteil hat, dass ich gut gelaunt und frei von Kopfschmerzen in den nächsten Tag starten kann.

Natürlich hoffe ich inständig, dass mich diese kleinen Ausrutscher im Bereich vorbildlicher Lebensführung nicht unmöglich, sondern menschlich gemacht haben. Pastorinnen und Pastoren werden ja gerne mal auf ein Podest in Sachen Vorbildlichkeit gehoben, was uns aber auch irgendwie unnahbar macht. Ich bezweifle allerdings, dass ich jemals auf einem solchen Podest gestanden habe, denn dafür bin ich viel zu menschlich.

So ganz unrecht hat meine Mutter allerdings nicht. Ich weiß nicht, ob ich nun gerade stolz sein kann oder will, dass ich so drauf bin, wie ich drauf bin, aber es ist mir schon wichtig, den Menschen da zu begegnen, wo sie gerade sind. Und wenn sie gerade in einer Kneipe sind, dann eben in einer Kneipe. Es stimmt, dass ich mehr Seelsorgegespräche in einer Kneipe geführt habe als in meinem Amtszimmer. Es stimmt auch, dass ich mehr Bibelarbeiten in einer Kneipe gemacht habe als im Gemeindehaus. Solche Gespräche ergeben sich einfach, und manche Leute schütten mir gerne in dieser entspannten Atmosphäre ihr Herz aus oder diskutieren mit mir über Gott und die Welt. Wir haben das sogar später noch in der inseleigenen Disco versucht, es dann aber wieder gelassen, weil es sich bei mordsmäßig lauten Karaokeklängen einfach schwer reden lässt.

Kneipengespräche führe ich immer noch. Für die Seelsorge sind Kneipen allerdings dann ungeeignet, wenn viel Wert auf Vertraulichkeit und Privatsphäre gelegt wird. Also fast ständig. Es hat sich dafür aber eine gute Alternative gefunden: Spaziergänge über die Insel, vorzugsweise auf dem Klippenrandweg. Manchmal ist die schon erwähnte entspannte Atmosphäre der Grund, manchmal der Wunsch, nicht von anderen Insulanerinnen beim Betreten des Pfarramtes «erwischt» zu werden. Manche Leute hier fragen sich: «Was die wohl bei der Pastorin will?» Ein Spaziergang bietet da weniger Anlass zur Spekulation. Ein Spaziergang kann einfach nur das sein, wonach es aussieht: ein Spaziergang.

Ein Projekt, das ich hier allerdings immer noch in Angriff nehmen möchte, ist tatsächlich ein Bibelkreis in der Kneipe. In meiner Gemeinde in den USA haben wir das schon gemacht.

Das hatte sich wie folgt ergeben:

Ich hatte gerade den Konfirmandenunterricht beendet, die Kirche abgeschlossen und war auf dem Weg zu meinem Auto, als mir ein Freund und Mitglied der Gemeinde über den Weg lief.

Ich: «Hallo Rob!»

Rob: «Was machst du denn noch hier?»

Ich: «Ich hatte Konfirmandenunterricht, aber jetzt mache ich Feierabend.»

Rob: «Hast du Lust, noch ein Bier zu trinken?»

Ich: «Klar!»

Rob: «Dann lass uns ins Oak Café gehen. Das hat eine Riesenauswahl an Bier. Alleine dreißig Sorten vom Fass! Als Deutsche bist du ja verwöhnt, was Bier angeht. Außerdem ist das Oak Café bei dir um die Ecke. Da hast du es nicht mehr weit bis nach Hause.»

Ich: «Das klingt doch super! Dann kann ich das Auto im Notfall stehen lassen. Aber du musst vorfahren, weil ich nicht weiß, wo es ist.»

(Lass dich vom Namen Oak *Café* nicht auf die falsche Fährte führen. Kaffee und Kuchen konnte man dort zwar auch bekommen, aber dieser Laden war ein waschechter Pub.)

Im Oak Café berichtete ich Rob, was gerade im Konfirmandenunterricht dran war, und über einem sehr leckeren Bier aus einer kleinen Privatbrauerei in Michigan diskutierten wir heiß über dieses Thema.

Meine Konfirmandinnen hatten sich mit dem Glaubensbekenntnis beschäftigt und festgestellt, dass es gar nicht so leicht ist, an eine göttliche Macht zu glauben, die man nicht sehen, hören, riechen oder anfassen kann, und von der man im Grunde nichts weiß, außer den Dingen, die in der Bibel behauptet werden. Es sei ja auch total uncool, dass Jesus nicht mehr da ist, um zu beweisen, dass er wirklich Gottes Sohn ist. Mit dem Heiligen Geist könnten sie erst recht nichts anfangen, meinten sie.

Rob war ganz beeindruckt von so viel Ehrlichkeit und musste eingestehen, dass es mit dem Glauben an Gott wirklich nicht ganz leicht sei, so wie der in einigen Glaubensbekenntnissen formuliert ist: «Es geht doch damit los, dass man die ganzen Begriffe kaum versteht. Was bedeutet denn ‹seinem eingeborenen Sohn›?»

Ich musste lachen: «Das haben mich die Konfis auch gefragt. Und ich rede mich jedes Mal um Kopf und Kragen, wenn ich versuche, es jemandem zu erklären. Es gibt schließlich mehr als eine Bedeutung. Wenn du es aus dem Griechischen übersetzt, dann heißt es ‹einzig›. ‹Eingeboren› ist nur ein total veraltetes Wort, das heute niemand benutzt und versteht. Aber mit dem Wort ‹einzig› wird es nicht leichter verständlich. Das kann sich sowohl auf Gott beziehen als auch auf Jesus. Ist Gott der einzige Elternteil, oder ist Jesus der einzige Sohn?»

«Für mich bedeutet es, dass Jesus einzig von Gott stammt.»

«Aber wo bleibst du dann mit Maria, die schließlich mit Jesus schwanger war und ihn auf die Welt gebracht hat? Ich finde, Maria zur Leihmutter zu degradieren, ist nicht richtig.»

Wie man sieht, waren wir ratzfatz in eine heiße theologische Diskussion vertieft.

In der darauffolgenden Woche fing Rob mich nach dem Konfirmandenunterricht ab mit dem Kommentar: «Das war so nett letzte Woche, und ich dachte, wir könnten das heute wieder machen. Ich habe Gwen mitgebracht und zwei Freunde von uns.»

So ergab sich, dass ein paar Leute sich regelmäßig am Mittwochabend im Oak Café trafen, ein Feierabendbierchen tranken und inhaltlich die Bibel auseinandernahmen. Da diese Treffen so viel Spaß machten, wollten wir sie dem Rest der Kirchen- und Nachbarschaftswelt nicht vorenthalten. So sind wir irgendwann dazu übergegangen, diese zwanglosen Treffen als «Bible Brew» in den Veranstaltungskalender der Kirchengemeinde aufzunehmen. Zu den besten Zeiten hatten wir um die dreißig Leute dabei, und der kleine Pub platzte aus allen Nähten.

So etwas würde ich auf meiner Insel auch gerne machen, allerdings haben mir diverse meiner Schäfchen schon empört signalisiert, dass sie nie zu einem Bibelkreis in die Kneipe gehen würden. Deshalb habe ich mich bisher noch nicht getraut, es zu versuchen.

Aber: Wenn ich es überlebt habe, dass meine Mama den Leuten aufs Brot schmierte, ihre Tochter wäre eine Kneipenpastorin, dann werde ich es wohl auch überleben, wenn so manches Schäfchen entsetzt blökt bei der Vorstellung, dass der Bibelkreis in einem Bier ausschenkenden Etablissement stattfindet.

Der Ruf ist ja sowieso schon ruiniert. Es wird also Zeit, dass aus mir wieder eine echte Kneipenpastorin wird.

EINSATZ ZUR SEE UND IN DER LUFT

«Sollen wir sie morgen mitnehmen zum Winschen?», fragte der Maschinist den zweiten Vormann. «Sie» saß daneben und spuckte vor Schreck fast den Tee aus, den sie gerade genüsslich schlürfte.

Als Tochter eines ehemaligen Marinesoldaten wusste ich selbstverständlich, was «winschen» ist: das Bergen per Seilwinde mit einem Hubschrauber. Und was ein Vormann ist, hatte ich auch schon rausgekriegt, denn ich hatte mich einfach getraut, jemanden zu fragen, der sich mit Seenotrettern auskennt. Der Vormann ist so etwas wie ein Kapitän. Der Vormann hat das Kommando. Und weil Seenotretter im Schichtdienst arbeiten und die Besatzung immer mal wieder wechselt, gibt es auch einen zweiten oder dritten Vormann.

Bevor ich nach Helgoland kam, war die einzige Information, die ich über die Seenotretter hatte, die, dass es Sammelschiffchen gibt, in denen man Spendengelder für die Deutsche Gesellschaft zur Rettung Schiffbrüchiger deponieren konnte. Na ja, und dass Seenotretter Menschen und Schiffe aus Seenot retteten, wusste ich auch.

Was aber alles damit verbunden ist, Menschen und Schiffe aus Seenot zu retten, habe ich erst nach und nach erfahren. Es ist nicht damit getan, bei Sturm rauszufahren, wenn andere reinkommen, um die abzuschleppen, die nicht mehr alleine reinkommen können – in den sicheren Hafen. Da werden

Menschen von Schiffen oder aus dem Wasser geborgen und gegebenenfalls medizinisch versorgt und betreut. Da wird Feuer gelöscht. Da werden vermisste Personen gesucht und hoffentlich auch gefunden. Und das alles wird nur durch Spenden finanziert. Und dann wird natürlich viel geübt, damit alles im Einsatzfall gut klappt. Diese Übungen haben es durchaus in sich, wie ich selbst noch herausfinden durfte.

Ich hatte die Seenotretter zwar bereits kennengelernt, mich auf der «After-Show-Party» meines Vorstellungsgottesdiensts ganz angeregt mit ihnen unterhalten und ein paar wichtige Dinge über die Männer und Frauen in Rot erfahren, aber da war mir noch nicht klar, was für schräge Ideen manchmal in deren Köpfen rumgeistern. Das sollte sich bald ändern.

Nicht lange nach meiner offiziellen Vorstellung als «Pastorin zur Anstellung» (so damals meine Amtsbezeichnung, kurz PzA) durfte ich meine erste helgolandtypische Amtshandlung durchführen – mit den Seenotrettern. Wie gut, dass ich vorher keine Ahnung hatte, dass diese Amtshandlung sich auf die Nordsee ausdehnen sollte. Sonst hätte ich wohl irgendeine ansteckende Krankheit vorgetäuscht und wäre zu Hause geblieben.

Allerdings fing alles ganz harmlos an, und zwar mit der Information, dass am 23. Februar eine Andacht im Gedenken der auf See gebliebenen Mannschaft des Seenotrettungskreuzers *Adolph Bermpohl* stattfinden sollte. Die Besatzung der *Adolph Bermpohl* hatte am 23. Februar 1967 in einem schweren Orkan vor Helgoland ihr Leben gelassen, und dieser Einsatz wurde auf unserer Insel durch eine jährliche Gedenkandacht gewürdigt. Außerdem war das eine gute Gelegenheit, nicht nur der Verstorbenen zu gedenken, sondern auch die Seenotretter und Seenotretterinnen in der Gegenwart wissen zu lassen: «Was ihr da macht, ist klasse! Schön, dass es euch gibt!»

Ich hatte das alles relativ entspannt zur Kenntnis genommen. Zwar hatte ich noch nie eine Gedenkandacht für auf See gebliebene Seenotretter abgehalten, aber das beunruhigte mich nicht im Geringsten. Ich war ja in dieser Kirchengemeinde und bei den Seenotrettern in guten Händen.

Von Seiten des Kirchengemeinderats und einer Seenotretter-Ehrenamtlichen hatte man mich mit allen wichtigen Zahlen, Fakten und geschichtlichen Hintergründen versorgt, um eine anständige Andacht abliefern zu können. Ein Großteil dieser Hintergründe wurde mir in Form einer kleinen Holzkiste in die Hand gedrückt, die alte Zeitungsartikel, Heftchen, Flyer und anderen Papierkram enthielt. Nachdem ich dem Inhalt dieses Kistchens meine volle Aufmerksamkeit gewidmet und alles genauestens durchgesehen hatte, konnte ich mich daranmachen, die Andacht vorzubereiten, inklusive einer kleinen Ansprache. Der Inhalt der Holzkiste hätte sicher auch als Futter für eine ganze Predigt gereicht, aber da ich davon ausging, in den folgenden Jahren ebenfalls am 23. Februar eine *Bermpohl*-Andacht zu halten, wollte ich nicht gleich beim ersten Mal mein ganzes Pulver verschießen.

Ich verschoss also nur einen Teil, aber es wurde trotzdem eine sehr schöne Andacht mit anschließender Kranzniederlegung in unserem Glockenturm. In ihm befindet sich eine Gedenktafel, die an das Unglück der *Bermpohl* erinnert.

Im Anschluss an Andacht und Kranzniederlegung gab es noch ein gemeinsames Kaffeetrinken mit der Seenotretter-Delegation von der *Hermann Marwede* – die *Hermann Marwede* ist unser Seenotrettungskreuzer, oder kurz «der Retter», wie es hier oft heißt. Er ist also der Retter, der auf Helgoland aufpasst und mit seiner Besatzung immer dann rausfährt, wenn jemand in der Nähe von Helgoland in Seenot ist. Wobei «in der Nähe» ein dehnbarer Begriff ist. Ich meine mich zu erinnern, dass die *Marwede* bei einem Einsatz schon mal ein ordentliches Stück Wegs Richtung England zurückgelegt hat. So was wurde mir alles bei besagtem Kaffeetrinken erzählt. Ein weiteres Gesprächsthema drehte sich um eine für mich recht heikle Angelegenheit.

Der Maschinist zum zweiten Vormann: «Ob Frau Pastorin seefest ist?»

Vormann: «Keine Ahnung, aber das kann man ja rausfinden.»

Ich: «Also, ich weiß, dass ich nicht seefest bin. Das müsst ihr nicht erst rausfinden.»

Maschinist zu mir: «Och, da wäre ich mir nicht so sicher. Die meisten können mehr ab, als sie denken.»

Aha! Es wurden also Beweise für meine nicht vorhandene Seefestigkeit gefordert. Na super! Jetzt sollte ich also auf den schaukelnden Retter steigen und mich so lange über die Nordsee schippern lassen, bis mir schlecht wurde? Ganz toller Plan!

Ja, das war tatsächlich der Plan. Aber nicht der ganze.

Ich hatte keine Chance, mich da rauszuwinschen ... äh rauszuwinden. Der zweite Vormann und sein Maschinist waren begeistert von ihrer Idee, am nächsten Tag mit mir eine Testfahrt durchzuführen – Winschen inklusive.

Mit etwas weichen Knien und einem deftigen Knoten im Magen machte ich mich tags darauf auf den Weg zum Südhafen, wo die *Hermann Marwede* lag. Vor Aufregung hatte ich zum Frühstück fast keinen Bissen runterbekommen, zwang mich aber doch zur Nahrungsaufnahme, da mir die Seenotretter geraten hatten, nicht mit leerem Magen an Bord zu kommen. Als praktisch veranlagter Mensch war ich der Auffassung gewesen, dass ich etwas, das ich gar nicht erst zu mir nahm, auch nicht wieder ausspucken konnte. Mir war aber erklärt worden, dass mir erst gar nicht so furchtbar schlecht werden würde, wenn ich meinen Magen fütterte und ihm damit etwas zu tun gab. Auch gut, dachte ich, so ist mein Magen beschäftigt und vergisst vielleicht, dass er aufgrund von zu viel Schiffsgeschaukel Übelkeit produzieren will.

Im Grunde hätte ich meinem Magen und mir das ganze Elend ersparen können, indem ich einfach in meinem Pastorat auf dem Oberland geblieben wäre. Aber kneifen wollte ich nicht, auch wenn ich zugegebenermaßen kurz davor war.

Auf dem Retter angekommen, war das Erste, was ich hörte, eine Windwarnung per Funk, als ich noch gemütlich in der Back beim Kaffee saß. Na toll, das fing ja gut an!

Eigentlich war die See verhältnismäßig ruhig, die Wellen laut Aussage der Seenotretter nur einen halben Meter hoch. Wobei ich mir sicher war, dass ich Schaumkronen gesehen hatte. Wenn die See nur einen halben Meter hat, schäumt sie in der Regel noch nicht, aber vielleicht hatte ich mich auch verguckt.

Der Seegang reichte jedenfalls aus, um mir kurz nach dem Auslaufen ein flaues Gefühl in der Magengegend zu bescheren. Ein ziemlich flaues Gefühl! Ich trat in Verhandlungen mit meinem Magen: «Du kümmerst dich erst mal darum, dass das Frühstück bei dir bleibt, und ich regle das mit der Schaukelei – irgendwie.» Wobei es da nicht viel zu regeln gab. Ich konnte ja schlecht zum Vormann marschieren und darum bitten, dass wir wieder umdrehen. Die hatten schließlich eine wichtige Übung durchzuführen.

Da ich Teil dieser Übung war, steckte man mich in einen Überlebensanzug und eine Schwimmweste. Dann musste ich ganz schnell nach draußen an die frische Luft, da mein Magen mit dem Gedanken spielte, sich nicht an unsere Abmachung zu halten. Draußen war es zwar kalt, aber durch die frische Luft auch einigermaßen gut auszuhalten.

Zum Glück dauerte es nicht lange, bis der Hubschrauber kam, mit dem zusammen die Winschübung stattfinden sollte. Ein bisschen musste ich mich allerdings noch gedulden, denn der Hubschrauber übte das Winschen zuerst einige Male mit Bleisäcken. Als das erledigt war, war ich dran. Ich wurde erst an die Leine und dann in den Arm genommen, denn die Reise nach oben sollte ich nicht alleine machen. Im Tandem ging es rauf in die Luft, und da hatten sie mich tatsächlich am Haken – im wahrsten Sinne des Wortes.

Oben angekommen, wurde ich in den Hubschrauber gezerrt und instruiert, wie ich mich zu verhalten hatte. Hach, war ich froh, endlich von dem schaukligen Boot runter zu sein! Mein Magen offensichtlich auch, denn der meldete sich nicht mehr, was mich hoffen ließ, dass die vorher zugeführten festen und flüssigen Stoffe blieben, wo sie waren.

Da ich nicht mehr damit beschäftigt war, eines meiner inneren Organe bei Laune halten zu müssen, konnte ich es sogar genießen, mir Helgoland von oben zu begucken. Bis der Pilot sich einfallen ließ, ein paarmal «Fahrstuhl» zu fahren, sprich: den Hubschrauber kräftig absacken zu lassen. Das fand ich richtig gemein, denn ich hatte bis dahin wirklich alles gegeben, um nicht loszureihern. Mein Magen fand das auch richtig gemein und hätte es mit seinem Unmut fast geschafft, dass ich dem Piloten über die Schulter kotzte.

Weitere massive Bestechungsversuche meinerseits waren

vonnöten, um meinen Magen von seinem Racheakt abzubringen. Ich musste ihm hoch und heilig schwören, dass ich nie wieder einen Fuß auf ein Schiff setzen würde, wenn der Seegang mehr als dreißig Zentimeter betrug. Ebenso musste ich hoch und heilig schwören, nie wieder einen Fuß in einen Hubschrauber zu setzen. Dafür musste mein Magen mir schwören, seinen Inhalt bei sich zu behalten. Ich habe inzwischen beide Schwüre gebrochen. Mein Magen seinen auch.

Als ich den Piloten fragte, warum er denn so was machte, bekam ich zur Antwort: «Na, wenn wir schon mal die Helgoländer Pastorin an Bord haben ...!»

... müssen wir unbedingt ausprobieren, ob Gott einen Engel schickt, der ihr eine Kotztüte hinhält?, vervollständigte ich in Gedanken den Satz.

Irgendwann war klar, dass aus mir nichts herauszuholen war. So wurde ich wieder nach unten zu den Seenotrettern gewinscht, dieses Mal allerdings nicht im Tandem, sondern ich ganz alleine am Haken. Zum Glück haben die Jungs mich nicht ins Wasser fallen lassen!

Ein weiterer glücklicher Umstand war, dass ich keine Höhenangst habe. Die hätte ich nun wirklich nicht noch gebraucht. Dass mir schnell schlecht wird, reicht völlig.

Alles in allem habe ich den Ausflug heil überstanden. Allerdings stellte ich auf der Rückfahrt fest, dass ich die Dieseldüfte im Inneren des Schiffs nur schwer ertragen konnte, und ich zog es deshalb vor, wieder draußen zu bleiben. Wirklich: Ich habe nicht ein einziges Mal über der Reling gehangen und «die Fische gefüttert», wie die Seeleute sich ausdrücken.

Der Fairness halber muss ich zugeben, dass mir die Aktion tierischen Spaß gemacht hat. Und gelernt habe ich ein paar wichtige Dinge. Jetzt weiß ich wenigstens in Ansätzen, wie sich jemand fühlt, der aus Seenot gerettet und mit dem Hubschrauber abtransportiert werden muss. Das kann mir bei Notfallseelsorgeeinsätzen durchaus helfen. Vielleicht sollte mein Notfallseelsorgerucksack neben Gebetbuch, Kerze, Segensengel, Stofftier und einer Tüte mit Gummibärchen auch Spucktüten beinhalten. (Ja, eine Notfallseelsorgeausbildung habe ich auch, denn die Notfallseelsorgerinnen auf dem Festland brauchen im Einsatzfall einfach zu lange, bis sie hier sind.)

Trotz der tollen und lehrreichen Erfahrung war ich am Ende heilfroh, als ich wieder festen Boden unter den Füßen hatte. Ich ging von Bord in der Erwartung, dass die Übelkeit bei Betreten des festen und nicht schwankenden Untergrunds sofort verschwinden würde. Das jedenfalls war mir von verschiedenen Personen in Aussicht gestellt worden. Ich erwartete das Verschwinden der Übelkeit allerdings vergeblich. Mir war noch nach mehreren Stunden schlecht, und ich musste die Verhandlungen mit meinem Magen erneut aufnehmen, damit ich wieder etwas essen konnte.

Hier nun mein persönliches Urteil zur Winsch-Aktion:

1. Frau Pastorin ist winschtauglich, aber nur bedingt seefest.
2. Dass die Seekrankheit verschwindet, sobald man Land betritt, ist eine Lüge.
3. Nach dieser erweiterten Amtshandlung muss sich meine Amtsbezeichnung dringend ändern: PzA (Pastorin zur Anstellung) darf meinetwegen gern durch PzSL (Pastorin zur See und in der Luft) ersetzt werden.

Auf diesem Urteil basierte dann auch mein Entschluss, die *Hermann Marwede* in Zukunft zwar wieder zu betreten, allerdings nur, um einen Kaffee zu schnorren, oder wenn jemand seelsorgerliche Betreuung braucht. Auf einen Kaffee bin ich dann auch tatsächlich öfter vorbeigekommen. Und irgendwie werde ich den Verdacht nicht los, dass ich diejenige war, die dabei die seelsorgerliche Betreuung benötigte. Ich bin nämlich immer mal wieder abgehauen, wenn mir in meiner Kirchengemeinde etwas auf den Senkel ging. Dann habe ich mich auf der *Hermann Marwede* «versteckt». Mein Magen hat sich damit auch sehr gut arrangiert. Das liegt vermutlich daran, dass er von den Seenotrettern äußerst fürsorglich behandelt wurde und von ihnen ständig so leckere Sachen wie Pfannkuchen oder Grillwurst vorgesetzt bekam. Und das ganz ohne Schaukelei!

Wobei ich gestehen muss, dass mir immer noch jedes Mal mulmig ist, wenn ich einen Besuch auf dem Retter mache. Warum? Aus Angst, nicht mehr rechtzeitig von Bord zu kommen, falls die Seenotretter plötzlich zu einem Einsatz rausmüssen.

SEEKABEL 2.0

Die Britten-Norman Islander erhob sich in die Luft, flog eine leichte Kurve über die unter ihr liegenden Wiesen und nahm dann Kurs aufs Wattenmeer. Unter ihr zogen Sandbänke vorbei, und der eine oder andere Fischkutter in der Nordsee war nur als kleiner Punkt auszumachen. Weiter draußen, für das bloße Auge noch nicht erkennbar, befand sich das Ziel: Helgoland. Hoffentlich zog jetzt kein Seenebel auf, der die kleine Maschine zur Umkehr zwingen würde, denn sie hatte wertvolle Fracht an Bord. Diese Fracht musste es unbedingt an diesem Tag noch zur Insel schaffen!

Spätestens nach dem Winschen war mir klar, dass die Pfarrstelle auf Helgoland ihre ganz eigenen kleinen Herausforderungen hatte. Ich bin mir sicher, dass es nicht zum üblichen Profil einer Pfarrstelle gehört, den Pastor oder die Pastorin an einen Haken zu hängen und durch die Luft zu fliegen. Auf einer «normalen» Pfarrstelle wird getauft, getraut, bestattet, beseelsorgt, konfirmiert, Musik gemacht, Gottesdienst gefeiert oder auch «nur» gefeiert, verwaltet, geleitet, besucht, viel Kaffee oder Tee getrunken, mindestens genauso viel Kuchen gegessen zu allen möglichen Anlässen und mit allen Altersgruppen, gespielt, gelesen, vorgelesen und noch so einiges mehr. Sollte das Winschen zu den üblichen Aufgaben gehören, muss mir das entgangen sein.

Aber es gab noch weitere Herausforderungen: Schon bei der Vorbereitung des Vorstellungsgottesdiensts hatte ich die Erfahrung gemacht, wie es ist, wenn keine feste Kirchenmusikerin vor Ort ist. Auch eine Bürokraft fehlte. Das bedeutete, dass wir alle ein bisschen kreativ werden mussten, um den Laden am Laufen zu halten – sowohl was die Musik anging, als auch was die Erledigung gemeindesekretärlicher Aufgaben betraf.

In Sachen Gottesdienstbegleitung hangelten wir uns mit Vertretungen durch, die vom Festland eingeflogen werden mussten. Posaunenchor, Flötenkreis und Trommelgruppe kamen einigermaßen alleine klar und deckten sogar so manchen Gottesdienst ab, wenn wegen Nebel keine Organistin eingeflogen werden konnte.

Sommerkonzerte wurden über das Ehrenamt mit viel Einsatz wunderbar organisiert und durchgeführt, und manchmal mussten wir im Gottesdienst eben a cappella singen, wenn weder der Posaunenchor, der Flötenkreis noch eine Festlandsorgelvertretung zur Verfügung stand. Das geht übrigens ganz gut! *Wenn* die Pastorin denn Lieder raussucht, die alle kennen und die sie vor allem selbst kennt und gut singen kann.

Aber ich bin ja eine Sicherheitsfanatikerin, und wenn es um die Gestaltung und Durchführung meiner Gottesdienste geht, überlasse ich ungern etwas dem Zufall. So überlasse ich es auch nicht dem Zufall, ob jemand im Gottesdienst das Lied kennt, das ich ausgesucht habe, und auch noch anstimmen kann. Und richtig singen. Deshalb verlegte ich mich in der kirchenmusikerlosen Zeit auf mir bekanntes Liedgut. Das hatte zur Folge, dass wir nur einen Bruchteil des Gesangbuchs verwendeten. Aber dafür konnten wir diesen Bruchteil am Ende richtig gut!

Mit der Büroarbeit war das nicht ganz so leicht. Mich brachte das verwaiste Kirchenbüro immerhin dazu, regelmäßige Sprechzeiten einzurichten, damit die Leute, die das Kirchenbüro mit diversen Anliegen aufsuchten, wenigstens ein menschliches Wesen vorfanden anstelle einer abgeschlossenen Tür. Ob es sich bei dem menschlichen Wesen auch um ein qualifiziertes Wesen handelte, war erst mal egal. Hauptsache, es war überhaupt jemand da, um das Anliegen aufzunehmen. Eine Person zu finden, die sich dann auch um die Erledigung des Anliegens kümmern konnte, erfolgte zu einem späteren Zeitpunkt. Meistens. Auch qualifiziert.

So war ich jedenfalls offiziell ansprechbar und machte Telefondienst im Pfarramt. Die anfallende Papierarbeit erledigten der Kirchengemeinderat und ich im Rotationsverfahren. Das Problem an der Sache war nur, dass das manchmal ziemlich unkoordiniert vonstattenging und am Ende keiner mehr wusste, wer nun was abgearbeitet hatte. Aber irgendwie haben wir uns da durchgewurstelt. Manchmal sogar recht kompetent und erfolgreich. Trotzdem konnte das nicht zu einem Dauerzustand werden. Wir brauchten dringend eine Bürokraft. Ich konnte meine wertvolle Zeit nicht nur als Gemeindesekretärin verbringen. Ich war ja neben dem Pastorinnendasein schließlich auch noch Möchtegern-Kantorin und musste bekannte Lieder für die Gottesdienste finden!

Nach langem Suchen bekamen wir irgendwann spitz, dass eine Gemeindesekretärin in einer benachbarten Festlandgemeinde gerne ihre Stunden aufstocken würde, und jemand hatte die Idee, sie zu fragen, ob sie sich vorstellen könnte, zusätzlich für die Kirchengemeinde auf Helgoland zu arbeiten. Konnte sie. Und wir haben eine wunderbare Sekretärin! Die Rahmenbedingungen sehen dabei wie folgt aus: Vom Festland aus erledigt sie die meiste Arbeit, was mit Computer, Internetverbindung, Telefon und sogar mit der «Schnecken-

Post» wunderbar funktioniert. (Du fragst dich, was «Schnecken-Post» ist? Das ist der normale Postweg, der im Vergleich zum E-Mail-Verkehr langsam ist wie eine Schnecke.) Es gibt allerdings auch Aufgaben, die vor Ort erledigt werden müssen. Alle vier bis sechs Wochen kommt unsere Gemeindesekretärin dann nach Helgoland, um das Chaos zu beseitigen, das wir zwischenzeitlich verursacht haben. Not macht erfinderisch, und dieses gemeindesekretärliche Konzept ist eine tolle Erfindung. Jedenfalls hilft sie mir immens.

Nun ist es ja so, dass die Technik nicht ewig in gutem Zustand bleibt. So wurde uns gesagt, dass wir *dringend* einen neuen Computer benötigen. Gesagt, getan. Der neue Computer wurde über den Kirchenkreis bestellt und dort auch mit den wichtigsten Programmen versehen. Um Frachtkosten zu sparen, hatten wir beschlossen, dass unsere Sekretärin den PC bei ihrem nächsten Besuch einfach mitnehmen könnte. So groß sind Computer heutzutage ja nicht mehr. Die Zeiten, in denen ein Computer mehrere Räume füllte, sind Gott sei Dank vorbei. Die Zeiten, in denen ein Computer den Platz unter dem Schreibtisch zur Hälfte ausfüllte, sind ebenfalls vorbei. Deshalb konnten wir unsere Sekretärin problemlos bitten, sich den PC unter den Arm zu klemmen.

Höchstpersönlich holte sie ihn in der IT-Abteilung der Kirchenkreisverwaltung ab und brachte ihn nach Helgoland. Flugs organisierten wir noch eine externe Festplatte, damit vor der Inbetriebnahme des neuen Computers Datensicherung betrieben werden konnte. Auf Helgoland eingetroffen, wollte sie ihn anschließen, die Daten sichern, per Telefonanleitung den PC fertig einrichten und dann gleich mit der Arbeit loslegen.

So schnell und einfach, wie wir uns das vorgestellt hatten,

ging das nicht. Die Datensicherung mit der externen Festplatte bekamen wir noch geregelt, aber das Anschließen gestaltete sich als unmöglich. Na ja, das Anschließen hatte schon geklappt, aber so ein Computer braucht auch einen Monitor, damit man sehen kann, was drauf ist auf dem Computer. Nun sollte man meinen, dass es nicht schwer ist, ein Monitorkabel vom alten Rechner abzuziehen und einfach in den neuen einzustecken. Beim Umstöpseln des Monitorkabels stellten wir allerdings fest, dass sich das Kabel weigerte, am neuen Computer eingesteckt zu werden. Das Kabel passte nicht – zumindest nicht an dem Monitor-Ende.

Beherzt krabbelte unsere Sekretärin unter den Schreibtisch im Kirchenbüro und begab sich in die Schlacht mit dem dort lauernden Kabelsalat. Irgendein Kabel musste doch passen!

Es passte aber keins. Diese Schlacht an der Kabelfront hatten wir verloren. Aber wir waren noch lange nicht so weit, die weiße Flagge zu hissen und uns zu ergeben.

Also rief meine Sekretärin die IT-Abteilung des Kirchenkreises an und schilderte das Problem. Es stellte sich heraus, dass unser altes Kabel gar nicht passen konnte, da ein sogenanntes DVI-Kabel benötigt wurde. Das alte Kabel war kein DVI-Kabel. Kein Kabel des Kabelsalats unter dem Schreibtisch war ein DVI-Kabel. Aber das Kabel gab es. Das war schon mal gut. Es befand sich nur nicht dort, wo es benötigt wurde, also bei uns im Kirchenbüro. Im Lieferumfang des neuen Rechners war ein DVI-Kabel enthalten, nur hatte man vergessen, es der Sekretärin mitzugeben. Kann ja mal passieren.

Trotzdem war das jetzt suboptimal, denn dieses Kabel war überlebensnotwendig, um den Monitor an den PC anzuschließen. Ohne Bildschirm lässt sich nicht arbeiten. Auch wenn das im Auftrag des Herrn passieren soll.

Wir brauchten also unbedingt ein Ersatz-Verbindungskabel! Immerhin waren wir schon einen Schritt weiter als am Anfang, weil wir wussten, was für ein Kabel wir benötigten. Und: Helgoland mag zwar eine sehr kleine Insel sein, ist aber mit einem Elektroladen ausgestattet!

Also marschierte ich mit der DVI-Information dorthin und brachte mein Anliegen vor. Ich bekam dann auch ein Kabel in die Hand gedrückt und spazierte freudig strahlend wieder zurück ins Kirchenbüro, nur um dann festzustellen, dass dieses Kabel ebenfalls nicht passte. Oder besser: Es passte wieder nur an einem Ende. Allerdings dieses Mal am anderen einen Ende. Das erste Kabel passte am Monitor, ließ sich aber nicht in den Rechner einstecken. Nun hatten wir ein Kabel, das sich in den Rechner einstecken ließ, nicht aber in den Monitor. Na suuuuper!

Ich also wieder zurück zum Elektroladen mit dem Spruch: «Das Kabel passt nur an einem Ende. Ich brauche ein Verbindungskabel für PC und Monitor, das an dem einen Ende *so* aussieht und am anderen *so*.» Dabei zeigte ich auf einen Screenshot auf dem Handy. Leider hatte man im Laden nur das Kabel vorrätig, das lediglich an einem Ende so aussah, wie es aussehen sollte. Aber, so gab man mir zu verstehen, man könne das richtige Kabel bestellen. Zur Sicherheit gab ich die Bestellung auf, auch wenn es mindestens vier Tage dauern würde, bis es hier eintraf. Aber lieber ein verspätetes Kabel als gar kein Kabel.

Das Problem an der Sache war nur, dass unsere Sekretärin nicht so lange auf der Insel sein würde. Wir hatten Donnerstag, sie wollte Freitagnachmittag wieder abreisen, und vor Montag würde das Kabel nicht auf der Insel sein.

So, Plan A hatte nicht funktioniert. Da musste ein Plan B her.

Zum Glück fiel mir ein Freund ein, der ziemlich technikbegeistert und computerbewandert ist. Vielleicht hatte der so ein Kabel und konnte es uns für die nächsten zwei Tage wenigstens leihweise zur Verfügung stellen.

Ich rief ihn an und heulte los: «Du, wir haben hier ein Riesenproblem. Wir haben den neuen Computer fürs Kirchenbüro bekommen, können aber den Monitor nicht anschließen, weil wir das richtige Kabel nicht haben. Wir brauchen aber dieses Kabel, sonst kann unsere Sekretärin nicht arbeiten und ist ganz umsonst nach Helgoland geflogen.»

Er: «Was für ein Kabel brauchst du denn?»

Ich (total stolz, weil ich das wusste): «Es ist ein DVI-Kabel. Das muss an einem Ende so * aussehen und am anderen Ende so *, damit es passt.» (* Es folgte ein etwas langatmiger Erklärungsversuch meinerseits, wie die Kabelenden beschaffen sein sollten.)

Ich: «Kannst du damit etwas anfangen?»

Er: «Ja, kann ich. Ich weiß, was für ein Kabel das ist. Ich selbst habe leider keins, aber ich werd mal rumfragen. Im Rathaus haben sie bestimmt so was.»

Ich: «Das ist super! Danke für deine Hilfe!»

Nach kurzem Nachdenken wieder ich: «Meinst du, du kannst aus dem Rathaus einfach ein DVI-Kabel mitnehmen? Die brauchen das doch garantiert selber?»

Er: «Ach, mach dir keine Sorgen. Ich kann erst woanders fragen. Und wenn es doch das Rathaus sein muss, ist das auch kein Problem. Sie kriegen es ja wieder.»

Ich: «Na ja, aber was machen die, bis sie es wiederkriegen? Ach egal. Du machst das schon.»

Ich berichtete daraufhin unserer Sekretärin, dass gerade Plan B angelaufen war und wie der aussah. Da ich aber nicht wusste, ob Plan B funktionieren würde, brauchten wir einen Plan C.

Die Sekretärin meinte: «Am besten wäre es, wenn wir irgendwie an das Originalkabel herankämen. Gibt es keine Möglichkeit, das zu bewerkstelligen? Die Post braucht wahrscheinlich zu lange, oder?»

Ich: «Mit der Post ist es frühestens am Samstag hier, auch wenn die es per Eilsendung verschicken.»

Ich grübelte. Und grübelte. Und dann fiel es mir wie Schuppen von den Augen!

Die Lösung war so einfach! Ein Kabel war ja im Grunde vorhanden. Es war nur nicht da, wo es sein sollte, sechzig Kilometer Wasser lagen dazwischen. Unsere Sekretärin hatte es auf den Punkt gebracht. Ein Schiff fuhr zwar an diesem Tag nicht mehr vom Festland nach Helgoland, aber ein Flugzeug würde noch fliegen. Das Kabel musste aus der IT-Abteilung der Kirchenkreisverwaltung nur rechtzeitig zum Flugplatz nach Österdeichstrich gebracht werden, damit es nach Helgoland kam.

Unsere Sekretärin rief also in der Kirchenkreisverwaltung an und teilte dem zuständigen Mitarbeiter in der IT-Abteilung mit, dass jemand unbedingt das Kabel zum Flugplatz bringen musste. Es gab anfangs ein bisschen Gegenwehr mit Argumenten wie: «Ich kann doch nicht einfach meinen Arbeitsplatz verlassen, um zum Flugplatz zu fahren. Und früher Feierabend kann ich dafür auch nicht machen.» Aber unsere Sekretärin ließ nicht locker. Doch, irgendjemand musste jetzt seinen Arbeitsplatz verlassen und das Kabel zum Flugplatz bringen!

Sie leistete offenbar sehr gute Überzeugungsarbeit, denn es fand sich tatsächlich jemand, der das Kabel einpackte und zum Flugplatz chauffierte.

So flog denn unser Monitorkabel, das an beiden Enden genau richtig aussah, mit dem Flugzeug über die Nordsee bis nach Helgoland. Leider strandete das Kabel erst einmal auf dem Flugplatz der Düne. An diesem Tag schaffte es den Weitertransport zur Hauptinsel und ins Kirchenbüro nicht mehr. Aber am nächsten Tag sollten wir es bekommen.

Wir hatten zwar fast einen ganzen Tag damit zugebracht, das fehlende Kabel aufzutreiben, aber am nächsten Tag konnten wir die Arbeit an unserem neuen Computer aufnehmen.

Plan C hatte also funktioniert. Was wir allerdings überhaupt nicht mehr auf dem Schirm hatten, war die Tatsache, dass Plan B noch lief. Niemand war auf die Idee gekommen, meinen befreundeten Helfer über das fliegende Überseekabel zu informieren, damit er seine Heinzelmännchen-Dienste einstellen konnte.

So stand er dann plötzlich bei uns im Kirchenbüro und präsentierte stolz das von ihm eigenhändig der Gemeinde Helgoland entwendete DVI-Kabel. Was ja im Grunde gar nicht schlecht war, denn das fliegende Überseekabel flog ja noch und war dementsprechend bisher nicht bei uns angekommen. Aber: Das kommunale DVI-Kabel kam nicht mehr zum Einsatz, denn die IT-Abteilung der Kirchenkreisverwaltung hatte inzwischen Feierabend. Es war niemand mehr da, der uns fernmündlich bei der Endeinrichtung des neuen PCs hätte anleiten können. So ein Ärger aber auch!

Besonders enttäuscht war natürlich unser Helfer, der nun völlig umsonst das halbe Rathaus verrückt gemacht hatte, um das «heilige» Kabel aufzutreiben.

Als Wiedergutmachung drehte ich ihm einen total matschigen, aber immerhin selbstgebackenen Rhabarber-Cookie an. Der Keks verbesserte die Laune überraschenderweise erheblich, denn er war zwar matschig, schmeckte aber nach Aussage unseres Helfers sehr lecker.

Und ja, das Originalkabel traf am nächsten Tag bei uns ein, das endgültige Einrichten unseres Kirchenbüro-PCs konnte stattfinden, und unsere Sekretärin nahm tatsächlich ihre Arbeit am Computer auf, wenn auch nur für wenige Stunden. Wenigstens war sie nicht völlig umsonst nach Helgoland gekommen, und die Geschichte hat damit immerhin ein halbes Happy End.

KEGELROBBEN TEXTILFREI

Die Nordsee glitzerte im Sonnenschein, es war sommerlich warm, und es war Montag. Mein freier Tag. Ich saß auf der Dünenfähre, einen Rucksack mit Badesachen zwischen den Füßen, hielt mein Gesicht dem Wind und der Sonne entgegen und freute mich auf einen Tag am Strand.

Nachdem ich mein armes Hirn mit Dingen wie Gottesdienstabläufen, Personalfragen, Verwaltungsangelegenheiten und der Logistik für fliegende Überseekabel malträtiert hatte, war es dringend nötig, der Düne mal wieder einen Besuch abzustatten. Da kann man nämlich strapazierte Hirnwindungen wunderbar auslüften.

Das Auslüften strapazierter Hirnwindungen ist ein wichtiger Bestandteil meines Pastorinnen-Sonntags geworden. Allerdings hatte ich das bisher nicht inmitten von Sonne, Sand und Meer getan, sondern die Spazier- und Wanderwege in den Wäldern Michigans erforscht. Oder ein Picknick an einem nahe gelegenen See gemacht, von denen es in diesem US-amerikanischen Bundesstaat so einige gibt. Michigan hat viele schöne State Parks, in denen sich ein freier Tag ganz wunderbar genießen lässt.

Die Düne ist, ich erwähnte es schon, eine kleine Insel, die der Hauptinsel vorgelagert ist. Oder nebengelagert – je nachdem, von wo man sich das Ganze anguckt. Und wenn ich sage «Besuch abstatten», dann meine ich einen richtigen Besuch:

zum Ausspannen und Seele baumeln lassen und so. Nicht nur zum Abfliegen und Landen im Rahmen von Festlandaufenthalten. Dieser Flugplatz wird von mir dienstlich viel genutzt, aber solche Abflug- oder Landeaufenthalte auf der Düne sind nicht geeignet, um das Hirn auszulüften.

Schnell fand ich heraus, dass die Düne ein schöner Ort für meinen Pastorinnen-Sonntag ist. Da das kirchliche Bodenpersonal in der Regel sonntags arbeitet, muss ein anderer freier Tag her. Bei vielen von uns ist das der Montag, weshalb er den Spitznamen «Pastoren-Sonntag» bekommen hat. Auch bei mir ist der Montag der freie Tag und damit mein Sonntag, den ich gerne damit verbringe, meine Batterien wieder aufzuladen.

Ich hatte ausgekundschaftet, dass es auf der Düne einen Nord- sowie einen Südstrand gibt, dass sich am Südstrand ein kleines Restaurant befindet und dass der Nordstrand in Teilen ein textilfreier Strand ist, wobei mit Textilien *nicht* die Badelaken gemeint sind. Der Südstrand wird eher von Familien frequentiert. Bekleideten Familien. Ebenfalls hatte ich recherchiert, dass man auf der Düne einige sehr interessante Exemplare der Tierwelt zu Gesicht bekommt: Seehunde und Kegelrobben. Bei Ankunft am Landungssteg der Düne weist ein Schild darauf hin, dass bitte mindestens dreißig Meter Abstand zu diesen Tieren zu halten sind.

Das Befolgen dieser Regel hatte sich schon bei einem meiner früheren Dünenspaziergänge als sehr schwierig erwiesen. Die Kegelrobben und Seehunde besitzen nämlich eine eingebaute Tarnvorrichtung, die sie schwer erkennbar macht – ganz ähnlich wie die Schafe auf dem Oberland, aber dazu später.

Bei besagtem Dünenspaziergang wurde ich von einer

Freundin begleitet, die mich gerade auf Helgoland besuchte. Vom Anleger der Dünenfähre aus bogen wir nach links ab und steuerten den Nordstrand an. Was mich immer auf diese Seite zieht, ist wohl der Tatsache geschuldet, dass es da etwas ruhiger zugeht als am Strand gegenüber.

Jedenfalls stakste ich so voller Freude durch den Nordstrandsand und hielt meinen Blick in weite Ferne gerichtet. Ich wollte doch unbedingt Seehunde und Kegelrobben rechtzeitig orten, um ja die dreißig Meter Abstand einhalten zu können. Irgendwo in der Ferne konnte ich dann auch ein paar dunkle Flecken im Sand ausmachen.

Ich zu meiner Freundin: «Wo die Robben wohl sind? Meinst du, das dahinten sind welche? Da müssen wir unbedingt einen großen Bogen drum machen, von wegen dreißig Meter Abstand und so.»

Daraufhin sie zu mir: «Weiß ich nicht, aber den Bogen solltest du jetzt schon machen, sonst trittst du gleich in welche rein.»

Ich korrigierte meinen Blick von Fernsicht auf Naherfassung und schaute auf den Strandabschnitt direkt vor mir – gerade noch rechtzeitig, denn da lagen sie mir tatsächlich zu Füßen! Und ich wäre wirklich fast in sie reingetreten. Ich weiß, es hört sich ziemlich unglaubwürdig an, dass ich beinahe in eine Robbenkolonie gestolpert wäre, weil ich sie nicht gesehen habe. Robben sind ja nicht gerade klein. Das Problem ist, dass sich das Auge des gemeinen Dünenbesuchers erst mal ganz automatisch auf Fernsicht einstellt. Ist man häufiger auf der Düne zu Besuch und hat das Hirn die Information von dort zu findenden roten Feuersteinen bereits aufgenommen, ändert sich das Blickverhalten drastisch. Die, die bereits vom Feuersteinsuchfieber befallen sind, haben den Blick immer direkt nach unten gerichtet. Man kann sie bei Spaziergängen auf der Düne sofort identifizieren: Das sind diejenigen, die in gebückter Haltung gaaanz langsam über den Strand spazieren und dabei die Nase fast im Sand haben. Das sind auch diejenigen, die *nicht* Gefahr laufen, in eine Robbenkolonie reinzutrampeln, denn sie sehen die erste Robbe, kurz bevor sie drauftreten.

Ich dagegen war noch im Fernsichtmodus, und es wäre definitiv zu einem körperlichen Erstkontakt mit einer Robbe gekommen, hätte meine Freundin mich nicht gewarnt. Damit hatte ich also den ersten Beweis, dass Robben nicht lesen können, denn sonst würden sie wohl selbst darauf achten, dass die Dreißig-Meter-Grenze eingehalten wird. Nicht dass ich jemals vermutet hätte, sie könnten lesen. So blöd bin ich auch nicht. Mir ist klar, dass Robben nicht lesen können. Zumindest gehe ich davon aus, aber wer weiß, was die Wissenschaft noch Erstaunliches entdeckt. Das ist wie mit dem Beamen: Einerseits ist mir klar, dass wir Menschen uns nicht einfach irgendwohin beamen können. Aber die Wissenschaft findet bestimmt irgendwann heraus, dass es doch geht. Also: Vielleicht können auch Kegelrobben eines schönen Tages lesen. Oder sie tun es jetzt schon, und wir wissen es nur nicht. Und damit wir nicht merken, dass sie es können, tun sie so, als könnten sie es nicht, und schmeißen sich ahnungslosen Dünenspaziergängerinnen wie mir direkt vor die Füße. Und das, obwohl wir doch unbedingt einen Abstand von dreißig Metern voneinander einzuhalten haben.

Manchmal bin ich mir sowieso nicht ganz sicher, was Tiere alles können und wie ähnlich sie uns Menschen am Ende sind. Sie haben ausgeprägte Eigenschaften, obwohl es Menschen gibt, die behaupten, Tiere würden einzig und allein instinktiv handeln. Alles, was sie täten, sei auf das Überleben und das Vermehren, also die Arterhaltung, ausgerichtet. Ich sage: Stimmt nicht! Sie tun auch Dinge, weil sie schlichtweg Bock drauf haben.

So durfte ich mal auf der Düne beobachten, wie eine Krähe eine Gruppe von Kegelrobben ärgerte. Einfach so. Aus purer Lust und Laune. Das hatte überhaupt nichts mit Instinkt zu tun. Oder mit Arterhaltung. Diese Krähe hopste eine Weile zwischen den Kegelrobben rum. Irgendwann näherte sie sich einer Robbe, und zack!, pickte sie ihr in die Schwanzflosse. Die Robbe war natürlich wenig begeistert, zuckte mit ihrer Schwanzflosse und gab ein Geräusch von sich, das ihren Unmut über die Störung zum Ausdruck brachte. Das aber schreckte die Krähe nicht ab.

Sie hüpfte eine Weile zwischen den Robben hin und her, und als sich ihr Opfer wieder entspannt und es sich im Sand gemütlich gemacht hatte, setzte sie zum erneuten Angriff an. Mit Erfolg. Die Kegelrobbe gab wie zuvor eine Unmutsäußerung von sich, ließ sich aber dieses Mal nicht so schnell wieder einlullen. Aufmerksam beobachtete sie die freche Krähe und fauchte, sobald diese ihr zu nahe kam. Ich weiß nicht, ob Kegelrobben ihre Zähne fletschen können, aber für mich sah es tatsächlich danach aus.

Die Krähe ließ sich allerdings überhaupt nicht einschüchtern, sondern änderte ihre Taktik. Anstatt von der Seite erfolgte die nächste Pick-Attacke nun von hinten. Dem hatte die Robbe wenig entgegenzusetzen. Eine Weile ging das Spielchen so weiter, bis die Kegelrobbe entnervt aufgab und mit Tempo ins Wasser robbte. Das war ein ziemlich schnelles Tempo, denn Robben können selbst an Land ordentlich Fahrt aufnehmen. Deshalb sind die dreißig Meter Abstand so wichtig, damit unsereiner noch rechtzeitig abhauen kann, wenn so ein Koloss sich bedroht oder genervt fühlt oder den Nachwuchs beschützen will und angreift. Robben, so faszinierend sie sind, sind eben Raubtiere. Das sollte man nicht vergessen.

Unserer Krähe war das allerdings völlig egal. Die wollte ihren Spaß haben, und da Opfer Nr. 1 in die Nordsee entschwunden war, suchte sie sich ein neues. Die Krähe näherte sich von hinten einer anderen Robbe, sondierte kurz die Lage, und als sie feststellte, dass sich die Robbenschnauze mit den scharfen Zähnen in angemessenem Abstand befand, pickte sie wieder. In die Schwanzflosse. Und damit ging das Spielchen von vorne los.

Ich kann euch sagen: Das war besser als fernsehen! Das war Dünenkino live! Am liebsten hätte ich mir einen Sessel am Strand aufgestellt und weiter zugeguckt, aber irgendwann musste die Dünenspaziergängerin weiter.

Fazit: Auch Krähen können offensichtlich nicht lesen, denn sonst hätte die Krähe gewusst, dass sie einen Dreißig-Meter-Abstand einhalten muss. Oder sie können lesen und beschließen, das Dreißig-Meter-Abstand-Schild zwecks eigener Belustigung zu ignorieren.

Ich jedenfalls kann lesen und war bei meinem damaligen Dünenbesuch wirklich bemüht, die vorgeschriebene Distanz zu berücksichtigen. Die Tatsache, dass das nicht geklappt hatte, kann einzig meiner eigenen Unaufmerksamkeit zugeschrieben werden. Und der guten Tarnung der Kegelrobben. Wenn man bis zu dreihundert Kilo auf die Waage bringt, muss man auch gut getarnt sein.

Das nächste Mal, als Mensch und Tier (also ich und Robbe) sich zu nahe kamen, war es definitiv nicht meine Schuld. Ich schwöre! Hoch und heilig! Seit jenem Dünenspaziergang mit meiner Freundin, bei dem ich fast in eine Robbenkolonie reinmarschiert wäre, war ich wirklich vorsichtig. Zumal mir ja inzwischen durch die Krähenverfolgung bekannt war, dass Robben mit ihren scharfen Beißerchen rasant die Verfolgung aufnehmen können. Außerdem wollte ich mir auf deren Kosten keinen Spaß erlauben, wie die Krähen es wohl gerne tun. Denn ich konnte mir gut vorstellen, dass sie auch gerne mal von uns Menschen in Ruhe gelassen werden wollen.

Allerdings nicht immer. Manchmal sind Robben ziemlich neugierig und durchaus scharf auf menschliche Gesellschaft, wie ich nun bei meinem sommerlichen und Pastorinnensonntäglichen Ausflug auf die Düne feststellen musste.

Es war also Montag, ich hatte frei (so frei, wie man als Pastorin auf einer kleinen Insel haben kann), und die Sonne schien so schön. Das lockte mich rüber auf die Düne, um mich an den Strand zu legen und ausnahmsweise mal die Sonne anzubeten, anstatt meinen alerobersten Boss. Ja, ja, ich weiß, dass es in der Bibel heißt: «Du sollst keine anderen Götter haben neben mir», aber wenn die Sonne so hell und warm scheint, kann ich nicht anders. Aber ich denke, mein alleroberster Boss sieht das in diesem Fall nicht so eng. Zumindest hoffe ich das.

Baden gehen wollte ich an diesem freien, sommersonnigen Montag natürlich auch, da sich nicht nur die Lufttemperatur in äußerst angenehmen Bereichen bewegte, sondern ebenso die Wassertemperatur.

Am Nordstrand stellte ich meine pink-blaue Strandmuschel auf (eine solche Farbkombination sollte unter Strafe gestellt werden!) und breitete meine Picknickdecke aus, deren Rosa- und Grüntöne sich wunderbar mit den Farben der Strandmuschel bissen. Auf der Decke platzierte ich mein

Badelaken, und damit war mein Chill-Platz hergerichtet. Alles, was ich jetzt noch tun musste, war: es mir mit einem Buch in der Waagerechten gemütlich zu machen.

Irgendwann, wie das bei sommerlichen Temperaturen nun mal so ist, wurde mir zu warm, und ich bekam Lust auf eine kleine Abkühlung in der Nordsee. Gemütlich stapfte ich durch den Sand in Richtung Wasser, genoss die Sonne auf meiner Haut und das Glitzern des Wassers vor mir. Auf meinem Weg ließ ich den Blick in alle Richtungen schweifen, um zu verhindern, dass ich wieder versehentlich einer Robbenkolonie zu nahe kam. Ich war dieses Mal auf der sicheren Seite: keine Robben in Sicht.

Am Wasser angekommen, testete ich kurz mit dem rechten Zeh, wie viel Überwindung mich das Eintauchen ins kühle Nass kosten würde, und registrierte: gar keine. Das Wasser war perfekt temperiert, und nichts hielt mich mehr am Strand. Vergnügt lief ich ins Meer, planschte, spritzte, tauchte und ließ mich dann einfach nur mit geschlossenen Augen auf dem Rücken treiben, das Gesicht der Sonne entgegengestreckt. Irgendwann hatte ich genug von der Dümpelei, stellte meine Füße wieder auf den Boden (an dieser Stelle war es nicht so tief, das Wasser ging mir etwa bis zum Bauch) und sah mich um. Da bemerkte ich, dass neben mir ein dunkler Schatten durchs Wasser flitzte. Nanu, dachte ich. Was mochte das gewesen sein?

Aufgrund des flitzenden Schattens war ich durchaus ein kleines bisschen beunruhigt, denn was sich unter Wasser befindet, war mir schon immer bis zu einem gewissen Grad suspekt. Es ist ja irgendwie eine ganz eigene Welt, der ich ziemlich ambivalente Gefühle entgegenbringe. Einerseits finde ich es total klasse, schwimmen und tauchen zu können und in dieser ganz anderen Welt dahinzuschweben. Andererseits ist es eine Welt, die ich bis heute nicht so recht verstehe. Wie kann es Lebewesen geben, die unter Wasser total in ihrem Element sind, Wasser atmen, ohne zu ertrinken, und sich dabei auch noch wohl fühlen? (Ich meine in diesem Fall die Fische, nicht die Robben, denn die halten ja nur die Luft an.) Und nicht zu vergessen die Gefahren, die diese Unterwasserwelt unter Umständen bietet. Da gibt es Quallen, die zwar wunderschön aussehen und auf dem Meereslaufsteg echt was hermachen, die aber auch fieseste Schmerzen verursachen können, wenn Mensch mit ihnen in Kontakt kommt. Da sind Muscheln, die einem die Füße aufschneiden können. Und es gibt Haie! Ja, in der Nordsee schwimmen wirklich Haie! Na gut, ich räume ein, dass sie nicht wirklich gefährlich sind. Sie werden nur bis zu einem Meter lang und haben mehr Angst vor uns als wir vor ihnen.

Was allerdings noch in der Nordsee existiert, sind die größten Raubtiere, die Deutschland zu bieten hat: die Kegelrobben.

Als der Schatten ein zweites Mal mit einem knappen Meter Abstand an mir vorbeisauste, war ich dermaßen beunruhigt, dass ich versuchte, vorsichtig den geordneten Rückzug anzutreten. Erneut flitzte der Schatten unter Wasser an mir vorbei, um dann kurz aufzutauchen und mich zu begutachten. Nun endlich dämmerte mir, dass ich Gesellschaft in Form einer Kegelrobbe bekommen hatte. Ich muss gestehen, dass ich mir vor Angst fast in die Hose gemacht hätte. Wie gesagt: Kegelrobbe = Raubtier!

Das Problem war nur: Ich hatte gar keine Hose an!

Inzwischen macht es mir nichts mehr aus, mich hüllenlos am Strand rumzutreiben. Anfangs hatte ich da durchaus ein paar Hemmungen, weil ich mich gefragt habe, was wohl die Leute denken. Ich merkte allerdings schnell, dass ich solche

Gedanken aus meinem Kopf streichen und mein real existierendes Schamgefühl in die Nordsee verbannen musste, wenn ich nicht auf dieses Freizeitvergnügen verzichten wollte. Denn der Verzicht wäre die einzige Alternative zur Scham- und Hüllenlosigkeit. Gut, eine weitere Alternative gäbe es noch: den Südstrand. Aber da ist es mir zu wuselig, um richtig ausspannen zu können. Einen versteckten Ort, an dem man nicht gesehen wird, gibt es am Nordstrand nicht, es sei denn, man ist bereit, sich in einer pink-blauen Strandmuschel zu verstecken. Und spätestens dann, wenn es ans Baden geht, funktioniert das mit dem Verstecken nicht mehr. Ich kann ja schlecht die Strandmuschel mit ins Wasser nehmen. Also: Ab in die Nordsee mit dem Schamgefühl!

Was mir übrigens sehr geholfen hat, ist die Tatsache, dass auch andere Inselbewohnerinnen total entspannt und mehr oder weniger hüllenlos am Nordstrand baden gehen und mir immer wieder versichern: Das ist doch die normalste Sache der Welt!

Aber: Es gibt Situationen, in denen ich am Strand immer noch total unentspannt bin. Es ist nämlich ein sehr, sehr ungutes Gefühl, wenn man so unbekleidet mitten in der Nordsee steht und dabei von einer neugierigen Robbe umschwommen wird. Noch schlimmer ist es, wenn man so unbekleidet mitten in der Nordsee steht und von einer Robbe mit sehr, sehr spitzen Zähnen umschwommen wird. Nicht dass irgendeine Form von Bekleidung einen wirksamen Schutz gegen Robbenzähne geboten hätte. Na ja, ein Überlebensanzug aus Kevlar vielleicht. Aber so was trägt nun wirklich niemand am Strand. Glaube ich zumindest. Ich glaube jedoch auch, dass ich mich nicht viel wohler gefühlt hätte, wenn ich der Robbe in bekleidetem Zustand begegnet wäre.

Jedenfalls trat ich in diesem Augenblick einen ziemlich ungeordneten Rückzug an, und zwar so fix, wie ich konnte. Dabei versuchte ich den Gedanken, dass die Robbe sowieso viel schneller sein würde, aus meinem Hirn zu verbannen – ziemlich erfolglos. Ich hatte echt Angst. Aber ich hatte auch Glück: Unversehrt (und völlig aus der Puste) erreichte ich das rettende Ufer. Hatte ich schon erwähnt, dass Robben auch an Land ordentlich Fahrt aufnehmen können?

Darum musste ich mir allerdings keine Gedanken machen, denn die Robbe war gar nicht hinter mir her. Die war wieder in die Nordsee abgetaucht, als sie feststellte, dass flüchtende Menschen doch nicht so interessant sind. Jedenfalls war da nichts weiter zu sehen als in der Sonne glänzende Nordseewellen.

Ein paar Gedanken machte ich mir dann aber doch: Um die Strandspaziergängerinnen und -spaziergänger nämlich, die mich komisch anstarrten. Die hatten wohl meine recht ungraziöse Flucht aus dem Wasser bemerkt. Mit dem letzten bisschen Würde, das mir noch geblieben war, stakste ich zurück zu meiner hässlichen Strandmuschel, ließ mich, nachdem ich mich abgetrocknet hatte, auf meiner Picknickdecke nieder, nahm mein Buch zur Hand und versuchte den Eindruck zu erwecken, als hätte ich schon seit Stunden nichts anderes getan, als total gechillt am Strand zu liegen, die Sonne anzubeten und zu lesen.

Das war übrigens nicht das letzte Mal, dass ich versehentlich näher an eine Kegelrobbe herankam als die erlaubten dreißig Meter. Bei einem meiner Dünenspaziergänge wollte ich eine Abkürzung nehmen und wäre dabei wieder beinahe mit Deutschlands größtem Raubtier kollidiert, das nichts Besseres zu tun hatte, als quer vor einem Durchgang zwischen den Dünen zu liegen und zu schlafen.

Inzwischen bin ich fest davon überzeugt, dass solche Fast-Zusammenstöße zwischen den Robben und mir rein gar nichts damit zu tun haben, dass Robben rein zufällig nicht lesen können. Das sind keine Zufälle! Glaubt mir, die machen das mit voller Absicht und einfach so aus Spaß: Schmeißen sich mir vor die Füße, egal ob an Land oder im Wasser, und lachen sich dann heimlich ins Flösschen, weil ich mich so erschrecke.

Ob die sich das von den Krähen abgeguckt haben?

URLAUBERSEELSORGE ODER MEE(H)R ERLEBEN

«Weißt du, was ich gerade erlebt habe?», fragte mich meine Teamerin von «Kirche am Urlaubsort».

«Nein», antwortete ich. «Was war los?»

«Ich habe noch einmal nachgesehen, ob auch alle unsere Plakate im Schaukasten hängen, als ein Ehepaar davor stehen blieb. Sie sahen sich ganz interessiert unsere Angebote an. Und dann sagte der Mann: ‹Die haben gar nicht dabei geschrieben, wo die Kirchenführung stattfinden soll.›»

Mir zuckten die Mundwinkel. «Im Ernst jetzt?»

Auch meine Teamerin hatte Mühe, sich das Lachen zu verkneifen. «Ja, im Ernst.»

«Das ist jetzt nicht wahr, oder? Ich meine: Wo soll denn schon eine Kirchenführung stattfinden?»

Jetzt war meine Teamerin doch in schallendes Gelächter ausgebrochen: «Dass die nicht im Bunker stattfindet, ist doch eigentlich klar!»

Ich: «Das sollte man meinen. Eigentlich sollte jeder davon ausgehen, dass eine Kirchenführung in der Kirche stattfindet. Und eine Bunkerführung im Bunker.»

«Ich dachte erst, dass vielleicht nicht klar ist, in welcher Kirche die Führung stattfindet. Es gibt schließlich zwei. Deshalb habe ich mir noch mal das Plakat angesehen, aber da steht eindeutig: ‹Kirchengemeinde St. Nicolai›.»

«Vielleicht dachten sie trotzdem, dass die Führung in der katholischen Kirche stattfindet. Wir haben schließlich keinen Veranstaltungsort angegeben. Auf dem Plakat steht ‹Kirchengemeinde St. Nicolai› ja nur als Veranstalterin drauf und nicht als Veranstaltungsort. Den Ort sollten wir auf das nächste Plakat unbedingt mit draufsetzen.»

«Meinst du, dass das wirklich nötig ist? Eigentlich ist das doch eine klare Aussage: Von der Kirchengemeinde St. Nicolai wird eine Kirchenführung angeboten. Die kann doch nur in unserer Kirche stattfinden. Da steht ja nicht ‹ökumenische Kirchenführung› oder ‹Führung durch die Kirchen Helgolands›.»

Der Sommer ist nicht nur eine gute Jahreszeit, um auf der Düne faul am Strand zu liegen oder den Erstkontakt mit der Spezies der Kegelrobben aufzunehmen. Der Sommer ist ebenfalls eine gute Jahreszeit, um als Kirchengemeinde alles für die Feriengäste zu geben. Das tun wir, indem wir uns Teams auf die Insel holen, die zusätzliche und in höchstem Maße tourigerechte Veranstaltungen anbieten wie etwa Strandolympiaden oder das Basteln von Urlaubssouvenirs. Und natürlich Kirchenführungen. Dabei ist es sehr wichtig, dass Informationen mit äußerster Präzision weitergegeben werden!

Im Grunde hatte meine Teamerin natürlich recht mit ihrer Argumentation, aber ich bestand trotzdem darauf, bei allen weiteren Aushängen darauf zu achten, dass die Veranstaltungsorte mit angegeben waren, nebst aller weiteren wichtigen Dinge.

Für Outdoor-Veranstaltungen muss zum Beispiel noch der Hinweis mitgeliefert werden, dass diese bei Dauerregen und / oder ab Windstärke 6 ausfallen beziehungsweise nach drinnen verlegt werden. Das reicht aber erfahrungsgemäß nicht aus, denn es gibt immer wieder hartgesottene Leute, die der Meinung sind, dass man auch bei Windstärke 8 und Sturzregen ganz wunderbar eine Open-Air-Andacht feiern kann. Deshalb habe ich mich darauf verlegt, mindestens einen Teamer als Posten am ursprünglich geplanten Veranstaltungsort aufzustellen, sich nass regnen zu lassen und die Leute in die Kirche oder ins Gemeindehaus zu scheuchen, die eigentlich lieber draußen einen Survival-Gottesdienst gefeiert hätten.

Mir ist schon aufgefallen, dass besonders die Feriengäste leicht zu verwirren sind, wenn unsere Angaben nicht klar und eindeutig rüberkommen. Ich kenne das nur zu gut aus eigenen Urlauben. Ich nehme zwar den gepackten Koffer mit, lasse aber diverse Hirnwindungen zu Hause – zum einen wegen des Gepäcklimits und zum anderen wegen der besseren Entspannung. Das hat aber zur Folge, dass ich manchmal ziemlich dumm bin, wenn es darum geht, mich zurechtzufinden.

Die Gäste auf unserer Insel, die gerne an den kirchlichen Veranstaltungen für Urlauber teilnehmen möchten, haben ebenfalls manchmal Schwierigkeiten, sich zurechtzufinden. Aber wir machen es ihnen auch nicht gerade leicht, wie man an fehlender Angabe des Veranstaltungsorts sehen kann. Dazu kommt die Uneindeutigkeit, wenn es darum geht, wer wir überhaupt sind.

Als Erstes betrifft das die Kirchengemeinde St. Nicolai. Sie bietet im Sommer zusätzliche Veranstaltungen an, die in Kooperation mit «Kirche am Urlaubsort» durchgeführt werden. «Kirche am Urlaubsort» ist eng verbandelt mit «Kirche unterwegs». Von dieser mobilen Kirche gibt es auf Helgoland keine Veranstaltungen, aber «Kirche unterwegs» steht auf den Gesangbüchern drauf, die wir für «Kirche am Urlaubsort» benutzen.

Die Teams, die die Veranstaltungen durchführen, tragen zwecks besserer Erkennbarkeit einheitliche T-Shirts. Früher waren die rot, und es stand «Urlauberseelsorge» drauf. So heißt das Ganze bei uns im Kirchenkreis. Dieser Begriff ist über mehr als fünfzig Jahre in unserer Region gewachsen und damit in aller Munde und auf allen T-Shirts. Weil die aber so knallrot waren, bestand ein nicht unerhebliches Risiko, dass die Teamer mit den DLRG-Leuten verwechselt wurden.

Weil das bei den Gästen zur Verwirrung beitrug, setzte ich mich dafür ein, andere T-Shirts zu tragen, und zwar die von «Kirche am Urlaubsort». Die haben zwar die richtigen Farben (dunkelblau mit gelbem Aufdruck), dafür steht jedoch nicht «Kirche am Urlaubsort» drauf, sondern «Wir sind das Team». Also, eigentlich steht da schon noch «Kirche am Urlaubsort», aber nur ganz klein und kaum zu lesen vorne auf der Brust. Auf dem Rücken prangt in großen gelben Lettern «Wir sind das Team». Inzwischen sind aber auch die blau-gelben Shirts nicht mehr unverwechselbar, denn blau-gelbe Shirts werden ebenfalls von Mitarbeitern des Schwimmbads getragen, die verhindern sollen, dass die Badenden ertrinken oder sonst wie zu Schaden kommen. Leute, ihr macht uns das Leben aber wirklich nicht leicht.

Die Bezeichnung «Wir sind das Team» klärte leider auch nicht eindeutig, zu welchem Verein wir denn gehören, und hatte zur Folge, dass wir gefragt wurden, ob wir denn von den Zeugen Jehovas sind.

Um die Konfusion komplett zu machen, kommen noch diverse nebulöse Hinweise auf den Plakaten und Flyern hinzu. Irgendwo steht schon «Kirche am Urlaubsort» drauf, aber noch viel fetter: «Me(e)hr erleben auf Helgoland». Spätestens an diesem Punkt haben die Gäste überhaupt keinen Plan me(e)hr, wo sie landen, wenn sie zu uns wollen. Ich habe noch die skeptischen Blicke vor Augen, als ich Eltern mit Kindern auf dem Lung Wai ansprach und zu unserer Gute-Nacht-Geschichte einlud. (Lung Wai ist Helgoländisch, heißt «Langer Weg» und gibt unserer Haupteinkaufsstraße auf dem Unterland ihren Namen.)

Ich versäumte es natürlich nicht, zu erwähnen, dass wir von der evangelischen Kirche sind, aber die skeptischen Blicke blieben und sagten mir: «Das kann ja jeder behaupten! Am Ende seid ihr doch eine Sekte!» Jedenfalls marschierten besagte Eltern mit ihren Kindern weiter mit dem Argument, dass sie erst dringend zu Abend essen müssten und dass für eine Gute-Nacht-Geschichte gerade keine Zeit sei.

Dabei verstehe ich nicht, wie man uns für eine Sekte halten kann! Im Ernst: Welche Sekte spielt denn mit Sockenpuppen?! Die Zeugen Jehovas jedenfalls nicht, so viel ist schon mal klar. Für Scientology wäre vermutlich nur interessant, wie sich Sockenpuppen am besten zur Gehirnwäsche einsetzen lassen, aber da haben die ganz andere Methoden. Außerdem hat Helgo der Wattwurm, meine eigene Sockenpuppe, nur Füllwatte im Kopf und weiß gar nicht, wie man Gehirnwäsche überhaupt schreibt.

Helgos Performance im Gute-Nacht-Geschichten-Strandkorb sieht in etwa so aus:

Rumms, polter, klöter! Der Deckel vom Gute-Nacht-Geschichten-Koffer geht auf, und eine Puppe aus einem bunten, selbstgestrickten Socken lugt über den Deckelrand. Helgo hat seinen großen Auftritt.

«Huch!», sagt er ganz erstaunt. «Da sind ja viele Kinder!»

Eine weitere Sockenpuppe taucht aus der Versenkung des Koffers auf: «Jaaaaa, ganz viele Kinder!»

Helgo: «Wer bist du denn?»

Die zweite Sockenpuppe stellt sich vor und fragt zurück: «Und du?»

Helgo: «Ich bin Helgo der Wattwurm. Ich wohne hier. Also, eigentlich wohne ich nicht hier, sondern draußen im Felswatt. In einer gemütlichen Höhle. Zusammen mit meiner Schwester Helga.»

Sockenpuppe Nr. 2: «Ich komme von ganz weit her. Aus Bayern! (Oder Lüneburg oder Hannover oder Wesselburen, Berlin oder, oder, oder – je nachdem, woher die Teamer stammen.) Ich bin mit dem Schiff hierhergekommen, und das hat so geschaukelt, dass mir schlecht geworden ist. So schlecht, dass mein Frühstück wieder rauswollte.»

Spätestens hier fangen die Kinder an zu lachen.

Helgo: «Mir wird auf einem Schiff nie schlecht, egal wie doll es schaukelt. Wenn einem auf einem Schiff schlecht wird, dann heißt das übrigens ‹seekrank›. Man ist krank von der See, die das Schiff zum Schaukeln bringt. Kinder, ist euch schon mal auf einem Schiff schlecht geworden?»

Kinder: «Jaaaa!»

Oder: «Neeeeiiin!»

Helgo: «Ich werde nie seekrank. Ich kenne da nämlich einen Trick. Wollt ihr den wissen?»

Kinder: «Jaaaaaa!»

Helgo: «Also, ihr müsst euch einfach einen Knoten in den Schwanz machen, bevor ihr an Bord geht. Dann wird euch garantiert nicht mehr schlecht. Meine Schwester Helga ist auch immer seekrank geworden, aber seit sie sich vor der Abfahrt einen Knoten in den Schwanz macht, geht es ihr gut. Auch bei Windstärke 11 noch. Wirklich!»

So oder so ähnlich läuft das Geplänkel der Sockenpuppen

bei der Gute-Nacht-Geschichte ab. Mal ehrlich: Klingt das nach Gehirnwäsche? Oder klingt das sonst irgendwie nach Sekte?

Allerdings muss ich schon zugeben, dass Sockenpuppe Helgo – 'tschuldigung, muss heißen Wattwurm Helgo! Er hört es gar nicht gerne, wenn man ihn als Sockenpuppe bezeichnet, denn dann könnte man ja meinen, er würde sein Dasein nicht in einer gemütlichen Höhle im Felswatt vor Helgoland fristen, sondern an den Stinkefüßen irgendwelcher Menschen – also, ich muss zugeben, dass Wattwurm Helgo sich beharrlich weigert, ein T-Shirt von «Kirche am Urlaubsort» zu tragen. Er stellt einfach gerne seine bunten Farben zur Schau und läuft damit nicht Gefahr, mit einem Zeugen Jehovas verwechselt zu werden. Und dass er zum Team gehört, weiß ohnehin jeder. Das muss nicht extra ein T-Shirt verkünden.

Vielleicht sollten wir uns in Zukunft an Wattwurm Helgo ein Beispiel nehmen und in selbstgestrickten Sachen in knallbunten Farben über die Insel stolzieren. Dann wissen garantiert alle, dass wir zu «Kirche am Urlaubsort» gehören. Helgo würde das jedenfalls total klasse finden, das weiß ich.

ICH BIN DIE AUFERSTEHUNG
UND DAS LEBEN

Ich war gerade auf dem Weg zur Kirche, um alles für eine anstehende Andacht vorzubereiten, als mich eine Frau ansprach: «Sind Sie die Pastorin?»

Ich: «Ja.»

Sie: «Dann können Sie mir bestimmt weiterhelfen. Ich suche ein Grab.»

Ich: «Welches Grab suchen Sie denn?»

Sie nannte mir den Namen der Person, deren Grabstelle sie nicht finden konnte.

Ich erinnerte mich, dass das eine Seebestattung gewesen war, und antwortete: «Diese Person ist auf unserem Friedhof gar nicht beigesetzt.»

Ich konnte sehen, dass die Frau enttäuscht war. Sie murmelte noch leise: «Oh! Na, da kann man nichts machen. Trotzdem vielen Dank.» Dann drehte sie sich um und ging.

Nun habe ich es als Pastorin nicht nur mit lila-orange-türkis geringelten Sockenpuppenwattwürmern mit grünen Augenbrauen zu tun, sondern in erster Linie mit Menschen. Diese Menschen sind mir wichtig! Und: Diese Menschen sind mir nicht nur wichtig, wenn sie gerade auf Helgoland Urlaub machen, sondern in jeder Lebenslage. Das schließt den Abschied und die Trauer um Verstorbene mit ein. Deshalb ist es mir auch immer wieder nahegegangen, wenn diese Menschen auf der Suche nach einem Ort waren, an dem sie einer verstorbenen Person gedenken können, und einen solchen Ort auf unserem Friedhof nicht fanden.

Weil mich dieses Thema nicht losließ, hatte ich dann auch endlich etwas, mit dem ich mich «einbringen» konnte. Ich wurde sowieso schon ständig gefragt, was ich denn in der Kirchengemeinde auf Helgoland neu machen wolle.

Ich muss gestehen, dass mich diese Frage schon ein bisschen nervte, denn am Anfang wollte ich gar nichts neu machen. Ich musste ja zunächst herausfinden, was hier überhaupt gemacht wurde. Dazu hatte ich mir etwa ein Jahr vorgenommen. In diesem ersten Jahr wollte ich einfach mitlaufen und das tun, was hier üblicherweise von Pastorinnen oder Pastoren getan wurde. Nach diesem einen Jahr hatte ich dann vor, Bilanz zu ziehen: Was lief gut? Was lief nicht gut? Was lief überhaupt nicht und könnte eventuell eingeführt werden? Wozu sollte ich alles neu machen, wenn es Dinge gab, die gut liefen? Die konnten wir doch locker beibehalten. Macht irgendwie Sinn, oder?

Doch manche Menschen gaben partout nicht auf. Die sagten: «Aber es muss doch etwas geben, auf das Sie sich spezialisiert haben und mit dem Sie sich hier einbringen können.» Allein bei dem Begriff «einbringen» sträubten sich mir die Nackenhaare. Ich weiß, in der Regel ist dieses Wort gut gemeint. Es soll, zumindest in kirchlichen Kreisen, die Menschen wertschätzen: Du hast tolle Begabungen, die gut für uns alle sind. Deshalb bring sie doch in die Gemeinschaft mit ein.

Für mich klang das Sich-Einbringen aber schon immer fordernd und hatte lediglich zur Folge, dass ich mich unter Druck gesetzt fühlte beziehungsweise ein schlechtes Gewissen hatte, wenn ich befürchten musste, mich nicht genug «eingebracht» zu haben. Es gibt in Gemeinschaften nun mal Menschen, die ab und zu (oder meinetwegen auch ständig) einfach nur gerne mit dabei sind. Also da sind, ohne etwas zu tun. Ist doch auch mal ganz schön, nur was mit rauszunehmen, ohne etwas eingebracht zu haben. Diese Leute haben genauso ihre Daseinsberechtigung wie die Einbringer und sind, zumindest bei mir, stets willkommen.

Mich zu orientieren war jedenfalls das, was ich in meinem ersten Jahr auf der Pfarrstelle vorhatte. Keineswegs wollte ich nicht nichts tun. Ich war nicht auf die Insel gekommen, um den lieben langen Tag auf der Friedhofsbank zu sitzen, mir die Sonne auf die Nase scheinen zu lassen und Däumchen zu drehen. Nein! Außerdem war da ja noch mein Verkündigungsauftrag! Und dem musste ich doch nachkommen. Gerade deshalb schon wollte ich meine Arbeit als Pastorin machen, denn dazu sind wir Profischafe schließlich da. Mich mit meinen schrägen Ideen ins Gemeindeleben «einbringen» konnte ich später immer noch.

Um endlich Ruhe vor solch lästigen Fragen zu haben, sagte ich dann meistens, dass es schön wäre, wenn wir hier auf Helgoland Pfadfinderinnenarbeit aufbauen könnten. Allerdings wusste ich von Anfang an, dass das schwer bis unmöglich umzusetzen wäre. Auf dieser kleinen Insel gibt es nämlich nicht so viele Kinder. Die Jugendlichen entschwinden nach Abschluss der Schule aufs Festland, um dort eine Ausbildung zu machen oder auf eine weiterführende Schule zu gehen.

Dazu kommt, dass es schon so einige gute Angebote für Kinder und Jugendliche gibt: Jugendfeuerwehr, Schulsanitäterausbildung, Sportverein, Musicalarbeit, Veranstaltungen über das Jugendzentrum und so weiter. Aus meiner Sicht machte es da wenig Sinn, wenn sich alle gegenseitig die wenigen Kinder abgraben. Es ist doch besser, wenn weniger Angebote von vielen Kindern genutzt werden, als wenn bei vielen Angeboten nur zwei oder drei Kids auftauchen. Nicht nur für die Veranstaltenden ist das schöner. Auch die Kinder und Jugendlichen finden es um Längen cooler, wenn sie ganz viele sind. Bei was auch immer. Dahinter steckt eine einfache Logik, die übriges auch oft auf Restaurants angewendet wird: Gehen da wenig Leute hin, ist das Essen schlecht. Oder der Service. Oder beides. Das Gleiche trifft aufs Musicalsingen, die Jugendfeuerwehr oder die sportlichen Angebote zu. Wobei: Bei der Feuerwehr ist das Essen nie schlecht! Egal, wie viele oder wenige Leute gerade da sind.

Natürlich geht es bei den Angeboten für Kinder und Jugendliche nicht um die Qualität des Essens, sondern um andere Dinge. Aber das Prinzip ist identisch: Wenn da nur wenige hingehen, ist das Angebot uncool. Eine Pfadfinderinnengruppe, die nur aus drei Leuten besteht, ist somit uncool.

Aber irgendwas musste ich sagen, um endlich der lästigen Fragerei zu entgehen. Dass ich es für wenig sinnvoll hielt, meiner Gemeinde in den ersten Tagen schon eine bahnbrechende Neuerung überzustülpen, wollte ja keiner hören.

Trotzdem gab es schließlich dann doch diese Neuerungen, mit denen ich mich in die Kirchengemeinde «einbringen» konnte. Das ergab sich ganz von selbst. Das ergibt sich irgendwie immer ganz von selbst. Dazu muss ich gar keine hochtrabenden Pläne haben, wie ich mich denn «einbringen» kann. Ich schiebe das wie immer auf den Heiligen Geist, der in regelmäßigen Abständen dafür sorgt, dass ich mit einer komischen Idee meine Gemeinde in Unruhe versetze.

Allerdings passierte das nicht nach einem Jahr. Mein Vorsatz, mich erst mal ein Jahr lang zu orientieren, scheiterte an der Inselrealität. Ich musste feststellen, dass ein Jahr gar nicht reichte. Ja, ich weiß, es ist schon skurril, dass man auf einer so überschaubaren Insel mit einer noch überschaubareren Kirchengemeinde Mühe hat, sich zu orientieren. Diese Insel ist eben sehr komplex. Und die Menschen auf dieser Insel sind es auch. Da gibt es Dinge, die auf den ersten Blick gar nicht zu sehen sind. Es braucht hier wirklich seine Zeit, um einen einigermaßen vernünftigen Überblick darüber zu bekommen, wie die Insel tickt und vor allem, wie die Menschen ticken.

Ich brauchte also zwei Jahre, um mich so orientiert zu fühlen, dass ich besagte Bilanz ziehen und mir Neuerungen überlegen konnte. Vielleicht lag es aber auch daran, dass der Heilige Geist in den ersten zwei Jahren zu sehr damit beschäftigt war, den Erholungswert auf der Insel zu genießen, und einfach vergaß, mich zu neuen Projekten zu inspirieren. Wer weiß.

Irgendwann passierte es aber doch: Ich war orientiert genug, der Heilige Geist war erholt genug, und es konnte Bilanz gezogen werden.

Eine Bilanz, die ich zog, war die, dass es mit den Seebestattungen hier ein Problem gab. Also, nicht mit den Seebestattungen an sich. Das haben wir immer alle gut hingekriegt. Aber mit dem, was nach den Seebestattungen kam, gab es ein Problem. Ich war nämlich nicht nur ein Mal nach einer Grabstelle gefragt worden, die auf unserem Friedhof nicht vorhanden war, sondern es sprachen mich regelmäßig Leute an, die wissen wollten, wo denn das Grab von Soundso sei. Ich musste wieder und wieder die schlechte Nachricht überbringen, dass für diese Person kein Grab auf unserem Friedhof existierte.

Bei manchen Menschen löste das erheblichen Frust darüber aus, dass sie nun gar keine Anlaufstelle hatten, um der verstorbenen Person zu gedenken.

Ich konnte das gut nachvollziehen. Unsere Trauer braucht einen Ort, oft auch im wörtlichen Sinn. Natürlich könnte ich versuchen, die Angehörigen einer verstorbenen Person von einer Seebestattung abzubringen mit genau dem Argument, dass der Wunsch nach einer Anlaufstelle sich später noch einstellen könnte, die dann nicht da wäre. Aber das schien mir nicht die richtige Lösung zu sein. Seebestattungen gehören nun einmal hierher, finde ich, weil zu einem Leben auf Helgoland die See gehört. Außerdem kann ich gut verstehen, dass es für Angehörige vom Festland schwierig ist, sich um ein Grab auf der Insel zu kümmern. Sicher, dafür kann man eine Grabpflege in Auftrag geben. Aber die kostet Geld, das nicht jeder aufbringen kann. Es gibt eine lange Liste mit Argumenten, die für oder gegen eine Seebestattung sprechen. Sie haben mit Finanzen und unserer Sterbekultur zu tun – oder dem Ignorieren derselben und diversen anderen Dingen mehr.

Am Ende ist es für mich als Pastorin wichtig, nach Möglichkeit dem Willen der verstorbenen Person nachzukommen, die in manchen Fällen eben seebestattet werden wollte. Und dann ist es für mich genauso wichtig, so gut es geht, den Angehörigen gerecht zu werden, ihnen durch den Abschied zu helfen und sie in ihrer Trauer zu begleiten. Wenn dazu eine Seebestattung gehört, dann ist das so.

Zur Trauerarbeit gehört aber auch jene Anlaufstelle, um der verstorbenen Person gedenken zu können. Den Angehörigen ist das am Anfang oft nicht bewusst. Aber dafür haben sie dann mich, die sich Gedanken darüber macht, wie hier zu helfen sein könnte.

Ich muss schon mal vorwegnehmen, dass ich alleine das gar nicht hinbekommen habe. Die wunderbare Lösung brachten nämlich mein Friedhofswart und ich in gemeinsamer Denkarbeit zustande.

So, nun wisst ihr, wozu unsere Kaffeepausen im Kirchenkeller gut sind. Da tauschen wir uns nämlich nicht nur über den neuesten Inseltratsch aus, philosophieren über den besten Walkthrough für ein Konsolenspiel rum, sondern überlegen auch, wie unseren zu bestattenden und hinterbliebenen Schäfchen zu helfen ist.

Es wäre jetzt vermutlich etwas zu viel des Guten, den Heizungskeller unter der Kirche zur Denkfabrik zu befördern, aber das, was wir da unten mit schöner Regelmäßigkeit und bei einem Tässchen Kaffee veranstalten, kommt dem schon ziemlich nahe. Manchmal taucht bei unseren Kaffeepausen sogar unerwarteter Besuch auf, denn so ungemütlich dieser Heizungskeller auch scheint, fühlen sich dort offensichtlich eine Reihe von Leuten sehr wohl. Mein Friedhofswart offenbarte mir, dass es in weiter zurückliegender Vergangenheit zwischenzeitlich so voll wurde, dass er zwar niemanden rausschmiss, aber sich reiflich überlegte, wem er Zutritt zum begehrten Kaffeeklatsch gewährte. Was mich ein bisschen stolz macht, da ich ja die Genehmigung habe, dabei sein zu dürfen.

Bei diversen solcher «Kaffeepausen» arbeiteten wir fieberhaft an einer Lösung für unser Seebestatteten-Problem. Sprich: Wir kickten erst mal sinnlos alle Ideen durch die Gegend, die uns zu diesem Thema in den Kopf kamen.

So erzählte ich zum Beispiel von meiner Kirchengemeinde in den USA, die einen Memorial Garden angelegt hatte, einen Erinnerungsgarten. In den Vereinten Staaten ist es ja so, dass die wenigsten Kirchengemeinden eigene Friedhöfe haben. Der Großteil der Friedhöfe dort ist in privater Hand, und viele Friedhöfe sind sehr abgelegen. Nun findet aber ganz viel von dem, was mit Tod, Sterben, Auferstehung, Abschiednahme und Erinnerung zu tun hat, in kirchlichen Gefilden statt. Deshalb wollten die Leute auch gerne diesen einen Ort haben, an dem an die Verstorbenen erinnert wurde. Ganz unbürokratisch wurde deshalb eine Fläche hinter der Kirche zu einem kleinen Garten umgestaltet, und als Erinnerung an die Verstorbenen wurden Ziegelsteine bemalt, mit den Namen der Verstorbenen versehen und an verschiedenen Stellen des Gartens platziert. So wurde aus dem Garten ein Erinnerungsgarten. Total schön!

Ich fragte unseren Friedhofswart, ob etwas in dieser Art auch auf unserem Friedhof möglich sei, um an die Seebestatteten zu erinnern. Wir müssten ja vielleicht nicht gerade Ziegelsteine bemalen, aber vielleicht gäbe es eine andere Möglichkeit, die Namen irgendwo zu lassen.

Besagter Friedhofswart nahm dieses Gedankenknäuel auf und strickte daraus kurzerhand ein Seegrabfeld, an dessen einem Ende eine Stele steht, auf der Bronzetafeln mit den Namen der Verstorbenen sowie dem Geburts- und Sterbedatum und eventuell einem kleinen Vers angebracht werden können.

Dann war wieder ich an der Reihe: Ich durfte mir noch einen Spruch überlegen, der die Stele zieren sollte. Nicht zu lang, denn jeder Buchstabe kostete Geld. Außerdem sollte genug Platz bleiben für die Gedenktafeln. Etwas Passendes zu finden, fiel mir nicht schwer. Dass es mit Auferstehung zu tun haben sollte, war für mich klar. Also brauchten wir einen kurzen Spruch, der mit Auferstehung zu tun hatte. Mit diesen Informationen gefüttert, spuckte mein Hirn sofort den passenden Bibelvers aus: «Ich bin die Auferstehung und das Leben.» Zack! Fertig!

Na gut, so schnell ging es dann auch nicht. Die ganze Sache musste erst in den zuständigen Gremien besprochen, verhandelt und beschlossen werden. Außerdem wurde an der ursprünglichen Idee noch weitergedacht – auch außerhalb des kirchlichen Heizungskellers. Das Seegrabfeld sollte nicht nur eine Erinnerungsmöglichkeit für Seebestattete bieten. Auf ihm sollte es ebenfalls die Möglichkeit geben, gegen eine einmalige Gebühr Urnen als Alternative zu den regulären Urnengräbern beizusetzen.

Als der Plan fertig war, musste natürlich das Seegrabfeld angelegt und die Stele ausgesucht und aufgestellt werden. Das dauerte wieder ein bisschen. Aber wir haben es gemeinsam hingekriegt. Inzwischen ist aus unseren kaffeeschwangeren Einfällen ein wunderschön angelegtes Grabfeld geworden, auf dem sogar schon die dritte Stele steht.

Ganz ehrlich, so liebe ich meinen Beruf: Ein paar schräge Ideen in den (Heizungs-)Raum werfen, von jemand anderem aufnehmen und weiterspinnen lassen, damit am Ende in gemeinschaftlicher Arbeit etwas richtig Gutes entsteht. So soll kirchliche Arbeit sein!

Die kleine, nette Idee half, um sowohl den Bedürfnissen der Verstorbenen als auch denen der Hinterbliebenen ein wenig entgegenzukommen. Aber so klein war das Ganze gar nicht. Das merkte ich, als ich ständig Anrufe und E-Mails erhielt, in denen ich über unser Seegrabfeld ausgefragt wurde. Es wurde offensichtlich viel über die neue Anlage auf dem Helgoländer Friedhof erzählt – auch über die Grenzen von Kirchengemeinde und Insel hinaus.

Ich war davon ausgegangen, dass es so etwas schon längst

an verschiedenen Orten gab. Offensichtlich war das nicht der Fall. Da hatten wir tatsächlich etwas erfunden, das noch keiner hatte. So einige wollten es aber wohl gerne haben. War ja auch 'ne gute Idee. Und von guten Ideen darf man gerne was abgeben.

Nun haben wir für Seebestattete einen Ort auf unserem Friedhof, den die Leute anlaufen können, um Abschied zu nehmen, an die geliebten Menschen zu denken, die aus dem Leben getreten sind, und auch gleich noch ein bisschen Auferstehungshoffnung mitzunehmen. Oder einfach nur, um im Sommer die dort üppig blühenden Hortensienbüsche zu bewundern.

KEIN ESOTERISCHER KRAM

«Der Wind weht, wo er will», heißt es in der Bibel. Der Heilige Geist auch. Und manchmal weht der Heilige Geist ganz ordentlich in meinem Kopf rum, was dann so aussieht:

Heiliger Geist: «Ich hab da eine Idee.»

Ich: «Schon wieder?»

Heiliger Geist: «Klar! Ich hab immer Ideen.»

Ich: «Na, dann lass mal hören.»

Heiliger Geist: «Ich möchte, dass du hier was Neues machst.»

Ich: «Schon wieder?»

Heiliger Geist: «Ja.»

Ich: «Muss das sein?»

Heiliger Geist: «Ja, das muss sein. Dafür bist du als Pastorin schließlich da. Du bist meine Hände auf dieser Insel.»

Ich seufze: «Ich weiß. Und dein Mund auch. Und überhaupt.»

Heiliger Geist: «Siehst du, wir verstehen uns doch. Also, machst du jetzt mit?»

Ich augenzwinkernd: «Na klar. Dafür bin ich als Pastorin doch da.»

Der Heilige Geist hatte es offensichtlich schon wieder geschafft, mich mit einer Idee zu impfen und anschließend zum Handeln anzustacheln. Und auch hier waren es Samenkörner von Erfahrungen, die ich während meines Pastorinnen-Daseins in den USA gemacht hatte, die nun auf dieser Insel Wurzeln schlugen und austrieben. Es ist schön, die Idee eines Memorial Gardens zu einem Seegrabfeld heranwachsen zu sehen. Ein weiteres Samenkorn, das mit mir über den großen Teich zurück nach Deutschland gereist war, wurde als Heilungssegen ausgesät. In unserer Kirchengemeinde ist er inzwischen fest verwurzelt und gedeiht prächtig.

Regelmäßig wurde in meiner Gemeinde in den USA Abendmahlsgottesdienst gefeiert, bei dem es nicht nur das Abendmahl gab, sondern für alle, die wollten, auch einen Heilungssegen. Die Gottesdienstbesucher konnten nach vorne zum Altar kommen und Brot und Wein (wenn gewünscht auch Traubensaft) in Empfang nehmen. Eine zusätzliche «Station» war mit zwei ehrenamtlichen und seelsorgerisch ausgebildeten Mitarbeitenden besetzt. Zu denen konnten die Gottesdienstbesucher gehen, um sich salben und segnen zu lassen.

Mir hatte das dermaßen gut gefallen, dass ich so etwas auch auf Helgoland machen wollte. Allerdings war mir wichtig, dass der Heilungssegen nicht nur ein zusätzliches Angebot zum Abendmahl darstellte, er sollte einen ganz eigenen Stellenwert haben. So zermarterte ich mir mein Hirn, wie das am besten umzusetzen sei, haderte mit dem Heiligen Geist, warum er mir zwar die Idee lieferte, mich mit der Umsetzung aber alleine ließ – und konnte am Ende doch mit einem Gottesdienstentwurf aufwarten.

Der Einfall, den ich hatte, sah so aus: Ich würde den Heilungssegen mit einem eigenen kleinen Ablauf (Liturgie heißt das im Fachjargon) einmal im Monat mit in den Gottesdienst einbauen, so wie das Abendmahl bei uns einmal im Monat mit eingebaut ist.

Den Ablauf musste ich mir noch nicht mal ausdenken, denn den gab es in einem kleinen Büchlein, das von einem Verlag der Evangelisch-Lutherischen Kirche in Amerika für besondere pastorale Situationen herausgegeben worden war. Solche besonderen Situationen sind: Trauungen, Taufen, Krankenbesuche, Aussegnungen, Beerdigungen, Haussegnungen oder Einweihungsfeiern. Und: Heilungssegen spenden. Damit wir Pastorinnen und Pastoren zu diesen gelegentlichen Anlässen nicht planlos rumstehen, sondern wissen, was zu tun ist, gibt es dieses Büchlein.

Da besagter amerikanischer Verlag aber nicht in deutscher Sprache publiziert, musste ich mich ans Übersetzen machen. Dabei nahm ich noch ein paar kleine Änderungen am Ablauf vor, damit alles auch gut in den bei uns üblichen Gottesdienstablauf passte. Und dann stand unser Gottesdienst mit Heilungssegen! Tadaaaaa! Es würde einen kleinen einleitenden Text geben, damit alle wussten, was da auf sie zukam, gefolgt vom Fürbittengebet mit dem Thema Heilung. Nach dem Vaterunser käme dann die Einladung zu Salbung und Segnung. Die Gottesdienstbesucher würden an unseren Taufkessel treten, wo sie ein Kreuzzeichen mit Salböl in beide Handflächen und auf die Stirn erhielten, verbunden mit einem Segen unter Handauflegung. Nach Salbung und Segnung gäbe es abschließend noch ein Dankgebet, ebenfalls mit dem Thema Heilung.

Das Konzept stand, aber es musste noch geklärt werden, wann die Heilungsgottesdienste stattfinden sollten. Der Kirchengemeinderat stimmte meinem Vorschlag zu, einmal im Monat unseren Gottesdienst mit Heilungssegen zu feiern, und wir legten dafür den ersten Sonntag im Monat fest. Jetzt stellte ich mir nur noch die bange Frage, wie die Sache wohl angenommen werden würde. Gottesdienste mit Heilungssegen sind hier nicht unbedingt üblich. Auf Helgoland hatte es so etwas meines Wissens nach noch nicht gegeben. Vielleicht vereinzelt, aber nicht regelmäßig wiederkehrend.

Mein Eindruck ist der, dass die Insulanerinnen sich mit Veränderungen ein wenig schwertun. Okay, manche wehren sich mit Händen und Füßen gegen alles, was neu ist, aber das ist in der Regel nur ein geringer Teil der Inselbevölkerung. Es gibt Bücher wie *Schiff auf Strand*, die eindrücklich beschreiben, wie viel Widerstand es früher gegen die Idee gegeben hatte, Helgoland zu einem Seebad zu machen und die Existenz der Bevölkerung durch Einnahmen aus dem Tourismus zu sichern. Es war ein holperiger Weg gewesen, vom Erwerb aus Hummer- und Fischfang zum Tourismus. Eine ähnliche Abneigung gegen neue Möglichkeiten konnte ich beobachten, als es um den Bau eines Offshore-Windparks vor Helgoland ging. Die Parallelen zu der Zeit, als Helgoland kurz davorstand, ein Seebad zu werden, waren erstaunlich. Inzwischen sind die Leute auf der Insel aber begeistert vom Tourismus als Einnahmequelle, genauso wie die meisten inzwischen begeistert von den Offshore-Anlagen als Ertragsmöglichkeit sind.

Da ich also wusste, wie schwer man sich hier unter Umständen mit Neuerungen tut, war ich entsprechend nervös.

Der erste Gottesdienst mit Heilungssegen war aber gar nicht so schlimm. Das Worst-Case-Szenario, das ich mir ausgemalt hatte, trat nicht ein: Die Pastorin lädt zum Heilungssegen ein, und keiner geht hin. Es gingen ein paar Leute hin. Nicht viele, aber doch ein paar. Beim nächsten Gottesdienst mit Heilungssegen hatte ich dann auch meine Hausaufgaben gemacht und nach etwas Recherche herausgefunden, dass es zum Thema Heilung tatsächlich etwas Offizielles von unserer Landeskirche gab. Stolz präsentierte ich die Handreichung in Form eines Leporellos, das dazu herausgegeben worden war. Darin steht, dass wir Christinnen und Christen aufgerufen sind, den Heilungsdienst fortzusetzen, den Jesus damals angezettelt hatte. Ha! Es ist doch immer schön, wenn ich mich hinstellen und sagen kann: «Heilungssegen ist toll, und unsere Landeskirche findet das auch!» Dass sie einen Heilungssegen befürwortet, schien die Leute zu ermutigen, denn dieses Mal nahm eine größere Anzahl von Gottesdienstbesuchern am Heilungssegen teil.

Ich weiß allerdings nicht genau, ob der Grund tatsächlich das landeskirchliche Backup war, oder vielleicht doch eher mein Schlange-Kaa-Blick, mit dem ich die Gemeinde zu betören versuchte: «Hör auf mich! Glaube miiiiirrrr!» Diesen Blick hatte ich nämlich nach mehrfachem und exzessivem Genuss der *Dschungelbuch*-Verfilmung supergut drauf.

Es dauerte dann aber noch etwa ein Jahr, bis der Heilungssegen im Gottesdienst nur noch in Ausnahmefällen mit Argwohn betrachtet wurde. In der Regel nehmen inzwischen fast alle Kirchgängerinnen daran teil. Was mich besonders rührt, ist die Tatsache, dass oft Parkinson-Patienten aus dem Krankenhaus gerade wegen des Heilungssegens in den Gottesdienst kommen und dass manche Leute sogar ihren Urlaub entsprechend planen.

Ich hätte nicht gedacht, dass das Bedürfnis so groß ist, Gottes Zusage, dass er (oder sie) es gut mit uns meint, nicht nur zu hören, sondern auch zu fühlen.

Ein paar Skeptikerinnen blieben allerdings. Sie bewerteten den Heilungssegen negativ, angefangen von der Vorstellung, dass es sich um esoterischen Kram handele bis hin zu der Abqualifizierung als «Scheiß». Umso mehr freute ich mich über die Aussage eines Gottesdienstbesuchers, der meinte: «Ich hatte erst ganz andere Vorstellungen von einem Heilungssegen, und jetzt bin ich angenehm überrascht. Das ist ja gar kein esoterischer Kram!»

Wobei ich diverse Esoterikerinnen kenne und an dieser Stelle mal loswerden muss, dass die Glaubensdinge, mit denen sie sich beschäftigen, genauso wenig «Scheiß» sind wie zum Beispiel die Glaubensdinge im Islam, Buddhismus oder Hinduismus. Es sind zwar nicht meine Glaubensdinge, aber ich achte sie und versuche, ihnen mit Respekt zu begegnen. Meine Achtung und mein Respekt hören allerdings da auf, wo angebliche Glaubensdinge dazu benutzt werden, Gehirnwäsche zu betreiben und Menschen zu willenlosen Marionetten umzufunktionieren, so wie es diverse Sekten tun.

Was mich am Heilungssegen noch mehr begeistert als das offensichtliche Vertrauen der meisten Menschen, dass hier etwas Gutes passiert, sind die Menschen selbst, mit denen ich dieses Ritual teile. Für mich manifestiert sich das in ihren Händen.

Ich finde es wunderbar, die unterschiedlichsten Hände zu salben: große Hände, kleine Hände, runzelige Hände, glatte Hände, raue Hände, schwielige Hände, behaarte Hände, Hände mit Altersflecken, Hände mit Sommersprossen, gekrümmte Hände, blasse Hände, Hände in unterschiedlichsten Hautfarben, zitternde Hände, kalte Hände, warme Hände, feuchte Hände. Es kommen die verschiedensten Menschen zusammen, und der Heilungssegen ist etwas, das uns, so unterschiedlich wir sind, liebevoll miteinander verbindet.

Meine eigenen Hände sind übrigens meistens kalt, wenn ich salbe und segne. Ich mache mir deshalb auch Sorgen, dass mein Gegenüber das als unangenehm empfinden könnte. Ich habe mich schon oft gefragt, woran das liegen mag, dass ich beim Salben und Segnen immer kalte Hände habe, besonders weil dem Rest von mir gar nicht kalt ist. Im Gegenteil: Wenn ich Gottesdienst feiere, ist mir eigentlich immer ziemlich warm, da ich ständig fieberhaft darüber nachdenke, was als Nächstes dran ist. Das erzeugt bei mir fast immer ein Ansteigen der Körpertemperatur. Außer wenn mitten im Winter die Heizung in der Kirche ausgefallen ist. Dann kommt es tatsächlich vor, dass ich während des Gottesdiensts friere.

Mir hat mal jemand gesagt, meine kalten Hände beim Heilungssegen könnten daher kommen, dass ich so viel Energie beim Salben und Segnen abgebe. Das ist eine schöne Vorstellung. Dazu passt, dass Menschen mir gesagt haben, sie hätten die Kirche nach einem Heilungssegen mit einem ganz warmen Gefühl verlassen.

Vielleicht sind es diese etwas unerklärlichen, unsachlichen und letztlich unverständlichen Dinge, die manche Leute dazu veranlassen, dem Heilungssegen Ablehnung entgegenzubringen.

Dabei kann man beim Heilungssegen wunderbare Erfahrungen machen. Keine Wunderheilungen natürlich. Glaub jetzt nicht, dass da jemand seine Krücken wegschmeißt und durch die Kirche tanzt, nachdem er gesegnet wurde. Trotzdem passiert da was. Das Wenigste, was passiert, ist, dass die Gesegneten die Zusage mitnehmen, dass Gott es gut mit ihnen meint. Manchmal brechen auch Blockaden auf, was ich daran merke, wenn plötzlich während der Segnung Tränen fließen oder Menschen nach dem Gottesdienst zu mir kommen und plötzlich anfangen, Dinge zu erzählen, über die sie jahrelang nicht haben reden können.

Und es ist ein intensives Gefühl von Gemeinschaft. Es ist

unsere Art, als Kirchengemeinde zu sagen: «Wir sehen, dass es dir mit irgendwas schlechtgeht, und wir nehmen es an. Wir sind hier. Du bist nicht alleine damit.»

Zu dieser Gemeinschaft gehören auch die Kinder. Besonders viele Kinder sind beim Heilungssegen dabei, wenn ein Familiengottesdienst mit unseren Kindergartenkindern auf einen ersten Sonntag im Monat fällt. Ja, auch unsere Kindergartenkinder nehmen ab und zu am Heilungssegen teil und finden ihn, glaube ich, ziemlich in Ordnung. Wir haben den Jungen und Mädchen natürlich vorher erklärt, was wir da machen, und wozu so ein Heilungssegen gut ist. Dann haben wir den Heilungssegen mit ihnen geübt, damit sie mit dem Ablauf vertraut sind. Selbstverständlich nur mit denen, die das auch wollten. Wer nicht wollte, konnte sich das Ganze einfach nur ansehen. Am Ende wollten aber fast alle, denn als ein Kind ausrief: «Jetzt habe ich Weihnachtshände!», wollten die anderen auch Weihnachtshände haben.

Zur Erklärung: Im Salböl ist unter anderem Zimt enthalten, und den Duft von Zimt verbinden viele Kinder mit Weihnachten. Nachdem die Hände gesalbt waren, waren aus einfachen Händen Weihnachtshände geworden.

Einen weiteren Hinweis, dass auch Kinder den Heilungssegen okay finden, bekam ich erst vor kurzem. Ich besuche regelmäßig die Kleinen im Kindergarten und bleibe meistens auch zum Frühstück. Bei diversen solcher Frühstücksrunden stellte ich fest, dass ein Kind die Eigenart hatte, während des Frühstücks zu brummeln, was ein Ausdruck höchster Zufriedenheit war. Dieses Kind war dann bei einem Heilungssegen im Gottesdienst dabei. Anfangs tat es sich etwas schwer mit dem unbekannten Szenario, ließ sich aber schließlich von seiner Mutter auf den Arm nehmen und nach vorne tragen.

Und erlaubte es, von mir gesegnet zu werden. Und brummelte. Noch Fragen?

Anfangs habe ich noch alleine gesalbt und gesegnet, aber es wurden immer mehr Menschen, die sich trauten, zum Heilungssegen zu kommen, sodass das Segnen im Gottesdienst ewig dauerte – besonders im Sommer, weil wir durch die Feriengäste eine ganze Menge mehr Leute im Gottesdienst haben.

Da unser Mittelgang zwischen den Kirchenbänken breit genug ist, beschloss ich, aus einer Reihe zu segnender Personen einfach zwei zu machen. Was ich brauchte, war jetzt nur noch jemand, der bereit war, sich auf das Salben und Segnen einzulassen. Inzwischen sind mir zwei Kirchengemeinderätinnen eine große Hilfe geworden und aus den Heilungsgottesdiensten nicht mehr wegzudenken. Sie versehen den Heilungsdienst mit viel Liebe und Hingabe. Ich weiß, das klingt jetzt etwas schwülstig, aber ich wüsste nicht, wie ich es anders beschreiben sollte. Es ist nun einmal ein Dienst, den sie tun, und sie tun ihn hingebungsvoll und mit viel Liebe im Herzen. Das ist einfach so.

Es ist schön, dass eine Sache, von der ich begeistert bin, auch andere begeistert und zum Mitmachen motiviert. Es ist schön, ausnahmsweise einmal nicht die Alleinunterhalterin zu sein, sondern gemeinsam etwas tun zu können. Das fühlt sich richtig gut an!

Übrigens komme ich auf diese Weise dazu, mich selbst salben und segnen zu lassen – was ich sehr genieße, denn danach werden meine Hände ganz schnell wieder warm.

EINEN BARTSCHUTZ BRAUCHE ICH NICHT

𝓔s war Sonntagmorgen kurz vor zehn. Ich stand vor dem Eingang zum Gottesdienstraum meiner Kirche in Michigan. Die beiden Jugendlichen, die mit mir gemeinsam hineingehen und die Altarkerzen anzünden sollten, waren ebenfalls da. Der Kirchenvorsteher, der zuvor die eintreffenden Gottesdienstbesucher begrüßt hatte, stand bereit, um uns die Tür aufzuhalten. Niemand sah auf meine Schuhe. Was ich extrem schade fand, denn ich hatte mir mit ihrer Auswahl viel Mühe gegeben: Ich marschierte tatsächlich in hellblauen Plüschpantoffeln in die Kirche.

Neben gottesdienstlichen Ritualen ist ja die Kleiderfrage immer eine ganz interessante! Zumindest scheint die Gottesdienstbesucherinnen sehr zu beschäftigen, wie Frau Pastorin aussieht. Ich hatte in der Vergangenheit schon mehrfach meine Gemeinde(n) schockiert, weil alle dachten, ich hätte meine langen Haare abgeschnitten. Aber ich bin ja selbst schuld! Warum muss ich auch nach wochenlang getragener Zopffrisur plötzlich die Haare hochstecken?

Die blauen Plüschpantoffeln hatte ich dagegen mit voller Absicht angezogen, denn ich wollte deutlich machen, wie schnell wir uns im Gottesdienst von dem ablenken lassen, was eigentlich wichtig ist. Leider hatte kaum jemand mitbekommen, dass meine Schuhe an diesem Morgen äußerst unglücklich gewählt waren. Dafür erregte meine liturgische Kleidung umso mehr Aufsehen. Ich war kurz vor Beginn des Gottesdiensts noch auf der Toilette gewesen und hatte dort den Einfall gehabt, mir einen Zipfel meines liturgischen Gewands hinten in die Hose zu stecken – so als sei das beim Hochziehen der Hose versehentlich passiert.

Als ich dann mit so viel Würde, wie ich aufbringen konnte, zum Orgelvorspiel durch den Mittelgang schritt, hörte ich die Leute entsetzt nach Luft schnappen. Später beichtete mir eine Frau, dass sie ganz nah dran gewesen war, mir hinterherzulaufen und den Gewandzipfel aus der Hose zu ziehen. Sie hatte sich am Ende aber doch nicht getraut und hoffte nur, dass ich die Peinlichkeit bemerken und unauffällig beheben würde.

Die armen Gottesdienstbesucherinnen hatten an diesem Sonntag aber auch eine Menge zu erdulden. Da war nicht nur die Pastorin, die in hellblauen Plüschpantoffeln und mit eingeklemmter Robe Gottesdienst feierte. Dazu kamen noch diverse Aktionen von Seiten der Organistin, die bei einem Lied die falsche Melodie spielte und bei einem weiteren viermal ansetzen musste, um die richtigen Töne zu erwischen. Plötzlich klingelte bei einem Mädchen unserer Jugendgruppe das Handy, und sie fing mitten im Gottesdienst an, lautstark zu telefonieren. Das Ganze war natürlich inszeniert, und irgendwann erlösten wir die arme Gemeinde mit einer Erklärung. Das hatte allerdings nicht zur Folge, dass weniger über das Erscheinungsbild der Pastorin gefachsimpelt wurde.

Auch in meiner jetzigen Gemeinde ist mein Outfit immer mal wieder ein heiß diskutiertes Thema. So stellen sich viele Leute die Frage, warum die Helgoländer Pastorin eigentlich nicht in Schwarz zu sehen ist, wie in den meisten evangelischen Gemeinden üblich, sondern in Weiß. Oft werde ich kurz vor oder nach dem Gottesdienst gefragt:

«Was ist das, was Sie da anhaben?»

Oder: «Warum tragen Sie einen weißen Talar?»

Oder: «Ist das, was Sie da anhaben, typisch für Helgoland?»

Ich antworte dann: «Ich trage Weiß, weil ich mich mehr getauft fühle als gelehrt.»

Und dann folgt die Erklärung: Der schwarze Talar ist nämlich ein sogenannter Gelehrtenrock. Preußenkönig Friedrich Wilhelm III. ordnete Anfang des neunzehnten Jahrhunderts an, dass Professoren, Geistliche, Richter und königliche Beamte eine Amtstracht zu tragen hätten. Einer meiner Pastorenkollegen erzählte dazu immer mit einem Augenzwinkern die Geschichte, dass ein Schiff gekentert war, das ohne Ende Stoffe geladen hatte. Die Kisten mit den Stoffen trieben an Land, und der König befahl, diese Stoffe noch zu verwerten, indem man aus ihnen die Amtstracht für Richter, Geistliche, Beamte und Professoren anfertige. Die Stoffe waren rein zufällig schwarz. Wären sie kariert gewesen, dann würden Pastoren heute karierte Talare tragen. Und Richter auch.

Der Talar ist also ein Gelehrtenrock, ob er nun kariert ist oder schwarz. Und so gelehrt fühle ich mich nicht – trotz der vierzehn Semester Theologiestudium, die ich auf dem Buckel habe. Deshalb ziehe ich die Albe dem schwarzen Talar vor.

Die Albe heißt Albe, weil sie weiß ist. Das Wort kommt vom lateinischen *alba*, was «weiß» bedeutet. Die Albe ist einer antiken (also sehr, sehr, sehr alten) Tunika nachempfunden. In diesen weißen Gewändern wurden die frühen Christinnen und Christen getauft. Es sollte weiß sein, wegen Reinwaschen und so. Durch die Taufe sind wir Christinnen und Christen «nicht nur sauber, sondern rein», um hier eine Waschmittelwerbung zu bemühen. Dabei geht es allerdings nicht um Materie am falschen Ort, wie mein Chemielehrer dereinst den Schmutz definiert hatte, sondern um das, was uns von Gott trennt. Das wird mit der Taufe abgewaschen, und um das deutlich zu machen, gibt's weiße Taufklamotten.

Es gibt übrigens nicht nur Alben in Weiß, sondern ebenso Talare. Die sind dann in der Regel für Pastorinnen oder Pastoren, die sich ganz furchtbar gelehrt *und* ganz furchtbar getauft fühlen. Ein Kollege von mir trägt tatsächlich einen weißen Talar und begründet das wie folgt: «Ich trage einerseits deinetwegen Weiß, weil wir ja ab und zu gemeinsam Gottesdienst feiern und ich dabei kein Schwarz-Weiß will. Beide in Weiß sieht einfach besser aus. Und ich trage keine Albe, weil in meinem Alter und mit meiner Figur ein Talar einfach besser aussieht.»

Vielleicht sollte ich dann in nicht allzu ferner Zukunft auch in einen weißen Talar investieren, denn dann sieht es mit der optischen Harmonie in den gemeinsamen Gottesdiensten noch perfekter aus. Und außerdem würde ich damit der Tatsache Rechnung tragen, dass ich doch ein bisschen gelehrt bin.

So, das war jetzt die Antwort auf die Schwarz-Weiß-Frage. Nun folgt die auf die Frage nach dem Beffchen, die mir allerdings nie gestellt wird. Vielleicht, weil ich im Gottesdienst eine Albe trage, zu der gar kein Beffchen gehört. Zum schwarzen Talar wird in der Regel ein weißes Stoffstück an dessen Halsausschnitt getragen. Das Beffchen ist genau dieses Stoffstück, das mal mehr und mal weniger geschlitzt bis auf die Brust herunterhängt. An ihm kann man sogar erkennen, welcher Konfession ein Pastor oder eine Pastorin zuzuordnen ist. Ist das Beffchen komplett aufgeschlitzt, dann gehört die Person, die es trägt, zur evangelisch-lutherischen Kirche. Sind die beiden Stoffstreifen geschlossen, handelt es sich um eine Vertreterin oder einen Vertreter der reformierten Kirche. Ist das Beffchen zur Hälfte offen (oder geschlossen), sind wir in der unierten Kirche gelandet. Man sieht also, dass dem Beffchen durchaus eine signifikante kirchliche Bedeutung zukommt. Die es gar nicht verdient, wenn ihr mich fragt.

Seitdem uns einer unserer Studienleiter im Predigerseminar darauf aufmerksam gemacht hatte, was das Beffchen im Original eigentlich ist, hatte sich das Thema für mich sowieso fast erledigt. Das Beffchen ist im Original ein Bartschutz! Früher gab es ja nur männliche Pastoren, und die hatten Bartwuchs. Die hatten es auch nicht so mit der Körperhygiene. Deshalb hatten sie schmutzige Bärte. Damit die schmutzigen Bärte die gute Amtstracht nicht verunreinigten, wurde ein Beffchen zwischen Talar und Bart getragen. Das ließ sich schnell mal abnehmen und saubermachen, was bei einem großen Talar nicht so leicht ist.

Wir sehen also, dass ein Beffchen für uns Frauen keinen Sinn macht. Nicht mal für die mit Damenbart. Und für die Männer macht das Beffchen auch keinen Sinn mehr, denn die Einstellung zur Körperhygiene hat sich im Verlauf der Jahrhunderte zum Glück drastisch zum Positiven gewandelt.

Nun muss ich doch ein Geständnis ablegen: Ich trage durchaus noch den schwarzen Talar. Mit Beffchen. Obwohl ich gar nicht so gelehrt bin, obwohl mein Bartwuchs eher gegen null geht und obwohl ich ohnehin viel Wert auf Körperhygiene lege. Bei Beerdigungen und an Karfreitag trage ich den Talar, weil Schwarz in unserer Kultur die Trauerfarbe ist. Außerdem ist ein schwarzer Talar nicht so schmutzempfindlich wie die weiße Albe. Regenwetter macht Matsch, und wenn ich bei Regen auf dem Friedhof unterwegs bin, dann habe ich schnell mal den verflixten roten Klei nicht nur an den Schuhen, sondern auch am Saum meines Gewands. Bei Beerdigungen bin ich mit dem «großen Schwarzen» einfach besser angezogen.

Das Beffchen trage ich, weil ich genau weiß, dass mindestens drei Viertel der Gottesdienstbesucher sonst denken, ich hätte das Beffchen vergessen, weil es doch zur Amtstracht dazugehört. Da ich aber möchte, dass sich die Leute lieber auf den Gottesdienst konzentrieren anstatt auf mein vergessenes Beffchen, das gar nicht vergessen, sondern absichtlich weggelassen wurde, lasse ich es einfach dran.

Der Nachteil an dem Beffchen ist allerdings, dass es so ab fünf Windstärken Lippenstiftflecken kriegt. Dann fliegt es mir nämlich ins Gesicht, wenn ich draußen auf dem Friedhof unterwegs bin. Das arme Beffchen: Vom Bartschutz ist es zum konfessionellen Lippenstiftentferner degradiert worden.

Dass die Kleiderfrage von Geistlichen die Menschen ungemein beschäftigt, ist auch daran zu sehen, dass sich jemand die Mühe gemacht hat, eine Barbiepuppe mit diversen liturgischen und amtstrachtlichen Gewändern auszustaffieren. Die «liturgische Barbie» oder «Reverend Barbie» hatte sogar eine eigene Facebook-Seite mit mehreren tausend Followern. Heute existiert immer noch eine Facebook-Gruppe, die allerdings inzwischen etwas anders heißt: «Friends of Episcopal Priest Barbie». Und ich muss gestehen: Sosehr mir die klerikale Kleiderfrage manchmal auch auf den Geist geht, die liturgische Barbie finde ich schon ziemlich cool.

Von «Reverend Barbie» fühle ich mich einfach verstanden! Sie trägt wie ich die Albe. Sie trägt wie ich Stolen in allen liturgischen Farben, je nach Zeit oder Anlass im Kirchenjahr. Und sie trägt wie ich ein Kollarhemd. Kurz zur Erklärung: Ein Kollarhemd ist ein Hemd mit einem weißen Einsteckkragen, das oft schwarz ist und das, wie in meinem Fall, die Trägerin als Geistliche erkennbar macht. Deshalb ist so ein Kollarhemd schon eine gute Sache. Besonders auf Helgoland. Wir haben es hier ja mit vielen Feriengästen zu tun, die nicht immer gleich wissen, wen sie vor sich haben, wenn sie mich vor sich haben. Wenn ich aber ein Kollarhemd trage, wissen sie sofort: Aha, das ist die Pastorin! Sie laufen nicht Gefahr, mich versehentlich für den Friedhofsgärtner zu halten oder den Kantor. Als Gemeindesekretärin bin ich allerdings schon durchgegangen. So ganz falsch liegen die Menschen mit diesen Annahmen natürlich nicht, da Pastorinnen in ihren Gemeinden sowieso Mädchen für alles sind. Hauptberuflich sind wir aber Hirtinnen und wenn das sichtbar ist: umso besser!

Evangelische Pastoren, die in Kollarhemden stecken, gibt es allerdings noch nicht so viele. Kollarhemden sind ein verbreiteteres Kleidungsstück in der katholischen Kirche. Evangelische Pastorinnen, die Kollarhemden tragen, gibt es ebenfalls nicht so viele. Deshalb werde ich oft zögerlich gefragt, ob ich katholisch sei. Das Kollarhemd kann also durchaus zu Verwirrung führen.

Besonders groß war diese, als ich einmal Gast in der Talkshow *Tietjen und Bommes* war. Wie es ist, als Pastorin auf Helgoland zu leben, schien offensichtlich ein interessantes Talk-Thema zu sein. Bevor wir jedoch zum Talken kamen, sorgte ich für ein Höchstmaß an Irritation – durch meine Arbeitskleidung.

Es gibt inzwischen nämlich nicht nur Kollarhemden für Frauen, die den weiblichen Körperformen angepasst sind, sodass sie auch für uns bequem sind, sondern es gibt, man höre und staune, Kollarkleider. Ich finde das unheimlich praktisch, denn mit einem Kollarkleid hat Frau gleich alles an, was bei einem offiziellen dienstlichen Anlass gut kommt. Für die Talkshow hatte ich also ein schwarzes, knielanges Kleid mit Kollarkragen gewählt. Das sah chic aus und machte mich zudem als Pastorin erkennbar. Dachte ich.

Nachdem man vor Beginn der Sendung in der Maske mein Gesicht und meine Haare aufgehübscht hatte, begab ich mich wieder zurück in meine Garderobe, um dort den Beginn der Sendung abzuwarten und mit meinem Mann, der zur moralischen Unterstützung mitgekommen war, die Zeit totzuschlagen. (Zu diesem Zeitpunkt war ich zwar noch nicht wieder verheiratet, aber so gut wie.) Jedenfalls dachte ich, dass das meine Garderobe war. Ich fand allerdings nicht meinen Mann vor, sondern einen mir bis dahin unbekannten Herrn. Ich ging schnurstracks auf ihn zu und streckte die Hand aus, um ihn zu begrüßen, und sagte: «Guten Abend. Ich bin Pamela Hansen.»

Meine Hand wurde nicht geschüttelt, und als Antwort bekam ich zu hören: «Also, Ihre Kleidung irritiert mich jetzt total!»

Ich: «Hä?» (Vor Schreck hatte ich meine gute Kinderstube über Bord geschmissen und völlig vergessen, dass hier ein «Wie bitte?» angemessener gewesen wäre.)

Er noch mal: «Ihr Kleid, das irritiert mich richtig!»

Nun war ich diejenige, die total irritiert war, versuchte aber, die Kommentare des mir unbekannten Herrn zu ignorieren und mich vollständig vorzustellen: «Ich bin Pastorin auf Helgoland.»

Schweigen. Nachdenken. Und dann: «Ach soooo! Dann ist das Ihre Dienstkleidung!»

Ich: «Ich weiß, ein Kollarkleid ist etwas ungewöhnlich. Normalerweise handelt es sich ja nur um Hemden, die einen Kollarkragen haben.»

Daraufhin fing mein Gegenüber an zu lachen und meinte: «Ich habe jetzt tatsächlich gedacht, die Redaktion hätte sich einen Scherz mit mir erlaubt, so nach dem Motto: ‹Dem schicken wir jetzt mal eine Frau in einem Kollarkleid rein. Mal sehen, wie er reagiert.›»

Ich war noch irritierter als vorher! Ich sollte ein Scherz der Redaktion sein? Na, heißen Dank auch!

Aber dann reichte er mir endlich die Hand und stellte sich vor: «Ich bin Andreas Englisch. Ich bin Journalist und berichte aus dem Vatikan.»

Am Ende konnten wir beide nicht mehr vor Lachen. Natürlich ist der Mann Priester gewohnt, die einen Kollarkragen tragen. *Männliche* Priester! Dass er eine Frau in einem Kollarkleid für einen Scherz der Redaktion hält, war da irgendwie nachvollziehbar. Danach fiel mir auch endlich auf, dass mein Mann gar nicht in der Garderobe war. Der hätte das Drama natürlich verhindern können. Allerdings hatte ich mich in der Tür geirrt, als ich aus der Maske kam, und war in der falschen Garderobe gelandet.

Ja, das Outfit von Geistlichen ist schon ein abenteuerliches Thema. Allerdings würde ich es gut finden, wenn meine Predigten genauso viel Aufsehen erregen würden wie meine Klamotten.

AUF DIE GLOCKE

Bei einem Gottesdienst ist es nicht nur wichtig, dass die Pastorin angemessen gekleidet ist. Auch Glocken sind wichtig. Wenn man denn welche hat. Unsere katholische Schwestergemeinde hat nämlich keine Glocken. Das war mir lange Zeit nicht klar, denn wer einen Glockenturm hat, hat auch Glocken. Zumindest dachte ich immer, dass die katholische Kirche auf Helgoland einen Glockenturm hat, denn für mich stand außer Frage, dass der Turm, den ich sehen konnte, wenn ich vom Klippenrandweg zum Autoberg runterstiefelte, der Glockenturm der katholischen Kirche war.

Allerdings muss ich gestehen, dass ich auf unserer Insel nie andere Glocken als unsere eigenen gehört hatte. Wo sollten dann Glocken für die katholische Kirche herkommen? Diese Frage hatte ich mir jedoch nie gestellt. Irgendwann realisierte ich aber doch, dass das, was ich auf meinen Spaziergängen immer vor mir sah, nicht der Turm der katholischen Kirche war. Es war der Schlauchtrockenturm der Feuerwehr! Ja, ich weiß, ich war ja schon eine geraume Weile auf der Insel, ein paar Jahre, um genau zu sein, und damit war ich auch schon eine geraume Weile bei der Feuerwehr. Ich war ebenfalls schon *im* Schlauchtrockenturm gewesen. Von außen sah er trotzdem für mich aus wie der Turm der katholischen Kirche. Die katholische Kirche hat aber keinen Turm. Die katholische Kirche hat auch keine Glocken. Und die Feuerwehr hat inzwischen keinen Schlauchtrockenturm mehr, denn der musste abgerissen werden, bevor er sich selbst abriss. Der Schlauchtrockenturm war nämlich dermaßen baufällig gewesen, dass er drohte, einfach umzufallen. Außerdem braucht eine moderne Feuerwehr wie die auf Helgoland keinen Turm mehr, um darin Schläuche zum Trocknen aufzuhängen. Heutzutage gibt es Schlauchwaschanlagen mit eingebauter Trockenfunktion. Deshalb: Turm weg. Jetzt haben also weder die Feuerwehr noch die katholische Kirche einen Turm.

Aber die evangelische Kirche hat einen Turm. Der steht zwar separat vom Kirchengebäude, gehört aber dennoch zu unserer Kirche und beherbergt sechs Glocken. Na ja, eigentlich sind es Fünf-plus-eins-Glocken, denn wir haben fünf Bronzeglocken und eine Stahlglocke. Jede Glocke hat einen eigenen Ton, und die Glocken läuten in unterschiedlicher Zusammensetzung zu den verschiedensten Anlässen. Kleine Anmerkung für alle Glockenbegeisterten unter euch: Unser Bronzegeläut hat die Tonfolge g-a-c-d-e. An Weihnachten und Ostern rufen zum Beispiel fünf Bronzeglocken zum Gottesdienst, für eine Abendandacht sind es nur die beiden Töne «d» und «e».

Die Glocken läuten eine halbe Stunde vor Gottesdienstbeginn. Das hat schon oft zu Verunsicherungen geführt, weil besonders Feriengäste sich vom frühen Glockengeläut aufs Glatteis führen lassen:

Gerade hatte ich mich vergewissert, dass für den Gottesdienst alles an seinem Platz lag. Danach hatte ich mich strategisch günstig im Eingangsbereich positioniert, um ankommende Gottesdienstbesucher zu begrüßen, als ein Ehepaar völlig abgehetzt die Kirche betrat. Mit einem gutgelaunten Sonntagslächeln im Gesicht sagte ich:

«Guten Morgen. Herzlich willkommen!»

Die Küsterin drückte ihnen derweil Gesangbücher in die Hand.

Die beiden nahmen die Gesangbücher entgegen, sahen sich kurz um und meinten dann: «Aber hier ist ja noch niemand.»

Was nicht ganz stimmte. Zwei andere Personen hatten sich bereits zum Gottesdienst eingefunden.

Ich erwiderte: «Das ist doch gut. Da haben Sie noch fast freie Platzauswahl.»

Leicht verstört sahen die Eheleute mich an.

«Ist hier immer so wenig los, wenn Gottesdienst ist?»

«Nein, das werden noch mehr. Aber es ist ja auch noch früh. Sie haben noch eine knappe halbe Stunde Zeit.»

«Wieso eine knappe halbe Stunde? Der Gottesdienst geht doch gleich los. Die Glocken haben schon geläutet.»

«Ja, aber noch nicht zum Gottesdienst. Der fängt erst um zehn an. Jetzt ist es kurz nach halb.»

«Ach so! Aber warum läuten die Glocken dann so früh?»

Ich antwortete mit einem Augenzwinkern: «Wir läuten hier das erste Mal eine halbe Stunde vor Gottesdienstbeginn, damit die Unterländer wissen, dass sie sich langsam auf den Weg machen müssen. Sonst schaffen sie es nicht mehr rechtzeitig. Das zweite Mal läuten wir fünf Minuten vor Beginn des Gottesdienstes. Das ist dann für die Oberländer. Die haben es ja nicht so weit zur Kirche.»

Daraufhin das Ehepaar: «Aber auf dem Festland ist es üblich, dass das erste Mal eine Viertelstunde vor dem Gottesdienst geläutet wird. Warum ist das hier anders?»

«Na ja, auf dem Festland können die Leute mit dem Auto zur Kirche fahren. Das geht ja viel schneller. Helgoland ist eine autofreie Insel, und alle müssen zu Fuß gehen. Da dauert der

Weg zur Kirche länger, und deshalb müssen die Leute eher Bescheid bekommen.»

Im Grunde hatte ich jedoch keine Ahnung, warum die Läutezeiten für Gottesdienste so sind, wie sind, aber das hätte ich nie zugegeben. Und wer weiß: Vielleicht hatte ich rein zufällig auch noch recht.

Das erste Geläut sagt also den Menschen auf unserer Insel: In einer halben Stunde ist Gottesdienst. Das zweite Geläut tut kund: In fünf Minuten ist Gottesdienst. Dann gibt es noch ein drittes Geläut mitten im Gottesdienst. Das gibt allen, die es nicht in den Gottesdienst geschafft haben, zu verstehen: Jetzt wird das Vaterunser gebetet. Wird getauft, werden ebenfalls Glocken im Gottesdienst geläutet. Und dann läuten die Glocken noch mal, wenn der Gottesdienst zu Ende ist.

Die Glocken reden also mit uns und erzählen, was gerade in der Kirche passiert. An besonderen Tagen wie dem 18. April zum Beispiel erzählen die Glocken, dass wir uns an etwas erinnern sollen, nämlich dass Helgoland am 18. April 1945 bombardiert wurde. An anderen Tagen erzählt die Totenglocke, dass jemand gestorben ist oder auf dem Friedhof beigesetzt wird. Die Totenglocke ist die mittlere im Bronzegeläut, und wer aufgepasst hat, weiß jetzt, dass das der Ton «c» ist. Und auch wenn ein Kind geboren wird, erzählen uns das die Glocken, denn dafür läuten wir genauso – logischerweise mit einer anderen Glocke.

Mehr Aufmerksamkeit bekommt allerdings die Totenglocke. Ich glaube, das ist so ähnlich wie mit den Todesanzeigen in Zeitungen. Viele Menschen lesen die immer zuerst, weil sie wissen wollen, wer gestorben ist. Unsere Totenglocke ist so etwas wie eine inselweite Todesanzeige. Die Tradition des «Ringelns», wie das Läuten der Totenglocke um 13:00 Uhr hier genannt wird, gibt es schon ziemlich lange. Der Ausdruck «ringeln» kommt übrigens von dem helgoländischen Wort «ringele», was «läuten» bedeutet.

Irgendwann ist man in unserer Kirchengemeinde auch dazu übergegangen, einen Aushang im kircheneigenen Schaukasten zu machen, für wen denn geringelt wurde. Wahrscheinlich wollte man so vermeiden, dass das Telefon im Kirchenbüro heiß läuft, sobald die Totenglocke zu hören ist, weil besorgte Menschen wissen wollen, wer denn gestorben ist. Das Telefon im Kirchenbüro läuft zwar nicht mehr heiß, aber dafür bisweilen mein Handy, weil diverse Textnachrichten eingehen mit der Frage, für wen wir denn ringeln.

Natürlich ringeln wir nicht einfach drauflos, wenn es einen Sterbefall gegeben hat. Das können wir allein aus Datenschutzgründen nicht tun. Normalerweise läuft es so, dass wir von den Angehörigen einer verstorbenen Person angerufen oder persönlich angesprochen und über deren Tod informiert werden. Meistens werden wir in diesem Zusammenhang gefragt: «Ringelt ihr?»

Ja, tun wir, wenn wir sicher sind, dass es nicht dem Willen der verstorbenen Person entgegensteht.

Das Ringeln ist für die meisten Angehörigen extrem tröstlich. Einmal wurde ich gebeten, das Glockengeläut mit dem Handy aufzunehmen und per WhatsApp an die Angehörigen zu schicken, und ein anderes Mal wurde ich um kurz vor eins angerufen und gebeten, den Telefonhörer aus dem Fenster zu halten, sobald das Läuten anfing. Wie gesagt: Es ist offensichtlich extrem tröstlich für die Angehörigen, wenn einer verstorbenen Person auf diese Weise gedacht und ihr Leben so noch einmal gewürdigt wird.

Unsere Glocken erzählen uns also, wenn Menschen geboren

werden und wenn sie gestorben sind. Sie erzählen uns ebenfalls, wenn Menschen heiraten. Das bringt ab und zu ein bisschen Unruhe ins Inselleben, weil Hochzeiten nicht zu festen und regelmäßig wiederkehrenden Zeiten stattfinden wie etwa der Sonntagsgottesdienst. Läuten am Sonntagmorgen um fünf vor zehn die Glocken, haut das niemanden vom Hocker, denn jeder weiß ja, dass um zehn der Gottesdienst anfängt. Läuteten jedoch mal an einem Freitagmorgen um fünf vor elf die Glocken, wurde ich später, beim Einkaufen, durchaus darauf angesprochen.

Ich stand an der Kasse des Supermarkts und wollte gerade bezahlen, als die Kassiererin fragte: «Was war denn bei euch los?»

Ich: «Was meinst du?»

Sie: «Ich habe vorhin die Kirchenglocken gehört.»

Ich: «Um fünf vor elf?»

Sie: «Kann sein. Ich habe nicht auf die Uhr gesehen.»

Ich: «Das war bestimmt um fünf vor elf. Um elf war eine Trauung.»

Sie: «Ach so, dann ist es ja gut. Ich dachte schon, es sei etwas passiert.»

Womit sie im Grunde ja recht hatte. Es war tatsächlich etwas passiert: Zwei Menschen hatten sich kirchlich trauen lassen und ihre Ehe unter den Segen Gottes gestellt.

Irgendwie ist es schön, dass die Menschen auf unserer Insel aufmerken, wenn die Kirchenglocken läuten, und sie auch wissen wollen, was die Glocken uns da gerade sagen. Nicht alle verstehen immer gleich, was die Glocken wann und warum von sich geben, aber dafür bin ich ja dann da, um zu dolmetschen.

Was die Glocken uns auf unserem Eiland auch noch sagen, ist die Uhrzeit. Eigentlich braucht niemand auf Helgoland eine Armbanduhr, weil die Kirchenglocken einen ständig auf dem Laufenden halten, wie spät es ist – bis auf die Viertelstunde genau. Um Viertel nach gibt es einen Glockenschlag, um halb sind zwei Glockenschläge zu hören, um Viertel vor ertönen drei und zur vollen Stunde sind es vier, gefolgt von weiteren Schlägen, die ansagen, um welche volle Stunde es sich denn handelt.

Und um 18:00 Uhr ist Feierabend. Auch das läuten uns die Glocken jeden Tag. Bis auf sonntags, da soll ja ohnehin den ganzen Tag geruht werden, wenn wir denn dem Beispiel unseres Herrgotts aus der Schöpfungsgeschichte folgen wollen.

Dieses blöde Uhrzeitläuten hat übrigens bis heute zur Folge, dass mein Mittagsschlaf nie länger als eine Viertelstunde dauert und dass die Nacht spätestens um acht Uhr morgens für mich vorbei ist, weil dann das tägliche Uhrzeitläuten losgeht. Ich bekomme immer mal wieder Kommentare wie diesen zu hören, wenn ich mein Leid klage: «Na, inzwischen solltest du dich an die Glocken gewöhnt haben. Irgendwann nimmt man die doch nicht mehr wahr.»

Doch, ich nehme sie wahr! Jeden Morgen ab acht und dann jede Viertelstunde. Nein, ich habe mich bis heute nicht daran gewöhnt! Dennoch habe ich mich inzwischen so sehr an unsere Glocken gewöhnt, dass sie mir richtig fehlen, wenn sie mal nicht läuten.

Das kommt tatsächlich vor. Wenn die Elektrik nämlich nicht funktioniert.

In einem Jahr ist uns besagte Elektrik zu allem Unglück an Heiligabend ausgefallen. Um 14:30 Uhr funktionierten noch alle Glocken. Um 14:55 Uhr hatte die erste Glocke ihren Dienst eingestellt. Das war eigentlich nicht so schlimm, denn es gab ja noch fünf andere, die die Inselbevölkerung wissen ließen, dass in fünf Minuten der Gottesdienst mit Krippenspiel beginnen würde. Als der Gottesdienst schließlich vorbei war und wieder die Glocken geläutet wurden, funktionierten nur noch vier. Um 17:00 Uhr sollte die Christvesper stattfinden. Wir konnten das allerdings nur noch mit drei Glocken kundtun. Zu diesem Zeitpunkt bekam ich schon leichte Panik, denn es sollte noch die Christmette um 23:00 Uhr stattfinden, und ich hatte echt Schiss, dass bis dahin alle Glocken ausgefallen sein würden. Eine weitere Glocke gab auf dem Weg zur Christmette tatsächlich noch auf, überlegte es sich dann aber doch anders, sodass wir zur Christmette wenigstens drei Glocken zur Verfügung hatten.

Wir hatten auch schon den Fall, dass die Glocken läuteten, obwohl sie es gar nicht sollten. Wenn das passiert, liegt das in der Regel nicht an der Elektrik, sondern ist mit großer Wahrscheinlichkeit der Kategorie «menschliches Versagen» zuzuordnen.

Mich hat solch ein menschliches Versagen einmal sehr unsanft von meinem Sofa hochgescheucht, auf dem ich es mir für einen Fernsehabend gemütlich gemacht hatte. Nichts ahnend lümmelte ich auf meiner Couch, als ich plötzlich Glockengeläut vernahm. Ich schaute auf die Uhr, um herauszufinden, zu welchem Anlass die Glocke wohl läuten mochte. Das letzte Läuten zur vollen Stunde konnte es nicht sein, denn es war inzwischen weit nach acht. Es war 22:20 Uhr, um genau zu sein. Warum, zum Geier, läuteten die Glocken um diese Zeit? Dann fiel mir ein, dass an diesem Abend ein von der Helgoland Touristik organisiertes Konzert in unserer Kirche stattfand. Dann war wohl das Konzert zu Ende. Das war die Erklärung. Entspannt ließ ich mich zurück in die Sofakissen sinken, um den Film weiterzusehen.

Plötzlich schreckte ich hoch! Seit wann wird geläutet, wenn ein Konzert zu Ende ist? Wir läuten, wenn ein Gottesdienst zu Ende ist oder eine Andacht, aber doch nicht bei einem Konzert!

Jetzt fiel mir auch auf, dass ich nicht mehrere Glocken hörte, sondern nur eine. Die Totenglocke!

Wie von der Tarantel gebissen, schoss ich vom Sofa herunter, stürzte in den Flur, bekam in der Eile kaum meine Schuhe an und sprintete rüber zur Kirche. Als ich diese betrat, war die Totenglocke zum Glück schon verstummt. Vor dem Sicherungskasten, in dem sich auch die Knöpfe zum An- und Ausschalten der Glocken befinden, standen zwei Herren, die für die Durchführung der Veranstaltung zuständig waren, und sahen mich bedröppelt an.

«Wir wollten nur das Außenlicht anmachen», sagte schließlich der eine. «Weil es doch schon dunkel wird. Wir dachten, die roten Knöpfe sind die Lichtschalter.»

Nein, die roten Knöpfe sind nicht die Lichtschalter. Die roten Knöpfe sind die Glockenschalter!

Den beiden war die Verwechslung ziemlich peinlich, und ich wurde genötigt, noch auf ein Entschuldigungsbier mit in die Kneipe zu kommen. Was am Ende keine so gute Idee war, denn ich wurde schon unterwegs und später auch in der Kneipe ständig auf das Glockengeläut angesprochen. Alle wollten wissen, was denn so Schlimmes passiert sei, dass abends die Totenglocke geläutet wurde. Immer wieder erklärte ich mit wahrer Engelsgeduld, dass das Ganze ein Versehen gewesen sei und man eigentlich nur die Außenbeleuchtung habe anschalten wollen.

Es ist allerdings auch schon passiert, dass nicht menschliches Versagen der Grund für ungewolltes Glockengeläut war, sondern tatsächlich die Elektrik. So passierte es eines schönen Sonntagmorgens, dass die Glocken alle wie geplant um 9:30 Uhr losläuteten – und einfach nicht wieder aufhören wollten. Ich raffte meine liturgische Kleidung und sprintete aus der Kirche rüber in mein Amtszimmer, um unseren Friedhofswart anzurufen. Der kennt sich nämlich richtig gut aus mit den Kirchenglocken.

«Ich weiß, es ist Wochenende», entschuldigte ich mich. «Aber das ist jetzt wirklich ein Notfall. Na ja, zumindest ein kleiner. Die Glocken hören nicht auf zu läuten.»

Der Friedhofswart war noch relativ entspannt: «Ja, ich hab das schon gehört. Meinst du nicht, dass sie von alleine aufhören?»

«Nein, bestimmt nicht. Die läuten schon zehn Minuten länger, als sie sollen.»

«Vielleicht hat sie nur jemand falsch programmiert», überlegte er laut.

Ich widersprach: «Das glaube ich nicht. Aber selbst wenn – ich muss jetzt irgendwie die Glocken aus bekommen.»

«Das kannst du unten an dem Kasten in der Sakristei machen.»

«Warte mal.» Ich hielt kurz den Hörer zur Seite und horchte. «Ich glaube, eine Glocke hat aufgehört zu läuten. Die zweite wird auch schon langsamer.»

«Vielleicht hören sie doch von alleine auf. Ich denke immer noch, dass jemand sie falsch programmiert hat», griff er seine Vermutung wieder auf.

«Ich glaube das nicht, denn dann würden doch alle Glocken auf einmal aufhören zu läuten.»

«Ich höre nichts mehr. Ich glaube, sie stehen jetzt komplett still. Alles gut.»

Ich ließ nicht locker: «Aber es kann doch sein, dass wir

gleich wieder vor demselben Problem stehen. Die Glocken läuten ja noch mal um fünf vor zehn. Was mache ich, wenn sie wieder nicht aufhören?»

Der Friedhofswart erinnerte mich: «Wie gesagt, dann gehst du runter in die Sakristei und drückst auf den schwarzen Schalter rechts an der Seite vom Programmierkasten. Damit schaltest du alles aus. Allerdings auch die Kirchturmuhr. Das solltest du im Hinterkopf haben.»

Kurz vor zehn saß ich ziemlich angespannt in meiner Kirchenbank und horchte auf das Glockengeläut: Würde ich noch in den Keller flitzen müssen, wenn ich eigentlich schon die Gemeinde begrüßen wollte? Aber die Glocken verfielen planmäßig um 10:00 Uhr in Schweigen. Es war wirklich alles gut.

Wie wichtig den Insulanerinnen die Glocken sind, zeigt eine hitzige Debatte um unsere sogenannte Helgolandglocke, die auch liebevoll «dicke Berta» genannt wird.

Zur Wiederfreigabe Helgolands am 1. März 1952 wurde der Kirchengemeinde diese Glocke gestiftet. 1945 war Helgoland evakuiert worden. Anschließend war unsere Insel von den Engländern besetzt, wurde aber am 1. März 1952 in deutschen Besitz zurückgegeben. Die Helgoländer durften wieder nach Hause! Da war es mehr als angemessen, zu diesem Anlass eine Kirchenglocke zu stiften. Vor allem, weil zu diesem für Helgoland denkwürdigen Ereignis auf dem Festland die Kirchenglocken läuteten.

Die «dicke Berta» ist die größte und lauteste Glocke in unserem Geläut und wurde nur zu helgoländischen Feiertagen und zu Silvester in Gang gesetzt. Nun gab es aber Leute, die der Meinung waren, dass diese Glocke eine Kirchenglocke sei und keine Kommunalglocke, weshalb sie auch an den hohen kirchlichen Feiertagen geläutet werden müsse.

Die Hauptargumente gegen einen erweiterten Einsatz der Glocke lauteten wie folgt:

1. Das war schon immer so, dass wir die Helgolandglocke nur zum Gedenken der Wiederfreigabe Helgolands am 1. März, zum Gedenken der Bombardierung Helgolands am 18. April 1945, am Volkstrauertag und an Silvester geläutet haben.

2. Das hat es noch nie gegeben, dass die Helgolandglocke zu anderen Anlässen geläutet wird.

Okay, ich muss zugeben, dass es noch ein drittes Argument gab: Der Einsatz der Helgolandglocke sollte nicht zur Beliebigkeit verkommen.

Bei diesem Argument muss es sich jedoch um einen Versprecher gehandelt haben, denn ich kann mir nicht vorstellen, dass irgendjemand Ostern und Weihnachten als beliebig empfindet. Es hätte bestimmt heißen sollen: Die Helgolandglocke ist so beliebt, dass sie Gefahr läuft, überlastet zu werden – oder so.

Dieses Argument ist tatsächlich ein schwerwiegendes. Die Aufhängung von Kirchenglocken muss nämlich in regelmäßigen Abständen nachjustiert werden, damit die Glocken nicht irgendwann runterfallen. Und wird die Glocke öfter geläutet, muss folglich auch öfter nachjustiert werden, damit am Ende keiner was auf die Glocke kriegt. Wobei das Nachjustieren nicht mal eben in fünf Minuten erledigt ist, das braucht seine Zeit.

Letztlich lag das Problem aber eher darin, dass es Tradition war, die «dicke Berta» nur an vier Tagen im Jahr zu läuten. Und sich von liebgewonnenen Traditionen zu verabschieden, fällt schwer. Mir geht das im Grunde nicht anders. Ich bin auch so ein Gewohnheitstier, und es verursacht mir eine Menge seelischen Stress, wenn ich Gewohnheiten aufgeben und mich auf etwas Neues einlassen muss. Trotzdem ist es manchmal notwendig. Und nicht jede Tradition ist richtig, nur weil sie eine Tradition ist.

Manchmal macht es allerdings doch Sinn, dass Dinge so bleiben, wie sie schon immer waren. Auf so etwas weist einen dann ein Glockensachverständiger hin. Ich bin ja so froh, dass es solche Leute gibt! Denn dadurch wissen wir jetzt, dass das Nachjustieren schwierig werden kann. Außerdem ist die Helgolandglocke eine Stahlglocke, die völlig anders klingt als die Bronzeglocken in unserem Kirchturm. Sie ist gar nicht dafür vorgesehen, dass sie mit den anderen Glocken zusammen läutet – außer an Silvester um 0:00 Uhr. Vermutlich, weil es sowieso nur darauf ankommt, das neue Jahr mit möglichst viel Krach zu begrüßen und nicht mit möglichst viel Klang.

Mir ist da aufgefallen, dass man sein eigenes Wort nicht mehr versteht, wenn man sich zwischen Kirche und Glockenturm befindet. Geht man jedoch rüber zum Pastorat, ist die «dicke Berta» fast nicht mehr aus den übrigen Glocken herauszuhören. Eigentlich höre ich sie nur noch raus, weil ich weiß, dass sie mitläutet. Dagegen wird gesagt, dass man sie, wenn der Wind richtig steht, sogar drüben auf der Düne hören könne. Vielleicht ist die Helgolandglocke nur dann zu hören, wenn sie gehört werden will? Da kann sie gleich ein gutes Team mit dem Heiligen Geist bilden. Der Heilige Geist macht ja bekanntlich auch, was er will. Das passt doch gut zusammen. Außerdem wird dem Heiligen Geist nachgesagt, dass er uns führt und leitet. Eine der Inschriften auf unserer Helgolandglocke ist ein Satz aus dem 23. Psalm und lautet: «Er führt mich.» Für mich ist damit klar: Unsere Glocke und der Heilige Geist gehören irgendwie zusammen!

Die Helgolandglocke erzählt uns also ebenfalls wichtige

Dinge, genau wie die anderen Glocken. Sie sagt uns, dass gerade ein besonders wichtiger Gedenktag ist, wenn sie läutet. Und durch ihre Inschriften gibt sie uns zu verstehen, dass wir geführt und geleitet werden. Unter diesem Bibelwort hatten sich die während des Zweiten Weltkriegs evakuierten Helgoländerinnen und Helgoländer zu Gottesdiensten zusammengefunden. Am Ende wurden sie wieder nach Hause auf ihre Insel geführt. Das tut die zweite Inschrift auf der Helgolandglocke kund: «Weer drenn ip Lunn.»*

Glocken sind also etwas ganz Tolles. Sie sind so toll, dass die Leute aufmerksam werden, wenn sie sie hören. Sie sind so toll, dass Menschen über sie in Streit geraten. Und sie sind einfach klasse, weil sie uns so viel mitzuteilen haben. Auf Helgoland gibt es damit an Sprachen nicht nur Deutsch, Helgoländisch, Platt, Rumänisch, Russisch, Englisch, Französisch, Spanisch, Polnisch und «über andere Leute» zu hören, sondern auch die Sprache der Glocken. Wie schön!

---

* «Wieder zu Hause auf Helgoland.»

DIE SACHE MIT DER EINFÜHLSAMKEIT

«Sie duzt uns zwar immer im Gottesdienst, aber Beerdigungen macht sie gut.»

Das soll laut Inselbuschfunk ab und zu über mich gesagt worden sein. Dabei scheint der erste Teil der Aussage eine eher weniger einfühlsame Pastorin aus mir zu machen als der zweite. Und Einfühlsamkeit ist wichtig in diesem Beruf! Die Menschen müssen doch irgendwo bleiben mit den Gefühlen, die in den verschiedensten Situationen und Lebensphasen über sie hereinbrechen. Und kann ich mich nicht einfühlen, kann ich sie auch nicht gut begleiten.

Zum Thema «Sie duzt uns zwar immer im Gottesdienst» kann ich zu meiner Verteidigung nur sagen: Leute, wir Christinnen und Christen sind alle Kinder Gottes, und damit sind wir doch Schwestern und Brüder. Die Zeiten, in denen man seine Geschwister mit «Sie» angesprochen hat, sind lange vorbei. Wenn es sie denn überhaupt jemals gegeben hat. Da bin ich mir gerade nicht so sicher. Dass vor Jahrhunderten Kinder ihre Eltern gesiezt haben, das weiß ich. Aber Geschwister untereinander?

Egal! Noch viel wichtiger ist die Tatsache, dass die Gottesdienstbesucher durch die liturgischen Texte im Gottesdienst schon geduzt werden. Warum soll ich dann, nachdem ich «Der Friede Gottes sei mit euch allen» von mir gegeben habe, in der Predigt plötzlich anfangen, die Gemeinde zu siezen? Nur um mit dem Segen wieder ins Du zu wechseln? Außerdem würde es komisch klingen, wenn ich sagen würde: «Der Herr segne Sie und behüte Sie. Der Herr lasse sein Angesicht über Ihnen leuchten und sei Ihnen gnädig. Der Herr erhebe sein Angesicht auf Sie und gebe Ihnen Frieden.» Meine Konfis jedenfalls würden sich garantiert nicht angesprochen fühlen. Sollen sie aber. Sie gehören schließlich mit zur Familie!

Mal abgesehen von meiner Art, die Leute anzureden, halte ich mich generell nicht für besonders einfühlsam. Im Gegenteil. Ich bin superschnell genervt. Natürlich versuche ich, mir nicht anmerken zu lassen, wenn ich genervt bin, aber das klappt selten, da man in meinen Gesichtszügen (samt meiner Körperhaltung) lesen kann wie in einem Buch.

So gibt es Mitarbeitende in unserer Kirchengemeinde, die mir gesagt haben: «Im Grunde bist du ja ganz nett. Nur morgens nicht, dann hast du oft schlechte Laune.» Die Laune ist bei mir morgens generell gar nicht so schlecht. Aber morgens habe ich meine Bürozeit, die ich ohne große Multitasking-Kompetenzen absolvieren muss, weil ich die schlichtweg nicht besitze. Ich kann einfach nicht gleichzeitig E-Mails beantworten, Plakate ausdrucken, Rechnungen anweisen und ein Gespräch führen. Wenn dann noch das Telefon klingelt, bin ich vollends überfordert. Und wenn ich überfordert bin, dauert es nicht mehr lange, bis ich genervt bin. Und wenn ich genervt bin, ist die Laune schlecht. So einfach ist das.

Manche Situationen verursachen bei mir ein gewisses Maß an Stress, was zur Folge hat, dass meine Außenwirkung häufiger eine etwas unfreundliche ist. Ich habe schon überlegt, ob ich zugunsten von mehr Einfühlsamkeit einfach keine Büroarbeit mehr erledige, um meine volle Aufmerksamkeit den

Menschen widmen zu können, die bei mir reinschauen. Ich finde ja sowieso, dass Telefone, Computer, Drucker und Papier als Teil der Büroeinrichtung völlig überbewertet werden. Das Problem an der Sache ist, dass ich ohne diese Dinge zwar ein Höchstmaß an Einfühlsamkeit zur Verfügung stellen kann, aber meine Arbeit nicht mehr geschafft kriege.

Bittet mich jemand um einen Gefallen, bin ich auch ziemlich uneinfühlsam. Da antworte ich nämlich erst mal: «Nein!» Das Wort «nein» wird an sich schon als hochgradig uneinfühlsam empfunden, denn wer will schon ein Nein hören, wenn er oder sie um etwas bittet. Mein ständiges Nein war mal einer Freundin aufgefallen, die sich darüber wunderte und mich fragte, warum ich immer erst mal nein sage. Ich erklärte ihr, dass ich später immer noch zusagen könnte, wenn ich wüsste, dass ich das, um was ich gebeten wurde, auch leisten kann. Ist doch um Längen besser, als erst zuzusagen und dann später damit rauszurücken, dass es nicht geht. Ich gebe aber zu, dass mein Nein manchmal etwas freundlicher rüberkommen könnte.

Wenn mich jemand oder etwas ärgert, tue ich mich ebenfalls sehr schwer mit der Einfühlsamkeit, auch hier ist meine Zündschnur ziemlich kurz, sodass ich schnell explodiere. So bin ich mal türenknallend aus einer Kirchengemeinderatssitzung entschwunden, weil ich so sauer war. Das würde ich nicht gerade als einfühlsam bezeichnen. Immerhin bin ich nach zehn Minuten zurückgekehrt, als ich mich wieder beruhigt hatte, aber das ist noch nicht wirklich einfühlsam, höchstens ein bisschen weniger uneinfühlsam.

Außerdem habe ich ein ziemlich loses Mundwerk und kann fluchen wie ein Seemann, wie mein Vater mal behauptet hat. Und der muss es wissen, denn er war Berufssoldat bei der Marine. «Kacke» zum Beispiel ist ein Wort, das mir recht häufig aus dem Mund fällt und das ich kaum als einfühlsam bezeichnen würde.

Was Trauerfeiern angeht, ist das mit der Einfühlsamkeit offensichtlich anders. Zum einen habe ich noch nie türenknallend die Kirche verlassen (was auch gar nicht geht, denn die Kirchentüren sind so schwer, dass man sie nicht knallen kann), und zum anderen gebe ich mir bei diesen Anlässen wirklich Mühe mit einer «sauberen» Sprache. Schimpfwörter benutze ich höchstens mal am Sonntagmorgen auf der Kanzel, wenn ich die Gemeinde aufwecken möchte.

Aber Spaß beiseite. Es ist mir sehr wichtig, bei Trauerfeiern und allem, was ihnen vorausgeht und nachfolgt, einfühlsam zu sein.

Das hat seine Gründe: Der Tod eines Menschen verursacht oft Wunden in unserer Seele, die mit etwas Trost einfach besser heilen. Außerdem ist es mir wichtig, die verstorbene Person im Blick zu behalten. Das bedeutet für mich, dass wir als Hinterbliebene nicht nur Trost suchen, sondern ebenso der verstorbenen Person gedenken und ihr Leben feiern. Und selbst wenn die zwischenmenschlichen Beziehungen schwierig waren, wenn das Leben und vielleicht sogar auch der Tod schwierig waren, soll das seinen Ort haben, weil das in irgendeiner Form verarbeitet werden muss.

Was mir bei Trauerfeiern also wichtig ist, ist das Gedenken der verstorbenen Person, ihre Würde, ihr Leben, das Abschiednehmen und der Trost. Meistens gelingt es mir ganz gut, all diesen Aspekten gerecht zu werden. Schwer wird es, wenn ich die verstorbene Person näher kannte und womöglich noch mochte. Dann muss ich sehen, dass auch ich mich verabschieden kann. Ich gehöre auf einmal zu denen, die Trost brauchen.

Und wenn ich selbst Trost brauche, benötige ich für das Trösten mehr Kraft als sonst.

Nachdem meine Patentante gestorben war, bat mich der Priester, der die Trauerfeier durchführen sollte, dass ich die Predigt halte. Er wusste, dass ich Theologie studierte und auf dem Weg ins Pfarramt war. Ich war mir nicht sicher, ob er nur höflich sein und mich als angehende Pastorin nicht übergehen wollte oder ob er schlichtweg keine Zeit hatte, selbst eine Predigt zu schreiben. Ja, ja, das ist eine böse Unterstellung, aber der Gedanke war mir damals durchaus gekommen. Jedenfalls wollte ich nicht unhöflich sein und traute mich nicht, abzulehnen. Was ich hätte tun sollen. Im Grunde hätte mich der Priester gar nicht erst fragen dürfen, die Bestattungspredigt meiner Patentante zu übernehmen.

Während der Rest der Familie trauerte, die Beerdigung mit allem Drumherum vorbereitete und in liebevollen Erinnerungen schwelgte, saß ich in meinem Zimmer und schrieb an meiner ersten Trauerrede. Ich weiß noch, dass ich sie in Form eines Briefs an meine Tante verfasst hatte. Und es tat mir gut, diesen Brief zu formulieren, denn es half mir, mich von ihr zu verabschieden. Was mir allerdings nicht guttat, war das Wiedergeben dieses Briefs vor der Trauergemeinde. Der Teil der Trauerfeier, der vor der Predigt stattfand, war an mir vorbeigerauscht. Ich hatte mich gar nicht darauf einlassen können, weil ich so furchtbar aufgeregt war. Während der Predigt war ich dann so unendlich traurig, dass ich immer wieder in Tränen ausbrach. Irgendwie bin ich da durchgekommen, aber schön war es nicht.

Hinterher war ich so geschlaucht, dass ich vom Rest der Trauerfeier auch nicht mehr viel mitbekam. Am Ende hatte ich das Gefühl, dass mir etwas fehlte. Niemandem war ich gerecht geworden, außer vielleicht ein bisschen dem Gedenken meiner Patentante. Ich hatte die Anwesenden nicht trösten können, und ich war vor allem selbst untröstlich. Viel lieber hätte ich mit dem Rest der Familie in einer Bank gesessen und mir angehört, was über meine Patentante erzählt wurde. Ich hätte meinen eigenen Gedanken an sie nachgehangen und hätte Gott gesagt, dass ich seinen (oder ihren) Beistand gerade jetzt ganz dringend bräuchte. Aber das war nicht möglich gewesen.

An diesem Tag habe ich etwas Wichtiges gelernt: Mach keine Beerdigung für eine Person, um die du selbst sehr trauerst.

Das war ein guter Vorsatz, aber wie das mit guten Vorsätzen oft so ist, werden sie schnell über den Haufen geschmissen. Zumindest habe ich es in meinem Beruf ziemlich schwer, den guten Vorsatz in die Tat umzusetzen. Weil ich auf einer sehr kleinen Insel lebe, hat das zur Folge, dass ich viele Menschen gut kenne. Und mag. Und wenn die dann sterben und ich eine Trauerfeier für sie ausrichten soll, muss ich das mit meiner eigenen Trauer klarkriegen.

Der Vorteil in solchen Situationen ist, dass die Trauerreden sehr persönlich sind, weil ich Teil des Lebens dieser Menschen war und wir diverse Dinge gemeinsam erlebt haben. Wir haben zusammen Kaffee getrunken, sind spazieren gegangen, haben auf einer Bank auf der Landungsbrücke gesessen und uns die Sonne auf die Nase scheinen lassen, haben gemeinsam Gottesdienste und andere Feste gefeiert, haben uns in den Arm genommen, haben gesungen, haben gelacht, haben Sterne gebastelt, haben Bingo gespielt oder über Gott und die Welt geredet.

Andererseits macht mich aber gerade das sehr traurig. Die

eine Person werde ich nicht mehr im Vorbeigehen auf der Bank vor dem Kindergarten sitzen sehen. Ich werde nicht mehr stehen bleiben, um ein Schwätzchen zu halten. Bei einem anderen Menschen werden mir nicht mehr die Lachtränen in die Augen schießen, weil mal wieder einer dieser trockenen Kommentare abgegeben wurde. Die leeren Plätze in der Kirche, im Gemeindehaus, auf einer Bank oder vor einem Geschäft lassen mich die, die ich dort sonst angetroffen habe, vermissen.

Ich glaube, genau da liegt das Problem mit dem Einfühlen. In dem Wort «einfühlsam» steckt ja das «Fühlen» mit drin. Manchmal fühle ich einfach zu sehr. Nicht nur, wenn es um das Vorbereiten und Durchführen von Trauerfeiern für Verstorbene geht, die mir zu ihren Lebzeiten nahe gewesen waren. Sitze ich zum Beispiel in einem Seelsorgegespräch und Menschen vertrauen mir Dinge an, die sehr, sehr traurig sind, habe ich durchaus Mühe, nicht ebenfalls loszuheulen.

Dann gibt es noch den Sonderfall der Sterbebegleitung. Auch hier spielen Gefühle eine Rolle. Ein Kollege aus den USA hat mir mal gestanden, dass es ihn unheimlich viel Kraft kostet, Sterbende zu begleiten, gerade weil so viele und vor allem intensive Gefühle mit im Spiel sind. Ich empfinde das nicht so. Zumindest habe ich nicht das Gefühl, dass es mich Kraft kostet, Sterbende zu begleiten, obwohl ich dabei vielen Emotionen ausgesetzt bin. Manche Menschen haben Angst, wenn sie sterben, weil sie nicht wissen, was sie erwartet. Manche haben nicht um sich selbst Angst, sondern um die Menschen, die sie zurücklassen, und sie fragen sich, was aus ihnen werden wird. Werden sie alleine zurechtkommen? Manche klammern sich genau aus diesem Grund ans Leben und können nicht loslassen. Manche sind wütend, weil sie nicht wollen, dass ihr

Leben schon zu Ende ist. Manche sind ungeduldig oder sogar verzweifelt, weil sie unbedingt sterben wollen und nicht können. Sie sind im wahrsten Sinne des Wortes lebensmüde und wollen einfach nur diesen allerletzten Schritt tun, der ihnen aber nicht gelingen will, weil es noch nicht an der Zeit ist. Und manche Menschen sind mit ganz viel innerer Ruhe und einer stillen Freude erfüllt, wenn sie wissen, dass es zu Ende geht.

Bin ich einfühlsam, dann fühle ich all das mit, dann fühle ich mich in all das hinein: in die Angst, in die Unsicherheit, in die Ungeduld, in die Verzweiflung, in die Müdigkeit, in die innere Ruhe und in die Freude. Das bedeutet, dass mein Gegenüber nicht alleine seinen Gefühlen ausgesetzt ist, sondern wir sie gemeinsam durchleben. Das bedeutet, dass ein Mensch nicht alleine seinen Weg durch die Gefühlswelt gehen muss, sondern dass da eine ist, die mitgeht. Für mich ist einfühlsam sein, als ob ich einen anderen Menschen an die Hand nehme und sage: «Komm, wir gehen dieses Stück gemeinsam.»

Natürlich kann ich das nicht immer. Ich kann es aber relativ oft. Und ich kann es relativ gut. Es kostet mich in der Regel keine Überwindung. Aber es gibt Situationen, in denen ich nicht so einfühlsam sein kann, wie ich es gerade möchte. Wenn ich etwa dabei bin, E-Mails zu beantworten oder wenn der Drucker mich mal wieder im Stich lässt.

Na ja, und dann kommt es auch immer darauf an, wie stark die Gefühle sind, mit denen ich mich da auseinandersetzen muss und um welche Themen es geht. Es gibt Themen, bei denen ich zwar einfühlsam auf mein Gegenüber eingehen kann, aber nicht zu sehr mitfühlen darf, weil ich die Person dann nicht mehr an die Hand nehmen und auf ihrem Weg mitgehen kann. Manche Themen sind so heftig, dass ich dann selbst jemanden bräuchte, der mich an die Hand nimmt. Was im Übrigen auch schon passiert ist. Auch Seelsorgerinnen benötigen hin und wieder einen Seelsorger, und es ist schön, dass es Menschen gibt, die auch mir gegenüber einfühlsam sein können. Meistens reicht es aber, wenn ich mir draußen am Klippenrand den Wind einmal kräftig um die Nase wehen lasse. Und wenn gerade kein Wind weht, ist schwimmen eine gute Alternative. Da kann ich abtauchen und auch mal laut Scheiße schreien, denn unter Wasser hört mich schließlich keiner.

Wenn ich die Trauer einmal nicht vom Wind wegpusten lassen kann oder der Verzweiflung eines Menschen nicht wegschwimmen kann, existiert aber noch etwas anderes, das hilft: mein alleroberster Boss. Oder meine alleroberste Chefin. Oder wie auch immer wir Gott bezeichnen wollen.

Boss (oder Chefin) ist in der Lage, mich zu trösten und mir Kraft zu geben für das, was ich gerade an Gefühlen bewältigen muss. Und das macht er oder sie offensichtlich ziemlich gut, denn sonst könnte ich meine Arbeit nicht tun. Ja, ich bin traurig, wenn ich Menschen bestatten muss, die ich gekannt und gemocht habe, aber ich breche nicht mehr während der Trauerrede in Tränen aus. Jedenfalls ist mir das seit der Beerdigung meiner Patentante nicht wieder passiert. Und mal ganz ehrlich: Ich finde es schon schön, dass ich mich einfühlen kann in andere Menschen und ihnen damit signalisiere, dass sie das, was in ihrem Inneren los ist, nicht alleine aushalten müssen, sondern dass ich es mit ihnen zusammen aushalte. Ich finde es schon schön, dass ich selbst auch traurig bin bei vielen Trauerfeiern, die ich hier mache, denn das gibt mir das Gefühl, dass wir nicht nur zufällig alle hier auf dieser Insel zusammenleben, dass wir nicht zufällig mal mehr oder weniger miteinander zu tun bekommen, sondern dass wir hier wirklich eine Familie sind.

DA IST DER FRIEDHOF!
DA LIEGEN DIE WALFÄNGER!

Ist das Wetter schön, verbringe ich meine Pastorinnen-Sonntage (die freien Montage, wenn ihr euch erinnert) nicht nur gerne auf der Düne. Fast ein bisschen lieber verbringe ich sie im Strandkorb, der neben der Schaukel zur Ausstattung des Pastoratsgartens gehört. Ich wollte schon immer einen Strandkorb, egal wo ich mich in meinem Leben gerade rumtrieb. Auf Helgoland konnte ich diesen Traum verwirklichen, denn hier hatte ich nicht nur genügend Fläche, um ihn aufzustellen, sondern endlich auch das nötige Geld, um ihn mir leisten zu können. Wenn die Gartenschaukel mein amerikanischer Traum war, so ist der Strandkorb mein helgoländischer Traum.

Im Gegensatz zur Gartenschaukel hat der Strandkorb allerdings noch eine etwas größere Bedeutung, denn dessen Anschaffung ist in meinem Pastorinnen-Dasein auf der Insel ein Meilenstein. Er markiert mein inneres Angekommensein. Die Gartenschaukel hatte ich mir schon kurz nach meinem Umzug in die USA gegönnt, weil ich mir nach der stressigen Zeit etwas Gutes tun wollte. Da war ich innerlich noch überhaupt nicht angekommen. Das sei man erst, sobald man fließend Englisch spricht, ohne im Kopf zu übersetzen, und wenn man in dieser Sprache auch träumt. So wurde es mir jedenfalls gesagt. Außerdem: Die Gartenschaukel wollte ich erst in den USA haben. Einen Strandkorb wollte ich schon immer. Und hatte ihn nie angeschafft, weil ich wohl unbewusst nicht davon ausgegangen war, dass ich bleibe, sodass sich eine Anschaffung auch gelohnt hätte. Nun hatte sich das geändert.

Dass ich meine Pastorinnen-Sonntage fast lieber im Strandkorb verbringe als auf der Düne, hat seine Gründe: Erstens muss ich mich nicht von meinem Pelzgesicht trennen, das nicht mit rüber auf die Düne darf, denn Hunde sind dort nicht erlaubt. Zweitens habe ich einen sehr, sehr kurzen Weg zum Kühlschrank, in dem sich die kalten Getränke befinden. Der Weg zu Kissen, Decken, zur Musikanlage, zu Büchern, Süßigkeiten, Spielen und Essen ist ebenfalls äußerst kurz. Wenn ich all das, was mir das Leben an meinem freien Tag angenehm macht, mit rüber auf die Düne schleppen würde, müsste ich ein Umzugsunternehmen beauftragen. So ein Strandkorb im Pastoratsgarten hat wirklich seine Vorzüge.

Ein weiterer Vorteil meines Strandkorbs besteht darin, dass er einen guten Sichtschutz zur Straße bietet, die am Pastoratsgarten vorbeiführt. Zumindest in eine Richtung. Aus der anderen Richtung ist er leider recht gut einsehbar, was zwar diverse Gelegenheiten für nette Gespräche eröffnet, aber auch ein Einfallstor für unliebsame Störungen ist: «Hallo! Halloooooooo! Ich will Sie ja nicht stören, aber ich hab da mal 'ne Frage!»

Diese Fragen reichen dann von «Wo ist denn das nächste Klo?» über «Wie komme ich jetzt auf dem schnellsten Weg zum Fahrstuhl?» bis hin zu «Sie sind doch die Pastorin, können Sie mir ein Geschenk für mein Patenkind empfehlen, das in zwei Jahren konfirmiert wird?».

Das sind alles Fragen, die ich einfach nicht beantworten

will, wenn ich in meinem Strandkorb gerade so angenehm eingenickt bin. Deshalb mag ich die sichtungeschützte Seite meines Strandkorbs nicht so sehr. Die sichtgeschützte Seite kann dagegen richtig cool sein. Ich werde nämlich von der Straße aus nicht gesehen, kann dafür aber umso besser hören, worüber sich die Leute so unterhalten. Wenn ich denn nicht gerade eingenickt bin.

So bekomme ich bisweilen die beste akademische Zusatzbildung in der ganzen Nordsee geboten. An meinem Pastoratsgarten führt nämlich der Oberländer-Touri-Pilgerpfad entlang: Die Touris pilgern unweigerlich am Pastoratsgarten vorbei, nachdem sie den Klippenrandweg erfolgreich im Uhrzeigersinn absolviert haben, nicht in die Schrebergärten abgebogen und nicht über Los gegangen sind.

Ich weiß nicht, woran es liegt, dass sie, wenn sie an meinem Garten angekommen sind, zu Professoren oder Professorinnen mutieren. Vielleicht daran, dass sie nicht wissen, dass ihnen eine nicht ganz fachunkundige Inselbewohnerin zuhört. Ich habe dann öfter das Glück, an einer Gratisvorlesung über dieses oder jenes Thema teilnehmen zu dürfen. Ganz ohne Studiengebühren!

Die Insulanerinnen bleiben natürlich nicht in der Nähe meines Strandkorbs stehen, um sich zu unterhalten, denn sie wissen ganz genau, dass Frau Pastorin da drinsitzen und alles mitbekommen könnte, worüber gerade getratscht wird. Trotz Schweigepflicht muss auch sie nicht alles zu wissen kriegen.

Die Gäste auf unserer schönen Insel wissen dagegen nicht so gut über den lauschenden Strandkorb Bescheid, und was ich da zu hören bekomme, ist oftmals besser als Fernsehen, Internet, Radio und Zeitung zusammen. Auf diese Weise erfahre ich Dinge über meine Kirche und meine Insel, von denen ich noch gar nichts wusste. Dinge, von denen vermutlich sogar die gesamte Inselbevölkerung noch nichts wusste, wie zum Beispiel, dass der Kirchturm anfangs auf der anderen Seite der Kirche errichtet worden war, später dann aber umgesetzt werden musste, um nicht zu sehr dem Sturm ausgesetzt zu sein. Andere Gelehrte behaupteten dagegen, dort, wo unser Kirchturm jetzt steht, hätte sich vorher der Leuchtturm befunden. Möchtegern-Vogelkundlerinnen wiederum korrigierten die irrige Annahme, dass eine hier beheimatete Vogelart Trottellumme heißt. Richtig sei die Bezeichnung Trotte-Lumme. Da sei wohl versehentlich ein L zu viel in den Namen gerutscht.

Sehr interessant fand ich folgendes Gespräch eines Paars hinter meinem Strandkorb:

Er: «Ey, guck mal! Da ist der Friedhof! Da liegen die Walfänger!»

Sie: «Oh! Lass uns da gleich mal hingehen. Die Grabsteine würde ich mir gerne ansehen.»

Er: «Auf Amrum war das doch auch so. Die hatten da sogar noch die Stoßzähne! Erinnerst du dich?»

Als ich das hörte, konnte ich nur noch vor Neid erblassen: War ja klar! Die Amrumer wieder! Haben sogar Stoßzähne auf ihrem Friedhof! Und wir armen kleinen Helgoländer Würstchen haben natürlich keine! Weder von Walen noch von Walfängern!

Dann setzte bei mir die Schnappatmung ein, weil ich versuchte, ein unkontrolliertes lautstarkes Lachen zurückzuhalten und gleichzeitig meine Lunge mit Sauerstoff zu versorgen. Der zweite Teil gestaltete sich äußerst schwierig, weil ich, um das Lachen zu unterdrücken, in ein Kissen gebissen hatte.

Ich brauchte dringend eine Abkühlung! Leise, leise schälte

ich mich aus meinem Strandkorb, damit der Friedhofsexperte und seine Begleitung nicht doch noch auf mich aufmerksam wurden, und schlich mich ins Pastorat zu meinem Gefrierschrank, um mich mit Pistazieneis zu versorgen. Pistazieneis wirkt wahre Wunder, wenn es um Abkühlung geht – körperlich und mental. Nach dem Konsum einer großen Portion der kalten grünen und sehr leckeren Masse war ich dann auch wieder in der Lage, im Strandkorb entspannt meinen Krimi weiterzulesen.

Ein anderes Mal wurde ich Zeugin einer Unterhaltung, die sich mit dem Thema «Touristenleitsystem» auf Helgoland befasste. Auch in diesem Fall versorgte ein männlicher Vertreter der Spezies Mensch seine weibliche Begleitung mit Informationen über Helgoländer Besonderheiten. Ich hatte gar nicht mehr damit gerechnet, an diesem Tag noch Gäste auf unserer Insel belauschen zu können, denn der Touristenstrom war merklich dünn geworden. Um genau zu sein, war er gar nicht mehr vorhanden. Nur diese beiden Nachzügler kamen noch am Garten vorbei und blieben an der Ecke stehen. Wie es sich anhörte, um sich zu orientieren.

Er: «Hm, wo müssen wir denn jetzt lang? Links oder rechts?»

Sie: «Wir könnten auch über den Friedhof gehen. Das ist bestimmt kürzer.»

Er: «Ich weiß nicht. Ich kann gar nicht sehen, wo der Weg über den Friedhof hinführt. Hier haut die berüchtigte Städteplanung der Helgoländer offensichtlich nicht mehr hin.»

Sie: «Wieso berüchtigt?»

Er: «Na ja, die Helgoländer haben mit dem Wiederaufbau der Insel nach dem Krieg die Straßenführung ganz bewusst so angelegt, wie sie ist.»

Ich (im Stillen): Aha! Jetzt wird's interessant. Da hatte jemand offensichtlich gut aufgepasst bei der Inselführung. Oder sich vorher umfassend über Helgoland informiert. Mal sehen, was noch hängengeblieben war.

Er: «Sie haben die Häuser so gebaut und die Straßen so angelegt, dass die Besucher der Insel automatisch einen bestimmten Weg gehen: vom Schiff aus erst mal aufs Oberland, auf dem Klippenrandweg entlang zur Langen Anna, dann auf der Ostseite weiter zu den Schrebergärten. Anschließend hinein in den Ort und vorbei an Duty-free-Läden und Restaurants, in denen sie ihr Geld lassen sollen.»

Sie: «Meinst du wirklich, dass sich die Leute solche Gedanken gemacht haben, bevor sie hier alles wiederaufgebaut haben? Da hat man dir bestimmt einen vom Pferd erzählt. Das tun sie hier doch gerne.»

Er: «Nein, nein! Das stimmt. In diesem Fall handelt es sich ausnahmsweise mal nicht um Seemannsgarn.»

Die Wahrscheinlichkeit war ziemlich groß, dass er recht hatte. Auch mir hatte man Ähnliches über die städtebaulichen Hintergründe der Helgoländer Straßen- und Wegeführung berichtet.

Seine Begleitung blieb dennoch skeptisch, und das Ganze drohte zu einem handfesten Streit auszuarten. Die beiden schimpften wie meine Dachrinnenmafia – also wie die Spatzen auf meinem Pastoratsdach. Was die Situation noch mehr verspannte, war die Tatsache, dass die beiden immer noch nicht wussten, welchen Weg sie nehmen sollten, beziehungsweise welcher Weg sie am schnellsten zum Unterland und damit zum Schiffsanleger führen würde.

Er: «Wieso musst du immer alles in Frage stellen, was ich dir erzähle? Kannst du es nicht einfach mal hinnehmen, wenn ich dir sage, dass die Wegführung auf Helgoland mit Absicht so ist, wie sie ist?»

Sie: «Ach komm! Du musst doch zugeben, dass das wirklich nicht sehr glaubhaft klingt! Aber ich hab keine Lust mehr, mich mit dir darüber zu streiten. Sag mir lieber, wo wir jetzt lang müssen. Wir sollten sehen, dass wir aufs Unterland kommen, denn viel Zeit haben wir nicht mehr, bis das Schiff ablegt.»

Er: «Dann gehen wir links runter. Dahinten kann ich, glaube ich, Wasser sehen. Von da aus können wir uns besser orientieren.»

In diesem Moment war ein lautstarkes Tuten zu vernehmen. Ich bin mir nicht sicher, ob dem Paar klar war, was dieses Tuten zu bedeuten hatte.

Ein kurzer Blick auf die Uhr bestätigte meine Vermutung, dass wir das Tuten eines in Kürze ablegenden Schiffs gehört hatten. Wenn die beiden Gas gaben, hätten sie eventuell noch die Chance, den Katamaran zu erwischen, der eine halbe Stunde später die Fahrt in Richtung Festland antreten würde. Ansonsten hatten sie die Möglichkeit, sich vom Helgoländer Touri-System über die Insel leiten zu lassen – wobei sie gleich nach einem Hotel Ausschau halten sollten.

Allerdings muss ich gestehen, dass es auch Momente gab, in denen ich es nicht so toll fand, dem zu lauschen, was hinter meinem Strandkorb abging. Besonders anstrengend wurde es, wenn Menschen aller Altersgruppen die batteriebetriebene und sprechende Plüschmöwe vor dem Duty-free-Laden meiner Nachbarin entdeckten (inzwischen existiert der Laden nicht mehr), die alles nachplapperte, was man ihr sagte. Es passierte leider recht häufig, dass Leute stehen blieben, um besagte sprechende Plüschmöwe vollzuquatschen. Sie plapperte übrigens auch unsere Kirchenglocken nach, was bedeutete, dass ich alle Viertelstunde nicht nur die Glocken, sondern auch diese Möwe zu hören bekam, wenn ich mir eine Auszeit im Pastoratsgarten nahm. Das war nicht gerade förderlich für einen ungestörten Nachmittag im Strandkorb.

Wie gut, dass die moderne Technik Hörbücher und Kopfhörer hervorgebracht hat! Und sind die Kopfhörer groß genug, blendet das nicht nur weitgehend das Glockengebimmel aus und hält das Geplapper der Plüschmöwe fern, sondern auch Zaungäste, die Fragen stellen wollen. Große Kopfhörer sind auch von der Straße aus gut zu erkennen. Wenn ich zusätzlich die Augen geschlossen habe, sehe ich offenbar so unansprechbar aus, dass die Leute fast immer weitergehen, ohne mich mit Fragen über Klos und Konfirmationsgeschenke zu belästigen.

Jetzt bleibt nur noch die Frage zu klären, ob ich für die Zeiten, die ich im Strandkorb verbringe, Bildungsurlaub beantragen kann, denn ich lerne ja immer wieder neue Sachen dazu.

ACHTUNG BAUSTELLE!

Jesus hat gesagt: «Auf diesen Felsen will ich meine Kirche bauen.» Und was macht die Kirche? Gründet erst mal einen Bauausschuss!

Okay, damals, als Jesus das zu Petrus gesagt hat, ist Petrus zum Glück nicht gleich losgelaufen und hat einen Ausschuss gegründet. Das mit den Ausschüssen kam erst viel später. Ab dem Moment, als Kirchen nicht mehr eine Ansammlung mehr oder weniger gläubiger Jesusfans waren, sondern Gebäude, in denen sich die Fans zu allen möglichen Aktivitäten trafen: beten, essen, noch mehr beten, noch mehr essen, singen, und ganz viel über Gott erzählt bekommen.

Ich weiß nicht, wie es früher, zur Zeit der ersten Christinnen und Christen war, aber heute kann man schon den Eindruck gewinnen: Will die Kirche etwas, muss erst mal ein Ausschuss her, damit das, was die Kirche will, auch umgesetzt wird. Zumindest hoffen wir das immer. Soll an der Kirche, also dem Gebäude, in dem sich die Glaubenden treffen, etwas gebaut werden, ist ein Bauausschuss vonnöten.

Wir auf Helgoland sind als Kirchengemeinde jedoch viel zu klein, um für alle Bereiche Ausschüsse zu bilden. Deshalb sind das bei uns oft Arbeitsgruppen. Die Arbeitsgruppe für Bauangelegenheiten gibt es – wie die Kirchengemeinde – auch nur im Miniformat. Genauer gesagt bestand diese Arbeitsgruppe lange Zeit nur aus einer Person: mir.

Eine Person kann allerdings keine Gruppe bilden, weshalb ich mich immer gefragt habe, was ich dann bin, wenn ich mich um die Bauangelegenheiten kümmere. Baubeauftragte? Klingt irgendwie zu hochtrabend. Besonders wenn die Person, die beauftragt ist, sich um Bauangelegenheiten zu kümmern, überhaupt keine Ahnung von der Materie hat. Ich habe Theologie studiert und nicht Architektur. Ich kann nicht mal 'ne Maurerlehre vorweisen. Außerdem hat mich auch nicht extra jemand beauftragt, in Sachen Bau tätig zu werden. Das gehört schlichtweg zum Pastorinnen-Dasein dazu.

Ausschuss passt eigentlich ganz gut, denn ein Ausschuss ist eine kleinere Personengruppe aus einer größeren Personengruppe, die besondere Aufgaben wahrnehmen soll. Das Problem hierbei ist aber erneut, dass man mit einer Person keine Gruppe bilden kann. Gott könnte das übrigens ganz gut, denn Gott ist ja drei. Das hat mit der Trinität zu tun: Elternteil, Sohn und Heilige Geistkraft – ihr wisst schon. Und wenn nicht, dann kommt doch zu mir in die Kirche, und ich erklär euch das mit der Trinität.

Also: Gott würde gut als Ausschuss durchgehen. Ich nicht, denn ich bin ja nicht Gott. Ich bin nur eine und nicht drei. Aber ich bin Teil einer größeren Gruppe, die sich Kirchengemeinde nennt, und ich bin mit einer besonderen Aufgabe betraut: mich um Bauangelegenheiten zu kümmern. Also bin ich irgendwie doch ein Ein-Personen-Bauausschuss. Das heißt, ich *war* lange Zeit ein Ein-Personen-Bauausschuss. Inzwischen sind wir ein Bau-Duo, denn ich habe, Gott sei Dank, Unterstützung bekommen.

Als die kirchlichen Bauangelegenheiten hier so richtig Fahrt aufnahmen, war das allerdings noch nicht der Fall, und ich konnte das Feld niemand anderem überlassen als mir selbst.

So musste ich mich denn eines sonnigen Tages aus meinem heißgeliebten Strandkorb stemmen, in dem ich meine Mittagspause verbracht hatte, um nach drüben zur Kirche zu trotten und mich mit ein paar Fachleuten zu treffen, die zusammen mit mir die Kirche begutachten wollten. Das war ziemlich spannend, denn ich lernte viele neue Sachen. Völlig andere Dinge als die, die ich, in meinem Strandkorb sitzend, von dozierenden Touris erfuhr. So lernte ich zum Beispiel ein ganz neues Wort: Betondallglasfenster. Ein Betondallglasfenster ist ein Fenster, das aus Beton und Dallglas gefertigt ist. Es hat lange gedauert, bis ich mir merken konnte, wie man dieses Wort schreibt. Jedenfalls sind Betondallglasfenster tolle Fenster. Und wir haben solche in unserer Kirche!

Die damals aber leider in einem sehr schlechten Zustand waren. Das Inselklima war unseren tollen Fenstern leider nicht wohlgesonnen, weshalb eine Restaurierung dringend notwendig war. Aber bevor das losgehen sollte, musste ein anderes Problem behoben werden: Unsere Kirche brauchte einen Regenmantel, damit wir beim Gottesdienst keine nassen Füße bekamen. Jedenfalls so in etwa. Die Westwand war nämlich nicht mehr ganz dicht und ließ zu viel Nässe ins Mauerwerk. Deshalb sollte diese Wand einen Schlagregenschutz in Form einer Vorhangfassade erhalten. Regenmantel eben. Auch die anderen Mauern mussten repariert werden, aber die würden ohne Regenmantel auskommen. War das erledigt, sollte es an die Betondallglasfenster gehen.

Du siehst, dass ich bei der Baubegehung wirklich etwas gelernt habe. In diesem Fall handelte es sich aber auch um qualifizierte Expertinnenmeinungen und nicht nur um mehr oder weniger begründete Vermutungen von Touris.

Irgendwann war es dann so weit, dass die Bauarbeiten tatsächlich losgehen konnten. Die erste Aktion war das Aufstellen eines Gerüsts. Damit war alle Entschleunigung in unserer Kirchengemeinde dahin. Hier wurde auf einmal hart gearbeitet! Und meine Auszeiten im Strandkorb reduzierten sich auf ein Minimum.

Fast hätte sich der Beginn der Bauarbeiten aber noch verzögert, weil ein paar der an der Sanierung beteiligten Personen Probleme hatten, Helgoland anzulaufen. Da war wohl mit der Kommunikation etwas schiefgegangen. Ich war gerade rüber zur Kirche marschiert, um die Lage zu sondieren, als mir eine dieser Personen ihr Leid klagte: «Man wird ja im Vorwege über nichts informiert! Nicht mal darüber, dass man die Fähre nehmen muss, um nach Helgoland zu kommen! Oder das Flugzeug! Und dass man nur zehn Kilo Gepäck mitnehmen darf, hätte einem ja auch mal einer sagen können!»

Auch mir bereitete das einigen Unmut. Immer wieder dasselbe: Wichtige Informationen werden entweder gar nicht weitergegeben, oder es werden falsche Informationen gestreut.

Also, wenn ich den erwische, der den Festländern immer wieder einzureden versucht, man könne mit dem Auto nach Helgoland fahren ... Man kann die Leute doch nicht loslaufen lassen, ohne ihnen zu sagen, dass Helgoland eine Insel ist, die keine Brückenverbindung zum Festland hat!

Da aber nun Menschen und Material wohlbehalten auf Helgoland angekommen waren – die Menschen per Flugzeug, das Material mit dem Schiff –, konnte es mit dem zweiten Bauabschnitt losgehen.

Zur Info: Der erste Bauabschnitt befasste sich mit der Sanierung des Kirchturms, hatte aber schon angefangen, bevor ich überhaupt auf Helgoland meinen Dienst antrat. Von diesem Bauabschnitt bekam ich nur noch das Anbringen eines neuen Wetterschiffs mit. (Nein, wir haben keinen Wetterhahn, sondern ein Wetterschiff auf unserem Kirchturm.) Das alte war im Zuge eines Sturms vom Kirchturm gefallen. Deshalb soll ja auch der Kirchturm eingefahren werden, wenn es zu windig wird. Das war offensichtlich versäumt worden, denn sonst wäre das Wetterschiff schön an seinem Platz geblieben.

Der erste Bauabschnitt war also abgeschlossen, und ich durfte mich voller Energie in den zweiten stürzen. Dabei lernte ich nicht nur viele neue Wörter, sondern entdeckte auch architektonische Besonderheiten: Unsere Kirche hat tatsächlich ein Kreuz auf dem Dach! Und ich habe das erst im Verlauf des zweiten Bauabschnitts gemerkt!

Du fragst dich jetzt sicher, wie es angehen kann, dass diese Pastorin, die inzwischen schon mehrere Jahre auf Helgoland lebt, nicht mitkriegt, dass die Inselkirche ein Kreuz auf dem Dach hat. Aber jetzt frage ich *dich* mal: Läufst du ständig mit dem Kopf im Nacken und der Nase im Himmel durch die Gegend? Nein? Siehst du! Ich auch nicht! Und da mich bisher keine Baubegehung an diese Stelle des Kirchendachs geführt hatte, konnte ich nicht wissen, dass da oben ein Kreuz ist. Aber jetzt weiß ich es!

Eine der wöchentlichen Baubegehungen brachte mich dazu, auf das Baugerüst zu klettern und auf diesem an der Ostwand hinauf in schwindelerregende Höhen, bis ich mich plötzlich auf Augenhöhe mit dem Kirchendach befand. (Der Arbeitssicherheit war übrigens zu jeder Zeit Genüge getan.) Von da oben hatte ich eine phantastische Aussicht! Ich drehte mich auf dem Gerüst ganz vorsichtig im Kreis, um sie in vollen Zügen zu genießen, bis mir auf einmal ein großes Kreuz die Sicht versperrte. Huch! Wo kommt das denn auf einmal her?

Ich musste diese Frage laut geäußert haben, denn die Mitarbeiterin des Architekturbüros, mit der ich die Baubegehung machte, meinte: «Das war schon immer da. Jedenfalls sagen das meine Bauunterlagen.» Das Ganze war mir dann doch ein bisschen peinlich. Da lebte ich inzwischen jahrelang auf dieser Insel und hatte keine Ahnung, dass meine Kirche ein Kreuz auf dem Dach hat. So was! Ich hätte natürlich behaupten können, das Kreuz wäre ständig im Nebel verschwunden und deshalb vom Boden aus nicht zu sehen, aber so oft haben wir hier nun auch wieder keinen Nebel. Es gibt genügend klare Tage, an denen das Kreuz in der Sonne glänzt.

Aber so bin ich eben. Manchmal muss ich direkt vor etwas stehen, um zu merken, dass es da ist.

Die zweite bahnbrechende Erkenntnis aus den regelmäßigen Baubegehungen war die, dass man durchaus eine Baustelle in weißer Hose besichtigen kann, ohne diese vollständig zu ruinieren (die Hose, nicht die Baustelle). Ist mir tatsächlich gelungen! Mehrfach! Ich weiß auch nicht, wieso es sich immer so fügte, dass ich ausgerechnet am Baubegehungstag (meistens ein Freitag) eine weiße Hose anhatte. Ich meine, es gibt ja keine Vorschrift für pastorliche Dienstkleidung, die besagt, dass Pastorinnen freitags weiße Hosen zu tragen hätten. Aber ich muss zugeben, dass ich ein Faible für helle Hosen habe. Meistens trage ich schwarze Kollarhemden, und da muss die Hose nicht noch dunkel sein. Das ist mir zu trist. Also weiß. Beige kommt ebenfalls gut. Und solche Hosen hatte ich nun oft an den Baubegehungstagen an. Das brachte mir natürlich die entsprechenden Sprüche von den Bauarbeitern und Restauratorinnen ein: «Ach, bleiben Sie ruhig unten. Da müssen Sie nicht mit. Alles Wichtige steht nachher ohnehin im Baubesprechungsprotokoll.»

Ich wollte aber mit! Ich wollte mir unbedingt selbst ein Bild von den Sanierungsarbeiten und deren Fortschritten machen. Schließlich war ich der Bauausschuss! Außerdem ließen sich von oben grandiose Fotos schießen. Jedenfalls ließ ich mich selbst in weißer Hose nicht abschütteln. Eifrig kletterte ich auf dem Baugerüst rum, inspizierte hier, fachsimpelte da und stellte einen Haufen Fragen. Und saute mir meine Hose *nicht* ein! Die weißen Hosen waren nach den Baubegehungen noch genauso weiß wie davor. Dafür hatte die dunkle Jacke einer Mitarbeiterin ordentlich was abbekommen. Überall weißer (!) Baustaub drauf. Und ja: Ich war ein bisschen schadenfroh, auch wenn ihr das nicht das Geringste ausmachte.

Immerhin hatte ich es geschafft, einen Haufen Leute auf unserer Insel ein bisschen zu beeindrucken, denn mehrfach kriegte ich zu hören, dass man meinen Einsatz bewundere, denn man habe meine Vorgängerinnen und Vorgänger nie auf irgendwelchen Baugerüsten rumturnen sehen. Wozu auch? Die hatten schließlich einen Bauausschuss für so was. Glaube ich wenigstens. Trotzdem tat es gut, als fleißiges Mitglied des Ein-Personen-Bauausschusses wahrgenommen zu werden, das sich da total reinhängt!

So tough war ich aber nicht die ganze Zeit. Zwischenzeitlich fingen mir die Nerven schon ein bisschen an zu flattern. Eine große Portion Unruhe stellte sich ein, als die Innenarbeiten anfingen. Dazu musste die große Orgel eingepackt werden, damit sie nicht einstaubte. Das bedeutete jedoch, dass sie eine ganze Weile nicht spielbar sein würde. Da ich gerade nicht einschätzen konnte, wie gut wir im Zeitplan lagen, machte ich mir ziemliche Sorgen, dass sie noch nicht wieder ausgepackt sein würde, wenn bei uns der große Friesengottesdienst und die Orgelkonzerte stattfinden sollten.

Ich ertappte mich in dieser Zeit öfter dabei, dass ich rumlamentierte: «Sagt mir, dass alles gut wird. Sagt mir doch einfach, dass alles gut wird!!!» Ich kann berichten, dass tatsächlich alles gut wurde. Die Orgel war rechtzeitig zu Friesengottesdienst und Sommerkonzertreihe wieder ausgepackt und konnte ihren Dienst tun.

Dafür musste ich es dann im Jahr darauf ertragen, dass ein Baugerüst das Innere unserer schönen Kirche zierte. Pünktlich zur Konfirmation war es aufgebaut worden. Und es würde natürlich eine Woche später, zur Karwoche und zu Ostern, noch stehen. Wir hatten hin und her überlegt, was wir da tun könnten. Wir waren fast schon so weit, das blöde Baugerüst mit vielen bunten Luftballons aufzuhübschen, waren dann aber der Meinung, dass das zu viel Aufmerksamkeit auf das unliebsame Stück Inneneinrichtung lenken würde. Schließlich beschlossen wir, das Gerüst einfach durch Nichtachtung zu strafen. Und soll ich euch was sagen: Es hat funktioniert. Diversen Gottesdienstbesucherinnen war überhaupt nicht aufgefallen, dass ein Baugerüst unsere Südwand zierte. Gut so! Die Hauptdarsteller waren ja Gott und die Konfis! Obwohl: Man hätte eine coole Predigt draus machen können mit dem Titel «Vorsicht Baustelle – Gott bei der Arbeit!».

Irgendwann war auch dieses Gerüst wieder verschwunden und die meisten erforderlichen Arbeiten ausgeführt. Ganz fertig sind wir noch nicht, aber wir haben eine weitestgehend sanierte Kirche mit restaurierten Betondallglasfenstern und Regenmantel. Alles ist gut. Wirklich. Bis auf weiteres jedenfalls.

Unsere Baumaßnahmen hatten aber nicht nur positive Auswirkungen. Eine Gruppe Geocacher stürzten diese in totale Verzweiflung. Im Zuge der Sanierungsmaßnahmen war unsere Kirchentür repariert worden, sodass sie sich wieder problemlos öffnen ließ. Bei einer Veranstaltung im Rahmen von «Kirche am Urlaubsort» mit der schönen Bezeichnung «Offene Kirche» kamen wir zu dem Schluss, dass eine offene Kirche nicht nur aufgeschlossen sein sollte, sondern wirklich offen. Wir öffneten die beiden Flügel unserer Kirchentür weit, um allen zu signalisieren: Hier ist auf! Kommt rein!

Eine Vierergruppe tat genau das: Sie trat ein, nachdem sie vorher etwas ratlos vor der offenen Kirchentür gestanden hatte. Das Quartett nahm sich dankbar Kaffee und Kuchen, und wir kamen ins Gespräch, in dessen Verlauf ich eins meiner Hobbys preisgab: Geocaching.

Daraufhin erzählte ein junger Mann aus der Gruppe: «Wir sind gerade auf der Suche nach einem Geocache. Es ist ein Multi, aber wir kommen nicht weiter. Wir finden den Hinweis für die nächste Station einfach nicht.»

Da ich mit dem Geocache, den die Gruppe suchte, bestens vertraut war – weil dessen Besitzer mein Mann ist –, fiel bei mir sofort der Groschen (auch wenn es Groschen heute gar nicht mehr gibt, sondern Cent): «Den Hinweis könnt ihr ja auch nicht finden. Der ist nämlich im Moment gar nicht zu sehen.»

Eine Frau aus der Gruppe, etwas frustriert: «Na super. Und was machen wir jetzt? Dann war's das wohl.»

«Doch, die nächste Station findet ihr. Wartet, ich helfe euch.» Ich lotste die Gruppe aus der Kirche und schloss die beiden Flügel der Kirchentür. Dann sagte ich: «Jetzt versucht es noch mal.»

Die Antwort erfolgte prompt:

«Ah!»

«Oh!»

«Na klar!»

«Da muss man erst mal draufkommen!»

Mehr wird an dieser Stelle nicht verraten, denn die Suche nach dem Geocache soll ja spannend bleiben. Nur so viel sei gesagt:

Die Flügel der Kirchentür müssen geschlossen sein, damit beflissene Geocacher den Hinweis zur nächsten Station finden.

Zum Glück hatte ich das kleine Problem mit dem unsichtbaren Hinweis mit zwei Handgriffen lösen können und machte vier geocachende Helgolandbesucher glücklich, denn sie fanden nicht nur den heißbegehrten Hinweis, sondern am Ende auch den Geocache. Tür zu und gut!

Wir sehen also, dass eine Kirchensanierung nicht nur Vorteile hat. Aber wer hätte gedacht, dass ich als Ein-Personen-Bauausschuss auch die Belange von Geocachern im Auge haben muss. Vielleicht sollten wir einen Geocaching-Ausschuss gründen ...

GEBURTSTAGSBESUCHE
MIT PANNEN

Ein Ausschuss für Geburtstagsbesuche wäre auch nicht schlecht. Hätten wir einen solchen, würde mir so manches Fettnäpfchen erspart bleiben, in das ich als Inselpastorin immer wieder volle Kanne reinstolpere.

«Geburtstagsbesuche ab elf!» war die Auskunft, die ich bekam, als ich die Frage stellte, wann man denn auf dieser Insel am besten zu Geburtstagen aufschlägt. Gemeint waren die achtzigsten, fünfundachtzigsten, neunzigsten und Ü-neunzigsten Geburtstage. Eigentlich gehören auch die Siebziger und Fünfundsiebziger dazu, aber von denen will mich nie jemand dahaben. Auf meine telefonischen Anfragen, ob ich persönlich zum Gratulieren vorbeikommen darf, habe ich immer Antworten erhalten wie: «So alt bin ich noch gar nicht, dass mich die Pastorin schon besuchen muss. Komm man wieder, wenn ich richtig alt werde!»

Aber unabhängig davon, wie alt oder jung die Geburtstagskinder werden, es gibt auf dieser Insel feste Regeln, wie die Besuche abzulaufen haben. Befinden sich die Geburtstagskinder zu ihrem Ehrentag auf der Insel, empfangen sie den Besuch entweder zu Hause oder in einer der Restaurationen.

Viele empfangen ihren Geburtstagsbesuch zu Hause. Aber nicht alle. Mir ist es schon passiert, dass man vergessen hatte, mich über den Ort der Feier zu informieren. Ich stand dann, aufgrund höherer Wahrscheinlichkeit, mit einem Geschenketütchen bewaffnet vor der Haustür des Geburtstagskinds, kurz nach elf, wie es sich gehörte, und klingelte. Und wartete. Und klingelte wieder. Und wartete weiter. Und nichts passierte. Und klingelte ein weiteres Mal. Und wartete immer noch. Und immer noch passierte nichts. Aufgrund des fortgeschrittenen Alters der Jubilarin und eines auf Kipp stehenden Fensters, das plötzlich in mein Sichtfeld rutschte, begann ich mir Sorgen zu machen.

Meine Gedanken waren nämlich folgende: Wenn hier ein Fenster auf Kipp steht, dann ist das Geburtstagskind bestimmt zu Hause. Denn wer das Haus verlässt, macht doch vorher alle Fenster zu, oder? Wenn aber niemand auf mein Klingeln reagiert, könnte der Jubilarin etwas passiert sein. Ich malte mir schon aus, wie sie blutüberströmt unter dem Küchentisch lag.

Zum Glück entschied ich mich zuerst, die halbe Insel abzutelefonieren und nicht gleich 112 anzurufen. Gelobt sei das Handyzeitalter, das so was möglich macht!

Leider konnte mir die halbe Insel nicht weiterhelfen, aber als ich zu guter Letzt unsere Küsterin anrief, konnte der Fall gelöst werden:

«Ich wollte gerade einen Geburtstagsbesuch bei Frau Soundso machen», sagte ich. «Aber es macht niemand auf. Allerdings steht hier ein Fenster auf Kipp. Da müsste doch jemand zu Hause sein, oder?»

Die Küsterin war, wie ich, zunächst etwas ratlos: «Ja, das denke ich auch. Außerdem lassen die Leute doch immer die Haustür auf, wenn sie Geburtstag feiern, damit die Besucher einfach reinkommen können und nicht ständig geklingelt wird.»

«Die Tür ist abgeschlossen. Ich habe es schon probiert.»

«Vielleicht hat sie das Klingeln nicht gehört.»

«Oder es ist etwas passiert. Ich mache mir wirklich Sorgen. Meinst du, ich soll die Feuerwehr rufen, damit sie die Tür öffnen und wir nach dem Rechten sehen können?»

«Warte damit noch. Ich muss kurz telefonieren. Ich rufe dich gleich zurück.»

Nervös taperte ich vor dem Haus des Geburtstagskinds auf und ab. Zum Glück klingelte ein paar Minuten später mein Handy, die Küsterin:

«Ich bin's wieder. Ich habe gerade den Sohn angerufen.»

«Und?»

«Ich wollte ihn eigentlich bitten, nach dem Rechten zu sehen, aber das musste ich gar nicht. Er hat mir erzählt, dass es seiner Mutter gutgeht und sie fröhlich feiert.»

Mir polterte ein Felsbrocken von der Seele, so erleichtert war ich!

Die Küsterin informierte mich noch, dass das besagte Geburtstagskind nicht zu Hause die Gäste empfangen würde, sondern in einer Lokalität ein Stück die Straße runter. So zog ich dann mit meinem Geschenketütchen ein paar Häuser weiter, um leicht verspätet doch noch zum Geburtstag zu gratulieren.

Bei einer anderen Gelegenheit war ich nicht nur *leicht* verspätet, sondern richtig ordentlich doll verspätet. Was mir allerdings gar nicht bewusst war. Man hatte mir ja gesagt, Geburtstagsbesuch ab 11:00 Uhr! Ich war also in der Vergangenheit schon mal um kurz nach elf aufgetaucht oder um 13:00 Uhr. Auch mal nachmittags gegen 15:00 Uhr, wenn ich es zeitlich nicht anders hinbekommen hatte. War ja alles «ab 11:00 Uhr». Und es hatte sich nie jemand beschwert.

Auch bei dem einen Mal nicht, als ich merkte, dass «ab

11:00 Uhr» nur die halbe Wahrheit war. Es hätte heißen müssen: «ab 11:00 Uhr bis 12:00 Uhr». Auf die Idee, «ab 11:00 Uhr» gleichzusetzen mit «ab 11:00 Uhr bis 12:00 Uhr», bin ich jedoch nicht gekommen – und habe mich damit in eine etwas unangenehme Situation gebracht. Jedenfalls wollte ich um elf meine Sprechzeit im Kirchenbüro beenden und mich direkt auf den Weg zum Geburtstagskind machen. Aber um 10:59 Uhr klingelte das Telefon, von dem ich bis 11:45 Uhr nicht wegkam, trotz diverser vehementer Ansagen. So war ich denn auch erst um kurz vor zwölf bei dem Geburtstagskind eingetroffen. Ich klingelte, und mir wurde aufgemacht. Wir erinnern uns: Man geht zwar bei Geburtstagsbesuchen einfach ins Haus rein, aber das bringe ich auch nach über sieben Jahren Pastorinnen-Dasein nicht über mich. Wer weiß denn, was da auf einen wartet? Vielleicht der Familienhund, der noch nicht gefrühstückt hat! Oder die Familienkatze, die die seidenbestrumpften Beine der Pastorin mit einem Kratzbaum verwechselt! Oder es könnte jemand unbekleidet aus der Dusche kommen! Auch wenn die Wahrscheinlichkeit am eigenen Geburtstag zwischen elf und zwölf Uhr eher gegen null geht.

Ich betrat die Wohnung und musste mich auch gleich zwischen Tellern und Menschen, die diese Teller ins Wohnzimmer trugen, vorbeimanövrieren. Auf den Tellern befand sich das für Punkt 12:00 Uhr angesetzte Mittagessen – für die geladenen Gäste! Alle anderen, zu denen auch ich gehörte, sollten um diese Zeit längst wieder weg sein. Darüber klärte man mich aber erst nach diesem Fauxpas auf. Währenddessen merkte ich allerdings selbst, dass hier irgendwas total schiefgelaufen war. Es wurde zwar noch ein zusätzliches Gedeck aufgetragen und ein wenig zusammengerückt, damit ich mich an der Festtafel zwischen zwei geladene Gäste quetschen konnte, denn ich war genötigt worden, zu bleiben und mitzuessen. Aber mir war klar, dass ich gar nicht eingeplant war.

Es war ein superleckeres Mittagessen, das ich nur nicht wirklich genießen konnte, weil mir die ganze Situation abgrundtief peinlich war. So peinlich, dass ich seitdem sehr genau darauf achte, bei meinen Geburtstagsbesuchen spätestens um zehn vor zwölf wieder weg zu sein. Da passiert es dann auch mal, dass ich jemanden sehr bestimmt aus meinem Amtszimmer komplimentiere oder die Person am anderen Ende der Telefonleitung unsanft abwürge, um pünktlich loszukommen. Denn wenn ich sage, dass ich *dringend* zu einem Geburtstagsbesuch muss, dann ist es wirklich dringend!

Es geht aber noch eine Nummer peinlicher, wie folgende Begebenheit zeigt:

Auch zum Bürgermeisterdasein gehört die schöne Aufgabe, die Leute an ihrem hohen und oft runden Geburtstag zu besuchen. Und natürlich ein kleines Geschenk mitzubringen. Dass es zum Pastorinnen-Dasein dazugehört, wissen wir bereits.

Es war ein sonniger Samstag auf Helgoland. An diesem wunderbaren Tag hatten zwei ältere Damen Geburtstag. Nennen wir sie der Einfachheit halber Frau A und Frau B. So machte ich mich denn an diesem sonnigen Samstagvormittag, mit einer Geschenktüte bewaffnet, auf den Weg zu Frau A. (Den Besuch bei Frau B wollte netterweise ein Mitglied unseres Kirchengemeinderats übernehmen.) Vor der Haustür von Frau A setzte ich mein fröhlichstes Glückwunschlächeln auf und klingelte. Nichts passierte. Also wurde nach ein paar Minuten noch mal geklingelt. Immer noch nichts. Aller guten Dinge sind drei, sagte ich mir und klingelte ein weiteres Mal.

Ich muss an dieser Stelle zu meiner Verteidigung sagen,

dass ich aus bereits genannten Gründen extreme Hemmungen habe, einfach durch die Tür in eine Wohnung zu marschieren, die nicht meine eigene ist – egal zu welchem Anlass. Da klingel ich doch lieber und warte, bis man mir, nach Unterbindung jeglicher Gefahr für Leib und Leben, die Tür öffnet. Leider klingelte ich in diesem Fall vergeblich. Na ja, dachte ich, vielleicht ist Frau A bei dem schönen Wetter zu einem Spaziergang aufgebrochen. Doch was sollte ich nun mit meiner Geschenktüte machen?

Wenn ich nicht abschätzen kann, ob das Geburtstagskind auf der Insel oder vielleicht doch auf dem Festland ist, nehme ich solch eine Geschenktüte wieder mit, um sie der Person zu einem späteren Zeitpunkt zukommen zu lassen. Da ich aber (mal wieder) ein auf Kipp gestelltes Fenster entdeckte, war ich mir sicher: So weit kann Frau A nicht sein, die Chancen stehen gut, dass das Geschenk noch vor dem nächsten Sturm gefunden wird. Also: Tüte hierlassen. Bei der Suche nach einem geeigneten Plätzchen stach mir eine andere Geschenktüte ins Auge.

Aha, der Bürgermeister war wohl auch schon dagewesen und hatte ebenfalls niemanden angetroffen. Ich hatte die grandiose Idee, meine Tüte einfach dazuzustellen.

Um sicherzugehen, dass es sich wirklich um die Geschenktüte des Bürgermeisters handelte, warf ich einen Blick hinein. Solche Geschenktüten beinhalten ja neben dem Geschenk auch immer eine Glückwunschkarte. Ich nahm den Umschlag in Augenschein: tatsächlich, vom Bürgermeister. Und dann stellte ich erschrocken fest, dass der Absender zwar stimmte, aber die Adresse nicht! Was da neben dem Blumenkübel stand, war nicht die Geschenktüte für Frau A, sondern die für Frau B! Au weia! Der Bürgermeister hatte die Tüten verwechselt!

Eigentlich hätte mir klar sein müssen, dass unserem Bürgermeister ein solcher Lapsus nicht unterläuft. Das passiert nur wuschigen Pastorinnen, die mit ihren Gedanken nicht beim Geburtstagsbesuch, sondern schon bei der nächsten Predigt sind. Solch eine wuschige Pastorin war dann auch der Meinung, hier unbedingt den barmherzigen Samariter spielen zu müssen und dem Bürgermeister aus der Patsche zu helfen.

Ich zückte also mein Handy und rief den Bürgermeister an. Nur die Mailbox. Mist! Aber eine Nachricht hinterlassen konnte ich ja. Die Sprachnachricht hatte etwa folgenden Inhalt: «Ich stehe gerade vor der Tür von Frau A und habe gesehen, dass du auch schon hier warst und eine Geschenktüte dagelassen hast. Aber das ist die falsche Tüte, die ist nämlich an Frau B adressiert. Ich nehme sie mal mit und liefere sie im Rathaus ab.»

So hängte ich denn meine eigene (blaue) Geschenktüte an die Türklinke, schnappte mir die bürgermeisterliche (rote) und machte mich auf den Weg zum Rathaus. Dort war – weil samstags – aber nur die Touristeninformation geöffnet. Egal. Die Tüte gab ich also bei der Touristeninformation ab mit der Bitte, sie dem Bürgermeister auszuhändigen. Dann noch eine kurze SMS an ihn, die ihn über den Verbleib seiner Geschenktüte informierte, und auf ging's zu weiteren Terminen. Den Gedanken, dass unser Bürgermeister möglicherweise schon mit der für Frau A vorgesehenen Tüte zu Frau B gelaufen sein könnte, hatte ich schlichtweg verdrängt. Aber da hätte ich sowieso nicht mehr helfen können.

Abends saß ich jedenfalls gemütlich bei einem Feierabendbier im Garten und war sehr zufrieden mit mir und der Welt – besonders mit meinem Einsatz als barmherziger Samariterin. Und dann kam die SMS vom Bürgermeister. In meiner Nachricht an ihn hatte ich geschrieben: «Habe die Geschenktüte bei der Tour.inform. abgegeben, weil heute ja oben keiner ist.»

Antwort vom Bürgermeister: «Die hast du mir geklaut!!! Saß bei Frau A und wollte nicht mit 2 Taschen rein, dafür hab ich dann deine blaue mit zu Frau B genommen :)))»

Erst wurde mir eiskalt, dann siedend heiß. Dann dachte ich: Ogottogottogott! Was hab ich da nur angestellt?! Und: Hat Frau B jetzt etwa zwei Gläser mit selbstgemachter Marmelade?* Und was ist mit Frau A? Hat sie jetzt gar kein Geschenk? Oder auch zweimal das Gleiche? Oder hat eine nur ein Geschenk und die andere drei? Oder wie, oder was?

Es hat ein bisschen gedauert, die Schockphase zu überwinden, aber eine Dreiviertelstunde später war ich dann doch in der Lage, dem Bürgermeister zu antworten: «Oh nein!!! Das tut mir so leid! Bin gar nicht auf die Idee gekommen, dass du bei Frau A sein könntest, weil niemand aufgemacht hat :-(» Entweder war die Klingel kaputt gewesen, oder sie hatten sie nicht gehört.

Was bleibt, ist die Moral von der Geschicht: Fürchte Katzen und Hunde nicht, sondern geh einfach rein und liefer das Geschenk ab!

Oder: Stibitze fremde Tüten nicht, selbst wenn es noch so sehr nach einem Notfall aussieht!

Und: Ich sollte wirklich mal was gegen mein übersteigertes Helfersyndrom tun!

---

* Die Marmelade macht unsere Küsterin selbst, nicht ich. Ich kann so leckere Marmelade nicht, weshalb ich die von unserer Küsterin verschenke.

FLUCHTFAHRZEUG MIT G? GEHWAGEN!

Auch wenn ich als Inselhirtin schon so manchen unbedachten Fehler begangen habe, wenn es um die betagteren Schäfchen meiner Herde ging, scheint mir das niemand krummgenommen zu haben. Denn die Seniorinnen und Senioren und ich kommen immer noch bestens miteinander aus. Was auch sehr gut ist, denn sonst müsste ich vermutlich um mein Leben fürchten.

Es ist nämlich faszinierend, wie viel kriminelle Energie so ein Seniorenkreis entwickeln kann! Nach außen ist das natürlich nicht sichtbar. Ganz unschuldig wirkt der Seniorenkreis mit der Bezeichnung «Klausenclub», was die Vermutung nahelegen könnte, dass sich dort ältere Herr- und Damenschaften bei einem Gläschen Sherry, einem Spielchen und einer netten Plauderrunde treffen.

Im Grunde ist das auch gar nicht so falsch. Käme die Pastorin nicht ab und zu auf schräge Ideen. Wie die, statt des allseits beliebten Spiels «Stadt, Land, Fluss» eine etwas abgewandelte Variante mit dem Titel «Stadt, Land, Tod» zu spielen. Etwas Abwechslung kann schließlich nie schaden. Bei dieser Variante werden nicht Städte, Länder, Flüsse, Namen, Tiere, Berufe oder Pflanzen mit dem jeweiligen Anfangsbuchstaben gesucht, sondern Täter, Mordmotive, Tatwaffen, Tatorte, Fluchtfahrzeuge und Todesursachen.

Ich muss zur Verteidigung meiner Seniorinnen und Senioren erwähnen, dass die Begeisterung für diese Spielvariante anfangs nicht so groß war.

Eines Freitagnachmittags kam ich mit stolzgeschwellter Brust in die Klause unseres Gemeindehauses (nach der der Klausenclub benannt ist) und präsentierte das neue Spiel. Na ja, erst mal präsentierte ich einen kleinen geistlichen Impuls, wie das bei uns heißt, in Form eines Textes über Gott und Garten. Dann wurde das Sparschwein gefüttert, das alljährlich feierlich und rituell geleert wird, um von dessen Mageninhalt essen zu gehen und vielleicht auch noch einen Ausflug zu machen, je nachdem, wie gut das Schwein gefüttert wurde.

Nach der Sparschweinfütterung steht die Senioren- und Pastorinnen-Fütterung an: mit Kaffee und Kuchen, und je nach Anlass auch mal mit Sherry. Erst als dieser Teil absolviert war, ging es ans Spielen.

Ich kramte also meine Vordrucke von «Stadt, Land, Tod», eine Sanduhr sowie eine Tüte mit Buchstaben-Zetteln aus meiner Tasche und wollte loslegen. Nachdem ich das Spiel vorgestellt hatte, schlug mir jedoch eine Welle der Ablehnung entgegen. Man wolle lieber «Stadt, Land, Fluss» spielen. Die versammelten Seniorinnen und Senioren konnten sich einfach nicht vorstellen, dass ihnen Tatwaffen, Fluchtfahrzeuge und ähnliche Dinge einfallen würden. Und dann auch noch unter Zeitdruck! «Stadt, Land, Tod» sei einfach zu schwer, schließlich wolle man ja Spaß haben.

Aber ich ließ nicht locker. Am Ende einigten wir uns auf einen Kompromiss: Wir würden ein paar Runden der klassischen Version zum Aufwärmen spielen und dann zur «tödlichen» Variante wechseln.

Wie sich schnell herausstellte, war es überhaupt nicht

schwer, sich Täter, Tatorte und Tatmotive einfallen zu lassen. Während der Sand noch durch das Glas der Sanduhr rieselte, wurde schon herzhaft darüber gelacht, was da alles in Frage kam.

Noch schöner wurde es, als wir am Schluss versuchten, ganze Mordfälle aus ausgedachten Wörtern zu konstruieren, die alle zum Beispiel mit dem Buchstaben K anfingen: Der Kinderarzt ist verzweifelt wegen einer Kostenexplosion und klebt seinem Opfer, das er ausrauben will, im Kraftwerk mit Kaugummi den Mund zu. Der Täter flieht nach vollbrachter Tat mit einem Kampfjet. Wie sich später herausstellt, starb das Opfer an einem Katarrh, ausgelöst durch den Kaugummi. Bei der Art des Verbrechens handelte es sich um Kassenraub.

Am meisten gelacht haben wir aber, als der Buchstabe G dran war. Es gibt herrliche Tatwaffen mit G: Gabel, Gartenschere, Gurkenglas oder Geschirrtuch. Ich werde jetzt nicht weiter darauf eingehen, wie man jemanden mit einem Gurkenglas oder einem Geschirrtuch um die Ecke bringen kann. Das war ja auch nicht gefragt.

Als Todesursache wurde unter anderem Gelbsucht festgestellt. (Vielleicht ausgelöst durch eine Gurkenunverträglichkeit?) Der Täter war natürlich der Gärtner, aber auch ein Gastredner und der Geheimdienst waren involviert. Als wir zur Kategorie «Fluchtfahrzeug» kamen, wurde mein Klausenclub richtig kreativ: Mit einem Gabelstapler ist man zwar nicht besonders schnell, kann aber trotzdem gut entkommen, weil einen da so leicht keiner runterkriegt.

Dann meldete sich eine fast neunzigjährige Dame und meinte: «Ich habe ‹Gehwagen› aufgeschrieben.» Daraufhin brachen wir in schallendes Gelächter aus, aber als dann jemand meinte: «Also, ich kann mir richtig gut vorstellen, wie sie da auf der Flucht vor der Polizei auf ihrem Rollator den Düsenjäger runtersaust!», gab es kein Halten mehr.

Der Düsenjäger ist eigentlich der Millstätter Weg. Aber das sagt hier niemand, alle reden nur vom Düsenjäger. Man munkelt, dass dieser Name auf die Zeit zurückgeht, als der Düsenjäger lediglich ein Trampelpfad und noch keine Straße war. Es soll einen Helgoländer gegeben haben, der immer in einem Affenzahn den Trampelpfad rauf- und runterdüste. Wie er das gemacht hat, ist mir schleierhaft. Ich finde, man kann diesen steilen Weg nur ganz gemächlich gehen. Aber egal. Jedenfalls sagte man über jenen schnellfüßigen Helgoländer, er wäre so schnell wie ein Düsenjäger. Damit hatte der Weg seinen Spitznamen weg.

Und wie das mit Spitznamen so auf Helgoland ist: Die sitzen fest bis in alle Ewigkeit. Ganz gleich, ob es sich um Straßen oder Personen handelt.

Wir im Klausenclub konnten uns sehr gut vorstellen, dass die ältere Dame mit ihrem Gehwagen als Fluchtfahrzeug das Tempo eines Düsenjägers aufnehmen würde. Solch eine Flucht musste einfach gelingen! Jedenfalls wenn man beiseitelässt, dass Helgoland eine Insel und damit nicht so leicht zu verlassen ist. Es sei denn, bei dem Gehwagen würde es sich noch um ein Amphibienfahrzeug handeln. Aber das wäre dann ein Fluchtfahrzeug mit dem Anfangsbuchstaben A, und A war gerade nicht dran.

Es gibt nicht nur eine Menge *krimineller* Energie in unserem Klausenclub. Auch *gärtnerische* Energie ist in großem Maße vorhanden. Die tritt stets dann zutage, wenn wir Bingo spielen. Die ehrenamtliche Helferin, die die Seniorennachmittage organisiert, gibt sich jedes Mal viel Mühe – sowohl mit der Gestaltung der Nachmittage als auch mit der Auswahl der Preise für das Bingo. Bei diesem Spiel sind hübsche Postkarten, Handlotionen, Helgolandbücher, Plüschtiere und Blumensträuße zu gewinnen. Auf die Plüschtiere sind sie alle nicht so scharf. Ich erinnere mich an ein wieselähnliches Tier, das auf dem Preistisch stand, seit ich das erste Mal mit den Seniorinnen und Senioren Bingo gespielt hatte. Eines Freitagnachmittags packte mich dann der Wiesel-Eifer: Ich wollte wenigstens einmal gewinnen, um dem Wiesel (oder was immer es war) endlich ein Zuhause zu geben. Schließlich haben auch Plüschwiesel Gefühle, und dieses war bestimmt schon sehr traurig, weil es sein Dasein jahrelang in einem Schrank fristen musste. Bis auf die wenigen Male, an denen es als Bingo-Preis hervorgeholt wurde und feststellen musste, dass es immer noch niemand wollte. Jetzt fristet es sein Dasein in einem meiner Regale, genießt täglich das Sonnenlicht, das ihm lange Zeit verwehrt war, und staubt langsam ein.

Der Weg zur mitfühlenden Plüschwieselfreundin war allerdings recht lang. Angefangen habe ich als knallharte Bingo-Spielerin, die genauso wie alle anderen auf die besten Preise aus war. So habe ich mir gleich beim ersten Bingo-Nachmittag einen heißbegehrten, fünfhundert Milliliter fassenden Kaffeebecher mit Helgolandlogo unter den Nagel gerissen. Ich war begeistert! Bingo spielen mit den Seniorinnen und Senioren machte einfach Spaß! Ich war sogar so begeistert, dass es mir überhaupt nichts ausmachte, dass die halbe Insel über mich tratschte: Die Pastorin zockt ihre Senioren ab! Geht ja gar nicht!

Heute tut es mir schon ein bisschen leid, dass ich mich nicht zurückgehalten und diesen Superpreis einem Mitglied des Klausenclubs überlassen habe. Es war wirklich der beste Preis, der zu haben war. Denn damals gab es noch keine Primeln. Oh ja, die Primeln! Die schlagen als Bingo-Preise einfach alles! Vermutlich, weil alle im Klausenclub so viel gärtnerische Energie besitzen.

Eines schönen Freitagnachmittags wurde wieder Bingo gespielt, und es standen neben hübschen Karten, Plüschtieren, Handcremes und Helgolandbüchern auch drei Primeltöpfe auf dem Tisch mit den Preisen. Jedes Mal, wenn jemand gewann, ging ein Primeltopf weg. Wir spielten drei Runden, und dann war es vorbei mit der Bingo-Freude.

Unsere ehrenamtliche Helferin fragte: «Seid ihr bereit für die nächste Runde?»

Eine Antwort aus der Runde: «Och nö. Ich glaube, mir reicht es für heute.»

Eine andere: «Ich muss jetzt sowieso nach Hause.»

Eine dritte: «Ja, es ist auch schon wieder so spät.»

Und schon herrschte Aufbruchsstimmung. Man kann es ihnen aber auch nicht verdenken, oder? Wenn es keine Primeln zu gewinnen gibt, macht Bingo-Spielen wirklich nur noch halb so viel Spaß!

Ach so, nur fürs Protokoll: Ich habe keine Primel gewonnen! Die habe ich schön stehen lassen, wenn ich mal gewonnen habe. Nicht dass es hinterher wieder heißt, die Pastorin zockt ihre Senioren ab.

Das klingt jetzt so, als wäre der Klausenclub entweder nur dabei, kriminelle Fluchtpläne auszuhecken, oder als wären wir alle ständig am Zocken. Sind wir aber nicht. Wir machen auch andere Sachen, wie zum Beispiel den Leiter der Vogelwarte einladen, der uns viel über durchreisende und sitzen gebliebene Vögel auf Helgoland erzählt. Oder wir gucken Bilder von Leuten, die in der Antarktis oder in Lappland waren. Wir gucken auch Bilder von den Urlaubsreisen der Pastorin. Das findet der Klausenclub immer sehr nett. Mich dagegen versetzt es regelmäßig in Stress, weil ich nie sicher sein kann, dass ich auch wirklich alle peinlichen Fotos aussortiert habe.

Was neben Spielen und Vorträgen auch total viel Spaß macht, ist das gemeinsame Singen mit den Kindern aus der Schule. Das trainiert dazu noch die Stimme, was wichtig ist, wenn die Faschingszeit naht und Karnevalslieder gesungen werden.

Ja, wir feiern Fasching. Auch wenn man uns hier oben im Norden nachsagt, wir wären total unkarnevalistisch. Sind wir überhaupt nicht! Ich als ehemaliges Tanzmariechen muss es ja wohl wissen! Bevor ich meine Laufbahn als Profischaf in der Kirche einschlug, habe ich in einer Garde getanzt und für ein paar Jahre meine Beine in die Luft geschmissen. Vermutlich feiere ich deshalb noch immer gerne Fasching. Ohne Beineschmeißen allerdings. Heute pflanze ich mir lediglich eine rote Nase ins Gesicht, bastele aus einem Notenständer und 'nem bunten Schwungtuch etwas zusammen, das mit viel Phantasie eine Bütt sein könnte, und gebe Büttenpredigten zum Besten. Die Seniorinnen und Senioren sind zwar nicht kostümiert, aber es gibt bunte Hütchen und Luftschlangen.

Unsere Faschingsfeiern sind immer ein perfekter Anlass, um sich erzählen zu lassen, wie früher auf Helgoland gefeiert wurde:

«Früher haben wir noch richtige Maskeraden gehabt.»

«Davon habe ich schon gehört. Die sollen richtig schön gewesen sein.»

«Ja, wir haben auch unsere Kostüme selber gemacht. Anfangs nur für uns und später dann für uns und unsere Kinder. Wochenlang haben wir genäht. Und geklebt und bemalt.»

«Was waren das denn für Kostüme?»

«Wir haben uns ein Thema ausgedacht. In einem Jahr ging es um die Seebäderschiffe.»

«Das ist ja eine tolle Idee. Passt zu Helgoland. Aber als was verkleidet man sich denn da? Als Kapitän oder Schiffsstewardess?»

«Wir haben uns weiße Plastiksäcke angezogen, die wir vorher entsprechend beschriftet hatten. Wir sind als Spucktüten gegangen. Wir haben sogar draufgeschrieben ‹Nach Gebrauch verschließen und aufrecht hinstellen.› Wie beim Original.» (Kleine Anmerkung: Wer heute als Spucktüte zum Fasching gehen will, muss sich, anstatt in weiße Plastiksäcke, in blaues Papier hüllen, das die Aufschrift trägt: «Spuckbeutel – nach Gebrauch durch Falten schließen». Von «aufrecht hinstellen» ist nicht mehr die Rede. Vermutlich deshalb, weil das bei zu viel Seegang eh nicht klappt. Tja, so ändern sich die Zeiten.)

Wenn ich diese Geschichten höre, bin ich fast ein bisschen traurig, dass die berühmt-berüchtigten Maskeraden nicht mehr stattfinden. Aber auch wenn wir «nur» bunte Hütchen auf dem Kopf tragen und die Pastorin dazu einen roten Schaumstoffball im Gesicht hat, ist die Stimmung super. Ich habe dann auch versucht, den Mangel an kreativer Kostümierung durch Musik auszugleichen. Es klang ja schon an, dass wir gerne singen.

Inzwischen bin ich technisch so versiert, dass ich es schaffe, mit meinem Smartphone, das via Bluetooth an ein Soundsystem angeschlossen ist, Karnevalslieder abzuspielen. Geboren war diese Fähigkeit aus der Not. Mir war nämlich einmal vor Beginn der Feier angedroht worden, dass ich alle möglichen Karnevalslieder anstimmen sollte. Da meine karnevalistischen Talente in diesem Fall arg überschätzt wurden, half ich mir mit aus dem Internet runtergeladenen Songs, die auch tatsächlich mitgesungen wurden. Das Coolste aber war, dass nicht nur mitgesungen, sondern auch mitgeschunkelt wurde. Fangen die Leute das Schunkeln an, hast du als Karnevalveranstalterin alles richtig gemacht. Das ist ein untrügliches Zeichen für supergute Stimmung!

Der einzige Nachteil an der Nummer mit den Karnevalsliedern ist die hohe Ohrwurmtauglichkeit mancher Lieder. Bei mir war es mal: «Wir kommen alle, alle, alle in den Himmel, weil wir so braaaaaav sind!» Das hatte sich echt festgesetzt.

Ich: «Ich kriege das im Leben nicht mehr aus dem Kopf. Das singe ich bestimmt heute Nacht noch.»

Eine ältere Dame meinte daraufhin: «Wenn Sie am Sonntag immer noch singen, dann singen wir mit.»

Na, das war doch mal eine Ansage. Denn welches Lied würde sich in der Karnevalszeit in der Kirche besser machen als dieses?!

Allerdings hoffe ich, dass es noch lange dauert, bis wir alle in den Himmel kommen, weil ich meinen Klausenclub richtig gernhabe und noch viele Bingo-, Bilder-, oder Faschingsnachmittage mit meinen Senioren und Seniorinnen verbringen möchte. Mit Primeln natürlich!

NICHTS FÜR SCHWACHE NERVEN!

«Sind wir eigentlich die kleinste Gruppe, die du je hattest?» Das wurde ich mal von meinen drei Konfirmanden gefragt.

«Nein», antwortete ich. «Ich hatte ganz am Anfang eine Gruppe, die noch kleiner war. Da waren es nur zwei gewesen.»

«Schade, dann stellen wir nicht den Rekord als kleinste Konfa-Gruppe auf. Was war denn deine größte Gruppe?»

«Da hatte ich elf Konfirmanden.»

«Boah! Das ist für Helgoland richtig viel!»

Ich musste lachen. Für Helgoland war das tatsächlich richtig viel.

Den Jugendlichen macht die Gruppenkleine (Gruppengröße ist hier definitiv das falsche Wort) offensichtlich nichts aus. In einem der folgenden Jahre hatten sich wieder nur zwei angemeldet, und ich habe sie extra gefragt, ob sie nicht noch warten wollten, weil die Konfi-Zahl bei der nächsten Anmeldung dann voraussichtlich im zweistelligen Bereich liegen würde. Aber sie wollten gar nicht in die «große» Gruppe. Sie starteten zu zweit, sie machten zu zweit weiter, und es schien ihnen sogar zu gefallen.

Den Rekord für die kleinste «Konfa»-Gruppe stellte das Trio damals zwar nicht auf, aber ich hätte mich um einen Eintrag ins *Guinnessbuch der Rekorde* für die kleinste Konfer-

Freizeit bemühen können. Die fand nämlich mit nur einem Konfi statt. Na: Wer kann das unterbieten?

Mit zwei anderen Gemeinden auf dem Festland hatten wir eine Kirchennacht in Büsum geplant. Voll coole Sache, denn wir wollten in der Kirche mit Schlafsäcken und Isomatten übernachten. Aus meiner dreiköpfigen Konfirmandengruppe hatten auch alle Lust mitzukommen. Allerdings waren zwei von ihnen an dem Wochenende anderweitig verplant. Der eine auf Segeltour, der andere, um Verwandtschaft zu besuchen. Da zwei Drittel der Gruppe schon nicht teilnehmen konnten, dachte ich, dass die Konfer-Fahrt von Helgoländer Seite aus ins Wasser fallen würde. Falsch gedacht! Mein übrig gebliebener Konfi hatte total Lust auf die Kirchennacht und total keine Last damit, alleine zu fahren. Berührungsängste, einen Haufen Festland-Konfis betreffend, hatte er auch nicht. Also setzten wir uns aufs Schiff und fuhren mit einem Konfirmanden zur Kirchennacht nach Büsum. Und: Es hat uns total viel Spaß gemacht! Auch wenn ich fast keinen Schlaf bekommen habe, weil ich viel zu aufgeregt war. Es war schließlich das erste Mal, dass ich in einer Kirche übernachten durfte.

Überhaupt habe ich den Eindruck, dass meinen Konfirmandinnen und Konfirmanden der «Konfa» großen Spaß macht. Was ich äußerst merkwürdig finde. Irgendetwas machen wir anscheinend falsch, denn den Jugendlichen fallen selbst die Gottesdienstbesuche nicht so schwer. Einmal wurde ich sogar von einem Konfi gefragt:

«Können wir in den Ferien weitermachen?»

Ich: «Warum zum Geier willst du in den Ferien weitermachen? Sei doch froh, dass Ferien sind und du frei hast.»

Konfi: «Na ja, wir fahren nicht weg.»

Ich: «Ja und?»

Konfi: «Aber die anderen fahren fast alle weg, und dann ist es so langweilig hier.»

Ich: «Ach so, und deshalb möchtest du Konfirmandenunterricht haben, damit du wenigstens einmal die Woche was vorhast.»

Konfi: «Ja.»

Ich kann es immer noch nicht fassen, dass gerade der Konfirmandenunterricht ein gutes Mittel gegen Langeweile sein soll. Aber cool ist es irgendwie schon.

Ein anderes Mal traute ich mich an einen Bibliolog ran. Dabei wird eine Bibelgeschichte in mehreren Abschnitten vorgelesen, und die Teilnehmenden versetzen sich bei jedem Abschnitt in die Rolle einer bestimmten Person, die darin vorkommt. Aus dieser Rolle heraus können sie auch Antworten auf Fragen geben. Ich selbst bin total begeistert von dieser Methode, war aber oberskeptisch, was meine Konfis anging. Die Gruppe war mehr als klein, womit die Wahrscheinlichkeit groß war, dass keiner sich trauen würde, etwas zu sagen. Und dann war es ein Bibeltext, was die meisten Jugendlichen sowieso schon nicht vom Hocker haut.

Und ich bin eine Pastorin, die offensichtlich noch viel lernen muss, weil sie mit schöner Regelmäßigkeit ihre Konfis total unterschätzt! Der Bibliolog lief nämlich supergut. Bei dem Text handelte es sich um die Weihnachtsgeschichte, und die Konfis durften sich vorstellen, Josef zu sein, Maria und noch ein Hirte. Das lief dann so ab:

Ich (aus der Bibel vorlesend): «Auch Josef ging von der Stadt Nazaret in Galiläa hinauf nach Judäa. Sein Ziel war die Stadt Davids, die Betlehem heißt. Denn er stammte aus dem Königshaus und der Familie Davids. In Betlehem wollte er sich eintragen lassen, zusammen mit Maria, seiner Verlobten. Maria war schwanger.»

Ich: «Stellt euch vor, ihr seid Maria. Maria, was geht dir gerade durch den Kopf?»

Konfi (in der Rolle der Maria): «Oh nein, was, wenn mir unterwegs die Fruchtblase platzt?»

Du lachst jetzt sicher. Dabei ist das ein sinniger Gedanke. Es ist gut möglich oder sogar wahrscheinlich, dass Maria solche Befürchtungen im Kopf rumgeisterten. Davon steht nur leider nichts in der Bibel. Der Bibliolog hilft dann dabei, all das zu entdecken, was zwischen den gedruckten Zeilen mitschwingt.

Ich war jedenfalls total platt, was für tolle Gedanken die Kids hatten! Und fast hintenübergefallen bin ich, als ich den Bibliolog durchhatte und eine Konfirmandin sagte: «Och, schon zu Ende? Können wir nicht weitermachen?»

Zu den tollen Gedanken kommen auch noch echte künstlerische Begabungen. Eine Gruppe hatte einmal wirklich schöne Haiku zum Thema Schöpfung geschrieben, die ich unbedingt einer größeren Öffentlichkeit zugänglich machen wollte. Konfis und ihre Arbeit soll man ja wertschätzen!

So fragte ich: «Ihr seid doch sicher alle auf Facebook, oder?»

Hier die Reaktionen:

«Facebook? Im Leben nicht!»

«Ach, da bin ich schon lange nicht mehr.»

«Ich hatte mal für kurze Zeit einen Account, aber da sind gar keine in unserem Alter.»

«Total langweilig.»

«Bloß nicht, meine Eltern sind auf Facebook.»

Ich: «Wo seid ihr denn dann?»

«Auf Instagram.»

Das Ende vom Lied war, dass ich ein Konto auf Instagram eröffnete und dort die Haiku meiner künstlerisch begabten Konfis zum Besten gab. Natürlich nicht, ohne vorher die Erlaubnis von allen eingeholt zu haben, die dazu ihre Erlaubnis geben müssen. Und da ich so leicht beeinflussbar bin, von Konfis wie auch von den modernen Formen der Kommunikation, ließ es sich nicht vermeiden, eine Konfi-Gruppe auf WhatsApp zu gründen und auf Snapchat, Periscope und Vero weitere Konten einzurichten. Bei Twitter war ich längst, aber das gehört wie Facebook in die Kategorie «langweilig» oder «da sind meine Eltern». Kleine Anmerkung: Die Konfi-WhatsApp-Gruppe hat sich mittlerweile erledigt, da nicht mehr erlaubt. Was ganz gut ist, denn das war keine gute Idee gewesen. Als Mitglied der Gruppe war ich jederzeit und an jedem Ort für meine Konfis erreichbar – auch nachts und im Urlaub. Beides uncool!

Ich könnte mein Handy natürlich auf «Nicht stören» stellen, wenn ich nicht gestört werden will, aber dann kann man mich auch in Notfällen nicht erreichen, was für eine Notfallseelsorgerin doof ist. Die App vom Handy zu löschen, macht genauso wenig Sinn, denn im Urlaub möchte man ja durchaus mal mit Freunden und Familie via WhatsApp kommunizieren. Und schicke Urlaubsbilder rumschicken.

Als wir gerade auf Korsika eine Bergtour machten, gab mein Handy ein «Ping» von sich und teilte mir auf diese Weise mit, dass ich eine Nachricht hatte. Um mich vom schweißtreibenden Aufstieg auf den Monte Sant'Angelu etwas abzulenken, sah ich nach, wer mir da was geschrieben hatte.

Ein Konfi: «Haben wir heute Konfa?»

Ich schrieb zurück: «Ja klar. Ist doch Mittwoch heute.»

Ein anderer Konfi aus der Gruppe: «Aber wir haben doch Orkanwarnung für heute.»

Ich: «Hey Leute, ich bin über tausend Kilometer weit weg. Woher soll ich wissen, was ihr für Wetter habt?»

Konfi 1: «Es ist Sturm.»

Ich: «Dann müsst ihr das mit Michi absprechen, ob er, wie geplant, heute die Vertretung für mich macht, oder wegen des Sturms ausfallen lässt.»

Ein dritter Konfi: «Meine Mutter hat schon gesagt, dass sie mich nicht aus dem Haus lässt.»

Konfi 2: «Wie ist denn Michis Telefonnummer?»

Ich: «Weiß ich nicht aus dem Kopf. Ich habe sie auch nicht mit.»

Konfi 3: «Die steht doch im Telefonbuch, du Honk!»

Konfi 1: «Ich hab gerade angerufen. Da geht keiner ran.»

Ich: «Er arbeitet ja auch noch. Ihr müsst es später versuchen.»

Konfi 1: «Woher wissen wir denn jetzt, ob wir heute Konfa haben?»

Ich: «Ihr ruft nachher Michi an, wenn er Feierabend hat, und sprecht das mit ihm ab. Ihr seid schon groß. Ihr kriegt das hin. Und ich melde mich jetzt ab, weil ich hier einen Felsen hochklettern muss und nicht mehr texten kann.»

Wenn nicht gerade Sturm ist, sind meine Konfis oft richtige Streber. Was mich natürlich überhaupt nicht stört. Im Gegenteil. Ich bin schon stolz, wenn ich die Gottesdienstbesucherinnen am Sonntagmorgen darauf hinweise, dass das Glaubensbekenntnis ganz hinten im Gesangbuch steht, und meine Konfis demonstrativ ihre Gesangbücher zuklappen, weil sie es längst auswendig können.

Aber wenn ich gedanklich mal ein bisschen rumspinne und mir vorstelle, dass aus meinen «kleinen Strebern» am Ende noch Pastorinnen und Pastoren werden könnten, dann macht mir das schon Angst. Da kann ich nur sagen: Zieht euch warm an, denn die haben es faustdick hinter den Ohren! Andererseits bin ich davon überzeugt, dass sie bei all ihrem christlichen Eifer und all den klugen Gedanken, die sie raushängen lassen, doch ziemlich normal geblieben sind. Wie sonst kommt man beim Stille-Post-Spielen auf «Froschpenis»?

Irgendwann ist die Konfirmandenzeit natürlich vorbei. Wenn bummelig zwei Jahre rum sind, werden die Jugendlichen konfirmiert, was bei uns traditionsgemäß am Palmsonntag, dem Sonntag vor Ostern passiert. Ich mag diesen Palmsonntag nicht! Also, eigentlich mag ich den Palmsonntag schon, aber ich mag die Konfirmation nicht. Denn das heißt, dass der Konfirmandenunterricht für die Gruppe vorbei ist und ich meine Konfis ans Leben abgeben muss. Und das will ich nicht. Ich mag sie ja. Sehr gerne sogar. Und deshalb will ich sie am liebsten behalten. Ja, manchmal kosten sie mich echt Nerven, das gebe ich zu. Manchmal treiben sie mich sogar fast in den Wahnsinn.

Wenn es an die Konfirmation geht, ist jeder Ärger verflogen, falls überhaupt welcher da war. Da finde ich sie nur noch süß. Alle sind so aufgeregt. Das fängt schon Wochen vorher an, wenn die Details geklärt werden. Wie ist der Ablauf? Was müssen wir machen? Was ziehen wir an? Wir gehen natürlich den Gottesdienstablauf in Ruhe durch und gehen sogar in der Kirche die Stationen ab. Doch wobei ich ihnen nicht helfen kann, ist das Outfit. Das müssen sie sich schon selbst überlegen. Früher war das leichter. Da war es auf Helgoland Tradition, dass die Mädchen im weißen Kleid und die Jungs im dunklen Anzug konfirmiert werden. Das wollen sie aber heute nicht mehr. Und so wird diskutiert, besprochen, und am Ende eingekauft. Da ist es nur blöd, wenn wegen Sturm das Schiff ständig nicht fährt und die Kids nicht zum Shoppen aufs Festland können. Der Internetversand ist nicht immer eine gute Alternative, denn wenn das Schiff witterungsbedingt ausfällt, kommt auch keine Ware. Da ist es schon vorgekommen, dass das bestellte Konfirmationskleid erst kurz vor Ultimo auf der Insel eintraf, nicht passte und auch noch umgenäht werden musste. Dann ist Helgoland in Not!

Ich finde allerdings, dass die Konfis sich den meisten Stress selbst machen. In einer letzten Konfirmandenstunde vor der Konfirmation spielte sich einmal Folgendes ab:

Konfi 1: «Können wir ein Gesangbuch mit nach Hause nehmen?»

Ich: «Klar. Aber wozu braucht ihr zu Hause ein Gesangbuch?»

Konfi 1: «Wir müssen doch im Gottesdienst Gesangbücher haben.»

Ich: «Die braucht ihr aber erst am Sonntag. Und es sind genug Gesangbücher in der Kirche.»

Konfi 1: «Aber wir brauchen doch was zum Reingehen.»

Ich: «Gesangbücher?»

Konfi 1: «Ja, wir müssen doch was in der Hand haben.»

Ich: «Wie gesagt: Es sind genug Gesangbücher da. So um und bei hundert. Davon könnt ihr beim Reingehen gerne eines in die Hand nehmen.»

Konfi 1: «Ach so. Dann müssen wir auch keins mit nach Hause nehmen.»

Ich: «Es sei denn, ihr braucht die Gesangbücher noch für etwas anderes.»

Konfi 1: «Nein.»

Ich: «Okay.»

Konfi 2: «Wann treffen wir uns denn am Sonntag?»

Ich: «Um halb zehn.»

Konfi 2: «Das ist viel zu spät! Wir müssen doch noch proben, wie wir alles machen.»

Ich: «Nein, müsst ihr nicht. Ich sage euch, was ihr machen müsst. Außerdem sind wir schon alles durchgegangen.»

Konfi 3: «Was müssen wir denn machen, außer so tun, als ob wir singen?»

Ich: «Zum Segen nach vorne kommen und euch hinknien.»

Konfi 4: «Alle zusammen?»

Ich: «Nein, paarweise.»

Konfi 1: «Wann denn?»

Ich: «Nach dem Lied, das nach der Predigt gesungen wird. Aber das sage ich euch dann.»

Konfi 5: «Müssen wir irgendwas auswendig sagen?»

Ich: «Ja.»

Konfi 5: «Oh nein! Was denn?»

Ich: «Ja, mit Gottes Hilfe.»

Konfi 5: «Ach so, das ist ja nicht viel.»

Konfi 3: «Aber wir müssen auch noch festlegen, wie wir reingehen.»

Ich: «Das hatten wir doch schon.»

Konfi 3: «Ja, aber da hatten wir unsere Kleider noch nicht.»

Ich: «Aha.»

Konfi 3: «Zwei sind in Weiß und der Rest in Schwarz. Ich bin dafür, dass die beiden in Weiß vorne gehen.»

Konfi 2: «Aber dann kommt ja nur noch Schwarz. Das sieht zu dunkel aus.»

Konfi 3: «Dann gehen die zwei in Weiß eben in der Mitte.»

Konfi 4: «Dann passt das aber nicht mehr mit den Mädchen und den Jungs.»

Konfi 3: «Doch! Erst zwei Mädchen in Schwarz, dann zwei

Jungs, dann zwei Mädchen in Weiß, dann wieder zwei Jungs, und am Schluss zwei Mädchen in Schwarz.»

Ich: «Alle einverstanden?»

Konfis 1 bis 10: «Ja.»

Konfi 6: «Wann treffen wir uns denn jetzt?»

Ich: «Wenn ihr noch mehr absprechen wollt, dann wohl besser um neun.»

Konfi 3: «Aber wir haben doch jetzt alles besprochen. Neun ist viel zu früh.»

Ich: «Halb zehn war euch zu spät.»

Konfis 2 bis 4 und 7: «Nein, halb zehn ist gut.»

Ich: «Gut. Dann also am Sonntag um halb zehn.»

Konfi 8: «Ich bin schon voll aufgeregt. Ich war letzte Woche schon voll aufgeregt.»

Konfi 9: «Ich auch.»

Konfi 10: «Ich auch.»

Konfi 6: «Ich irgendwie auch.»

Am Ende hatte sich alles von ganz alleine geregelt, und es kam so, wie es sollte. Einige sind schon um neun dagewesen, weil sie viel zu aufgeregt waren, um noch länger zu Hause rumzuhocken. Andere sind erst nach halb zehn eingetrudelt, weil die Frisur nicht rechtzeitig fertig war. Und schließlich haben sie doch alle pünktlich in der Kirche gesessen – mit Gesangbüchern in den Händen!

Übrigens sind die Konfis nicht die Einzigen, die kurz vor der Konfirmation zu nervlichen Wracks werden. Ich kann das auch ganz gut.

Ich wollte nur mal alles für die Konfirmation am Sonntag zurechtlegen. Beim Durchsehen der Urkunden fiel mir auf, dass da nur acht waren. Ich sollte aber zehn Jugendliche konfirmieren. Huch! Die neunte Urkunde fand ich ziemlich schnell, denn die war nur in eine andere reingerutscht. Aber wo war die zehnte? Nicht da. Also stellte ich das komplette Kirchenbüro auf den Kopf. Ohne Erfolg. Mist! Also stellte ich als Nächstes mein Amtszimmer auf den Kopf. Da war sie auch nicht. Ganz großer Mist! Da hatten wir doch tatsächlich vergessen, diese eine Urkunde auszudrucken. Leider ließ sich das Problem nicht so einfach beheben. Unsere Sekretärin wohnte ja auf dem Festland und nicht auf der Insel. Also rief ich sie an und bat sie, die Datei per E-Mail zu schicken, damit ich die Urkunde hier ausdrucken konnte. Nun war unsere Sekretärin mit den Nerven zu Fuß: Ihr E-Mail-Programm lief nicht, das Festland-Büro war gerade auseinandergenommen, der Computer abgebaut und alle Geräte ausgestöpselt worden.

Keine Ahnung, wie sie das hingekriegt hatte, aber schließlich kam doch noch die sehnlichst erwartete E-Mail. Also musste ich die Urkunde lediglich ausdrucken. Dummerweise produzierte der Drucker Schmierstreifen auf der Urkunde. Kacke! Ich reinigte den Drucker. Neuer Versuch. Immer noch Schmierstreifen. Ich wechselte die Tintenpatrone aus. Immer noch Schmierstreifen. Ich änderte die Einstellungen. Immer noch Schmierstreifen. Ich legte anderes Papier ein. Keine Schmierstreifen. Aha! Mit Normalpapier funktionierte es. Mit Urkundenpapier nicht. Das half mir aber nicht weiter, weil es das Urkundenpapier sein musste. Was jetzt? Es gab noch einen Drucker im Kirchenbüro. Ich hatte ziemlich wackelige Knie, als ich feststellte, dass der Drucker im Kirchenbüro kaputt war. Wirklich ganz, ganz große Kacke!

Wieder rief ich bei der Sekretärin an: «Hier geht gar nichts. Du musst die Urkunde ausdrucken und per Post schicken.»

Antwort: «Geht nicht. Hier ist doch alles auseinandergebaut. Kannst du sie nicht woanders ausdrucken?»

«Das muss ich dann irgendwie versuchen.»

Dann kam mir der rettende Einfall: Mein Laptop hatte den Treiber vom Kopierer drauf. Also konnte ich die Urkunde vielleicht mit dem Kopierer ausdrucken. Der Kopierer nahm aber den Druckauftrag nicht an. Ich hatte eine weitere rettende Idee: Einfach den Urkundentext auf Normalpapier (ohne Schmierstreifen) ausdrucken und auf den Kopierer legen. Urkundenpapier ins Papierfach. Neiiiiiiin!!! Schmierstreifen!!!!!! Wie eine Geisteskranke schüttelte ich die Tonerbox durch. Das hatte schon mal geholfen. Dann schüttelte ich den Kopierer durch. Dann war ich so mit den Nerven runter, dass ich anfing, den Kopierer zu treten. Allerletzter Versuch: Kopierer verhauen. Auch das half nix. Immer noch Schmierstreifen.

Dann fiel mir auf, dass die Schmierstreifen ungefähr nach der zehnten Kopie von alleine verschwanden. Ich legte das Urkundenpapier als elftes Blatt unter die anderen und machte elf Kopien. Ein Wunder!!! Keine Schmierstreifen!!! Nach gefühlten tausend Fehlkopien hatte ich endlich eine erstklassige Konfirmationsurkunde. Und ich war fix und fertig.

Ist der Tag der Konfirmation dann endlich da, bin ich immer ganz froh, dass meine Konfirmandengruppen nicht so groß sind. An diesem Tag ist es nämlich Tradition, dass die Pastorin die Konfis besucht. Natürlich wird erwartet, dass sie überall ein Stück Kuchen isst.

Früher mussten die Pastorinnen und Pastoren nicht nur Kuchen essen, sondern bei jeder Feierstation, die sie anliefen, auch noch einen Sherry trinken. Wie gut, dass man mir den nicht aufnötigt! Sieben bis acht Gläser Sherry in Kombination mit sieben bis acht Backwaren haben das Potenzial für eine Lebensmittelvergiftung. Und stell dir vor, ich hätte dreißig bis vierzig Konfirmandinnen und Konfirmanden gehabt ... Ich glaube, ich muss die Sache mit dem Kuchen und dem Sherry jetzt nicht weiter ausführen, oder?

Doch frage ich mich, wie die Pastoren das damals zeitlich geschafft haben, alle Konfirmierten am Konfirmationstag zu besuchen. Ähnlich wie bei den Geburtstagsbesuchen gibt es auch hier ein striktes Zeitfenster, das zwischen 14:30 Uhr und 18:00 Uhr liegt. Per Aushang wird der Inselbevölkerung bekanntgegeben, wer wo ab wann feiert, damit alle wissen, wann und wo sie wem gratulieren können. Das bedeutet, meine Vorgänger hatten bei entsprechend großen Konfi-Jahrgängen die Aufgabe zu meistern, in dreieinhalb Stunden dreißig bis vierzig jungen Leuten zu gratulieren, dreißig bis vierzig Stück Kuchen in sich reinzustopfen und dreißig bis vierzig Sherry runterzuschütten. Mann, habe ich es gut! Mir hatte ja schon der Jahrgang mit den zehn Konfis zugesetzt: Mit nur neun Stück Kuchen (es war ein Geschwisterpaar dabei) und ganz ohne Sherry war mir trotzdem am nächsten Tag noch ordentlich flau im Magen.

In einem Jahr hatten wir tatsächlich keine Konfirmation, weil es keine Konfirmandinnen oder Konfirmanden gab. Das war nun auch wieder blöd. Nicht nur wegen des fehlenden Kuchens, sondern auch weil ich mich plötzlich vor der Herausforderung sah, mir einen Palmsonntagsgottesdienst ausdenken zu müssen. Man sagte mir zwar, Palmsonntagsgottesdienste zu gestalten sei wie Fahrradfahren, das verlerne man nicht, aber ich war trotzdem überfordert. Das Problem umschiffte ich dann geschickt, indem ich vorher eine Kinderbibelwoche mit dem Kindergarten anzettelte, die in einem Gottesdienst ihren Abschluss finden sollte. Dieser Gottesdienst sollte rein zufällig am Palmsonntag stattfinden. Na, so was.

IHR KINDERLEIN KOMMET

*D*en Kindergarten liebe ich. Die Erzieherinnen sind voll nett, und die Dienstbesprechungen, an denen ich bisher teilnehmen durfte, waren immer lustig. Die Kinder sind sowieso der Hit! Einmal in der Woche bin ich zum Morgenkreis da, und dann bekomme ich eine große Portion guter Laune, die locker für eine ganze Woche reicht. Das liegt in erster Linie daran, dass die Kinder es immer wieder schaffen, mich mit ihren Sprüchen zum Lachen zu bringen.

Zum Beispiel, wenn der Kalender eingestellt werden muss. Der Kalender ist richtig klasse, denn er zeigt nicht nur das Datum an, sondern auch Jahreszeit und Wetter. Jeden Tag darf ein Kind den Kalender auf den neuesten Stand bringen. Mit dem Datum geht das noch relativ leicht. Da muss der Anzeiger ja nur eine Zahl weiter nach rechts geschoben werden. Für die Wochentage wird der entsprechende Markierer ein Feld weiter nach unten gerückt, was aber offensichtlich schon schwerer ist.

Erzieherin: «Was für einen Tag haben wir denn heute?»

Kinder im Chor: «Früüüüühling!» Wenn es ans Wetter geht, werden die Kinder ungemein kreativ.

Erzieherin: «Wie ist denn das Wetter draußen?»

Kind: «Bunt!» Dafür werden dem gemalten Regenbogen auch schon mal ein paar Farben vorenthalten.

Kind: «Mein Regenbogen ist fast fertig.»

Erzieherin: «Was denn für ein Regenbogen?»
Kind: «Ein lila Regenbogen.»

Also, wenn das keine gute Laune macht, dann weiß ich auch nicht. Für mich haben Besuche im Kindergarten jedenfalls fast schon eine therapeutische Wirkung. Den Stress lasse ich draußen vor der Tür, bevor ich die Kita betrete, und vergesse dann auf dem Rückweg, ihn wieder mitzunehmen. Ängste lassen sich im Kindergarten ebenfalls sehr gut abbauen. Einmal war ich sehr rechtzeitig da, und es war noch Zeit, bis der Morgenkreis anfing. Die Zeit wurde genutzt, um mir ein Luftballonbett zu zeigen und mich zum Probeliegen zu nötigen. Für das Luftballonbett hatten die Erzieherinnen einfach einen Bettbezug mit aufgeblasenen Luftballons gefüllt. Ich bin nun nicht so leicht wie ein Kindergartenkind, sondern bringe einige Kilos mehr auf die Waage. Ich hatte echt Schiss, dass die Ballons platzen, wenn ich mich da reinlege. Gaaaaaanz vorsichtig bugsierte ich meinen Hintern über eine möglichst flache Stelle (wenige Ballons!) und versuchte ihn für ein langsames Absenken in Stellung zu bringen. Das mit dem langsamen Absenken haute leider nicht hin. Ich plumpste. Aber, o Wunder, die Ballons blieben alle heil! Erst einmal da unten im Luftballonbett angekommen, wollte ich gar nicht wieder raus. Das war ja sooo gemütlich! Wenn es nach mir gegangen wäre, hätten wir den Morgenkreis ruhig im Luftballonbett machen können. Wenn es nach mir gegangen wäre, dann würde ich da immer noch liegen. Ganz entspannt und mit mir und der Welt zufrieden.

Was man mit unserem Kindergarten auch sehr gut kann, ist taufen. Die Taufen auf Helgoland sind nämlich etwas ganz Besonderes. Zumindest, wenn es Helgoländer Taufen sind. Dazu muss ich dir ein bisschen was erzählen. Auf Helgoland ist es üblich, dass die Kinder, sobald sie laufen können, das Taufwasser in die Kirche bringen. Sie benutzen dazu kleine silberne Becher, die sie zu ihrer eigenen Taufe bekommen haben. Taufbecher also. Früher wurden diese zu Hause mit Wasser aus der Zisterne gefüllt. Das war sehr wertvolles Wasser, denn Süßwasser bekam man auf Helgoland nur durch den Regen. Eine Quelle wurde hier bislang nicht gefunden. Auch einen See oder Fluss gab es nicht. Teilweise wurde das Wasser sogar vom Festland mit dem Schiff hergebracht, wenn das in den Zisternen aufgefangene Regenwasser nicht ausreichte. Du siehst also, dass Süßwasser hier früher sehr wertvoll war. Genau deshalb wurde es zum Taufen verwendet. Die Inselkinder brachten etwas ganz Besonderes für die Täuflinge mit, die ja auch etwas ganz Besonderes waren.

Im Laufe der Zeit hat sich die Tradition etwas verändert. Seit die Insel eine Entsalzungsanlage für das Meerwasser hat, kommt das Süßwasser aus dem Wasserhahn und wird offensichtlich nicht mehr als so besonders empfunden. Stattdessen sind viele Helgoländer Tauffamilien dazu übergegangen, mit dem Boot rauszufahren und an einer bestimmten Stelle vor Helgoland Meerwasser zu holen. Das holen die Inselkinder dann am Tauftag beim Haus des Täuflings mit ihren Taufbechern ab und bringen es zur Kirche. Organisiert wird das Wassertragen übrigens fast immer über den Kindergarten.

Wenn es sich um Helgoländer Taufen handelt, wird während des Sonntagsgottesdiensts getauft. Der männliche Teil der Familie ist von Anfang an da und muss den ganzen Gottesdienst durchstehen. Der weibliche Teil der Familie samt Täufling und Kindern, die das Wasser bringen, kommt später dazu. Im Anschluss an den Gottesdienst dürfen sich die Inselkinder im Haus des Täuflings noch den Bauch mit Butterkuchen und

Kinderwein vollschlagen, als Belohnung für die schwere Arbeit des Wassertragens. Ich liebe Helgoländer Taufen! Nicht nur, weil dann die Kirche voller Kinder ist, die dazu noch toll aussehen, weil sie, wenn möglich, in Tracht kommen. Ich liebe Helgoländer Taufen auch, weil oft genug noch ein Stück Butterkuchen für die Pastorin abfällt.

Es landen natürlich immer mal wieder Kinder im Kindergarten, deren Familien vom Festland nach Helgoland gezogen sind und die noch nicht mit den Eigenarten dieser Insel vertraut sind. Da ist es schön, wenn in der Kita die Helgoländer Traditionen vermittelt werden, wie zum Beispiel die besondere Art des Taufens. Allerdings muss sehr akribisch darauf geachtet werden, dass bei den Kindern auch ankommt, was sie warum zu tun haben. Ich erinnere mich an einen Probelauf für eine anstehende Taufe in der Kirche, bei dem das nicht der Fall war. Ein kleiner Junge hatte trotz guter Vorbereitung im Kindergarten und kindgerechter Erklärungen nicht so ganz geblickt, worum es ging.

Die Kinder warteten im Eingangsbereich der Kirche darauf, dass ich sie abholen würde, wie es auch im Sonntagsgottesdienst passieren sollte. Eine Erzieherin hatte eine Babypuppe auf dem Arm, die als Täuflingsersatz dienen sollte. Gemeinsam marschierten wir nach vorne zum Taufbecken.

Unser Taufbecken ist eigentlich ein Taufkessel, der dem Vorkriegstaufkessel nachempfunden ist, in den damals tatsächlich der ganze Täufling gesteckt wurde. Da wir heute aber darauf bedacht sind, unsere Kinder nicht unnötig zu traumatisieren, taufen wir aus einer silbernen Taufschale, die einfach auf den Taufkessel gestellt wird. Manchmal ist ein großer Taufkessel allerdings schon geeigneter, aber davon später.

Die Kinder gingen also mit ihren Taufbechern (da es sich

um die Generalprobe handelte, waren es bunte Plastikbecher) zum Taufkessel und füllten der Reihe nach die darauf befindliche kleine Taufschale mit dem Wasser, das sie am Tag vorher im Rahmen eines Kindergartenausflugs aus der Nordsee geholt hatten.

Der bereits erwähnte kleine Junge hatte nicht aufgepasst, was er machen sollte, und als er am Taufkessel ankam, setzte er an und nahm einen herzhaften Schluck aus seinem Becher! Das schmeckte ihm natürlich überhaupt nicht, denn der Becher war ja voll mit Meerwasser. Wir erklärten ihm, dass das Wasser nicht zum Trinken, sondern zum Taufen gedacht sei, woraufhin er den restlichen Inhalt seines Bechers wie vorgesehen in die Taufschale goss.

Aber dafür sind Generalproben schließlich da, um Unklarheiten oder Fehler auszumerzen. Dennoch garantieren Generalproben noch lange keinen reibungslosen Ablauf. Pannen gibt es trotzdem. Eine verspätete Tauffamilie zum Beispiel.

Normalerweise beordere ich den Täufling mit Entourage gegen halb elf in die Kirche. Da bin ich in der Regel mit der Predigt durch. Fast immer ist die Taufgesellschaft allerdings viel zu früh in der Kirche, und ich muss sehen, dass ich fertig werde, weil bei dem ganzen Kindergewusel sowieso keiner mehr was mitkriegt.

Nur einmal nicht. Da war ich mit der Predigt fertig, und es war noch niemand außer dem männlichen Teil der Familie da. Und das war gut, denn sonst hätte ich mich wohl gefragt, ob ich mich im Datum verhauen hatte. Da es noch kein Gewusel in der Kirche gab, konnte ich in Ruhe die Fürbitten und das Vaterunser beten. Danach war aber immer noch kein Täufling in Sicht. Zu hören war auch nichts. Ich bat die Küsterin, mal einen Blick nach draußen zu werfen, um nachzuschauen, ob sich da schon wassertragende Kinder näherten. Nada! Da kam ich dann doch ein bisschen ins Schwitzen. Ich hätte andere Teile des Gottesdiensts vorziehen können, aber da gab es nichts vorzuziehen. Taufen finden immer am Schluss statt. Alles, was danach noch kommt, sind ein Schlusslied, der Segen und die Ausgangsmusik.

Plötzlich hatte ich eine Idee: Wir konnten doch ein Lied singen. Ich wusste sogar schon, welches. Was wäre passender als «Ihr Kinderlein, kommet»? Schließlich warteten wir auf ein Kind, das getauft werden sollte, und einen Haufen weiterer Kinder mit Taufwasser im Gepäck.

Dass ein Weihnachtslied mitten im Mai nicht so ganz passend sein könnte, kam mir nicht in den Sinn. Ich klärte mit dem Organisten ab, ob er sich darauf einlassen könne. Das konnte er, und wir begannen inbrünstig zu singen. Gegen Ende der zweiten Strophe bemerkte ich, wie zwei Leute entrüstet die Kirche verließen. Zeit, um mich darüber zu wundern, hatte ich allerdings keine, denn gleich darauf stürmte eine Horde Kinder in Tracht und mit silbernen Taufbechern in der Hand die Kirche. Auch der Täufling fehlte nicht, und es konnte losgehen.

Die Pannen waren jedoch noch nicht vorbei. Es waren so viele Kinder mit Taufwasser gekommen, dass die kleine Taufschale nicht ausreichte. Ich versuchte noch, ein paar Jungen und Mädchen vom Ausgießen ihrer Taufbecher abzuhalten, drang aber irgendwie nicht durch. Fröhlich gossen sie Wasser in die Taufschale, und die lief natürlich über. Aber die Kinder gossen weiter ein. Und die Taufschale lief weiter über. Am Ende hatten wir einen See in der Kirche. Hätten wir das Wasser in den großen Taufkessel gegossen, wäre das nicht passiert. Macht aber nix, denn die Kinder waren happy, und der

Täufling wurde getauft, womit die Pastorin ebenfalls ziemlich happy war. Und: Dieses Mal hatte auch niemand das Taufwasser getrunken.

WAS SO GEKOCHT WIRD IN DER GERÜCHTEKÜCHE

Der Bürgermeister und die Pastorin haben eins gemeinsam: Sie wollen, dass es der Insel gutgeht. Der Bürgermeister tut seinen Teil dazu, indem er bürgermeistert, und ich meinen, indem ich meine Herde hüte. Noch besser klappt es mit dem Bürgermeistern und dem Herdehüten, wenn wir in gewissen Dingen zusammenarbeiten. Um das bewerkstelligen zu können, bieten sich regelmäßige Besprechungen an. In dieser Hinsicht sind wir uns einig, dass die nicht immer in einem Büro abgehalten werden müssen, sondern dass man auch sehr gut bei einem Spaziergang die kommunalen wie auch die kirchlichen Geschicke der Insel diskutieren kann. Ist sowieso viel besser, denn beim Spazierengehen wird der Kreislauf angeregt, das Gehirn mehr durchblutet und verstärkt mit Sauerstoff versorgt. Kurz: Man kann besser denken, wenn man sich draußen an der frischen Luft bewegt. Und denken ist immer von Vorteil, wenn es um die Geschicke der Insel geht.

Eines schönen Tages war mal wieder solch ein Dienstbesprechungsspaziergang mit dem Bürgermeister dran. Der holte mich um 8:00 Uhr ab, ich schnappte mir mein Pelzgesicht, und dann marschierten vier Füße und vier Pfoten in den sonnigen Morgen, immer schön im Uhrzeigersinn den Klippenrandweg entlang. Bürgermeister und Pastorin tauschten Gedanken darüber aus, was denn von Kommune und Kirche gemeinsam auf der Insel veranstaltet werden könnte, und Hundedame Jessie machte sich ihre eigenen Gedanken, wie sie denn am besten von der doofen Leine loskäme, um eine Schafjagd zu veranstalten. Ich muss gestehen, dass sich das durchaus negativ auf meine Konzentration auswirkte, denn ich musste den Hund ständig zur Ordnung rufen, damit er mich nicht hinter den Schafen her übers halbe Oberland zerrte.

Das hörte sich dann so an:

Bürgermeister: «Also, die Termine für die Kranzniederlegungen stehen ja.»

Ich: «Jessie! Fuß!»

Bürgermeister: «Das sind der 28. oder 29. Februar, der 18. April und der Volkstrauertag.»

Ich: «Und Totensonntag. Jessie!! Fuß!!»

Bürgermeister: «Ach ja.»

Ich: «Wobei ich immer nicht weiß ... Fuß, hab ich gesagt!!!»

Bürgermeister: «Was wissen Sie nicht?»

Ich: «Ich weiß immer nicht, wann der Kranz in der Kirche neben dem Gedenkbuch niedergelegt wird und wann er nach draußen in den Glockenturm ... Jessie! Wenn ich Fuß sage, dann meine ich das auch!»

Bürgermeister: «Das weiß ich auch immer nicht. Aber das kann ich rausfinden.»

Ich: «Jessie! Jetzt lass doch mal die Schafe in Ruhe! Entschuldigung, Herr Singer.»

Bürgermeister: «Kein Problem, Frau Hansen.»

Irgendwann hatte ich das Pelzgesicht dann aber doch so gut im Griff, dass wir uns von den Gottesdiensten, bei denen auch die Kommunalgemeinde involviert war, inhaltlich wegbewegen konnten und die Frage erörtern, wie wir uns denn in anderen Bereichen, etwa dem Tourismus, am besten gegenseitig unterstützen könnten.

Wir hatten so viel zu besprechen, dass wir glatt noch eine zweite Runde übers Oberland drehten. Hätten wir jedoch geahnt, was solch ein Dienstbesprechungsspaziergang auslöst, hätten wir uns vielleicht in das bürgermeisterliche Büro oder alternativ in das pastorale Amtszimmer zurückgezogen. Die Kirche hätte sich ebenfalls angeboten. Die ist groß genug, dass wir darin sogar hätten spazieren gehen können. Jedenfalls waren wir so sehr mit Inselangelegenheiten und dem übersteigerten Hütetrieb meines Hundes beschäftigt, dass wir nicht merkten, wie wir heimlich verfolgt wurden. Obwohl: Heimlich verfolgen kann einen auf dem Klippenrandweg keiner. Es gibt nirgends Versteckmöglichkeiten. Touris waren auch noch nicht in Massen unterwegs, die uns die Sicht auf eine uns verfolgende Person genommen hätten. Sind die Tagestouristinnen da, funktioniert das wie eine heimliche Autoverfolgung in einem Fernsehkrimi: Immer ein paar Touris zwischen sich und der zu verfolgenden Person lassen, dann merkt die Verfolgte nicht, dass sie verfolgt wird.

Aufgrund der frühen Stunde war es auf dem Klippenrandweg aber noch recht leer, und so war die Verfolgung keine heimliche. Sie war nur deshalb heimlich, weil wir uns nicht umdrehten und merkten, dass wir verfolgt wurden.

Erst Wochen später wurden wir damit konfrontiert, dass man uns nachspioniert hatte. Folgendes wurde mir berichtet:

«Euch ist jemand nachgegangen, als ihr auf dem Oberland unterwegs wart.»

«Ja, und?»

«Warte, es geht noch weiter.»

«Na, was kommt denn jetzt?»

«Dieser Jemand hat dabei Fotos gemacht.»

«Jemand von der Zeitung?»

«Nee, von hier.»

«Warum sollte jemand Fotos vom Bürgermeister und mir machen?»

«Als Beweis.»

«Als Beweis wofür?»

«Dass ihr ein Verhältnis habt. Dieser Jemand hat mir und noch ein paar anderen die Fotos gezeigt und behauptet: ‹Ich hab's doch gewusst! Der Bürgermeister hat ein Verhältnis mit der Pastorin!›»

Nicht dass jetzt irgendjemand auf der Insel wirklich Grund gehabt hätte zu glauben, der Bürgermeister und die Pastorin hätten ein Verhältnis miteinander, schließlich war doch meine Hundedame als Anstandswauwau dabei gewesen. Die würde unter Eid bezeugen, dass die Besprechungsrunde wirklich nur eine Besprechungsrunde gewesen war.

Besagte Hundedame war übrigens nach dem Spaziergang so fertig, dass sie zu Hause nur noch auf den Teppich plumpste, sofort einschlief und selbst für das Futter keinen Blick übrighatte. Das passiert sonst nie! Das mit dem Futter meine ich. Ist Futter da, muss es sofort gefressen werden, damit kein anderer sich drüber hermacht. Mit zunehmendem Alter hat sich das jedoch gelegt. Jessie ist inzwischen entspannter und traut uns offensichtlich nicht mehr zu, dass wir nur darauf warten, ihr das Hundefutter wegfuttern zu können.

Der Anstandswauwau hatte aber nicht im Mindesten Einfluss auf die Gerüchteküche gehabt. Auch ein menschlicher Anstandswauwau hätte keinen Einfluss auf die Gerüchteküche gehabt. Die Leute tratschen hier einfach zu gerne. Jedenfalls schien die ganze Insel zeitweilig davon überzeugt zu sein, der Bürgermeister hätte was mit der Pastorin. Der Bürgermeister nahm die Angelegenheit zum Glück mit Humor und meinte später augenzwinkernd zu mir: «Wenn wir schon ein Verhältnis miteinander haben, dann können wir uns auch duzen, oder?» Und, was soll ich sagen: Seitdem sind wir per du.

Nur fürs Protokoll: Der Bürgermeister hat *kein* Verhältnis mit der Pastorin. Hatte nicht, hat nicht und wird auch nicht haben. Jedenfalls nicht *dieser* Bürgermeister mit *dieser* Pastorin! So, das musste noch mal klargestellt werden.

Am Anfang habe ich die Lästerfreude der Insulanerinnen und Insulaner der Tatsache zugeschoben, dass Helgoland kein Kino hat und die Menschen hier sich dann mit anderen spannenden Sachen beschäftigen müssen. Inzwischen haben wir aber schon eine ganze Weile ein Kino – und es wird nicht weniger getratscht und gelästert als vorher.

Die Vorräte für den Tratschgenuss scheinen unerschöpflich zu sein, denn auf dieser Insel kriegen alle von allen alles mit. Irgendwie ist das schon in Ordnung, denn so sind der Bürgermeister und ich nicht die Einzigen, die wie unter einem Mikroskop leben. Die ganze Insel ist davon betroffen. Leider ist es nicht so, dass ich etwas davon habe. Informationen fürs fachgerechte Tratschen hätte ich schon. Ich darf's nur leider nicht. Schweigepflicht und so. So muss ich mich denn in Sachen Inseltratsch mit den vielen bunten Geschichten zufriedengeben, die über mich und mein Leben erfunden werden. Dass ich nicht mittratschen darf, macht aber nix, denn sich den Inseltratsch einfach nur anzuhören, ist auch ganz amüsant. Manche Geschichten sind wirklich klasse und gehören eigentlich in ein Buch ...

So erzählte einmal unser Ober-Entensheriff (ein sehr netter

Vertreter der Wasserschutzpolizei auf Helgoland), wie er eines Tages mit dem Schiff vom Festland zurück nach Helgoland gefahren und, sobald er Helgoländer Boden betreten hatte, erstaunt gefragt worden war: «Du lebst?»

Damals war er noch Entensheriff, ohne «Ober-». Der Einfachheit halber kürzen wir das jetzt mal ab, mit ES. Das machen der ES und ich schon eine ganze Weile so, beim Versenden von Nachrichten via Handy. Da will keiner viel tippen. Deshalb die Abkürzungen. Ich habe auch eine: LP. Das steht für «Lieblingspastorin». Schön, oder?

Aber zurück zum Inseltratsch: Auf Helgoland ging tatsächlich das Gerücht rum, unser ES sei während seines Festlandaufenthalts verstorben. Das kam so:

Der ES war zu einem Fortbildungslehrgang aufs Festland gereist, in ziviler Kleidung. Nun fand dort allerdings eine Demonstration der Polizeigewerkschaft statt, zu der die Teilnehmenden in erster Geige, also in Uniform, erscheinen sollten. Der ES hatte nicht damit gerechnet, zu einer so hochoffiziellen Sheriffs-Veranstaltung geschickt zu werden, die ein entsprechendes Outfit vorsah, weshalb er nicht mit passender Kleidung ausgestattet war. Daraufhin bat er, dass man ihm seine Uniform mit dem Schiff rüberschickte. Als diese auf Helgoland am Schiff abgegeben werden sollte, nahm das Verhängnis seinen Lauf:

«Wofür ist das denn?»

«Das ist für Lars.»

«So was zieht man doch nur zur Beerdigung an.»

«Wo ist eigentlich Lars?»

«Stimmt, den habe ich auch schon lange nicht mehr gesehen.»

An diesem Punkt verselbständigte sich das Ganze dann.

Einige Inselbewohnerinnen waren sich sicher: Der einzige Grund, warum eine Uniform ohne seinen Besitzer auf Reisen ging, war der, dass der Eigentümer verstorben war und man ihn nun zwecks Aufbahrung in seine Uniform stecken wollte. Dieses Gerücht hielt sich so hartnäckig auf der Insel, dass man das Ableben des ES nicht mehr anzweifelte. Umso größer war natürlich die Überraschung, als dieser nach Helgoland zurückkehrte und sich dabei auch noch bester Gesundheit erfreute.

Der Inseltratsch beschert einem aber nicht nur spannende Geschichten, sondern bringt die Menschen unter Umständen auch auf gute Ideen. Da war zum Beispiel die Sache mit dem Wanderhemdbügler, die ein großartiges Ereignis in unserem Leben herbeigeführt hat. Aber fangen wir vorne an.

Es gab da diesen netten jungen Mann, der mich bereits nach meiner allerersten Landung auf der Helgoländer Düne ganz freundlich begrüßt hatte. Später stellte sich heraus, dass dieser nette Mensch sich nicht nur um Fluggäste kümmerte, sondern auch Zugführer bei der Helgoländer Feuerwehr war. Aus einer oberflächlichen, wenn auch sympathischen Bekanntschaft wurde Feuerwehrkameradschaft.

In der schweren Zeit, als mein Mann und ich uns gerade getrennt hatten, hatte er mir zur Seite gestanden, mit einem offenen Ohr zum Ausheulen und einer Schulter zum Anlehnen. Und ich ihm, denn auch er hatte gerade eine Trennung hinter sich. Aus einer Feuerwehrkameradschaft wurde so eine enge Freundschaft. Spätestens an diesem Punkt war die Inselgemeinschaft fest davon überzeugt, dass der Zugführer und die Pastorin ein Verhältnis hätten – miteinander, nicht mit dem Bürgermeister.

Und wir beide? Wir nahmen's mit Humor und sagten uns

irgendwann: Warum eigentlich nicht? Wenn sie schon alle der Meinung sind, wir hätten ein Verhältnis, dann sollten wir vielleicht auch eins haben. Machte auch irgendwie Sinn, denn aus einer Freundschaft war tatsächlich Liebe geworden.

Hier ist mit der Geschichte aber noch nicht Schluss. Der Inseltratsch hatte durchaus noch weiteren Einfluss auf unser Leben.

So verbrachten wir gemeinsam einen wunderbaren Urlaub auf Korsika, wo der Wanderhemdbügler vor jeder Bergtour fleißig sein Wanderhemd bügelte. Das macht er heute noch: vor dem Wandern seine Wanderhemden bügeln. Nun weißt du auch, woher der Wanderhemdbügler seinen Spitznamen hat. Ich bekam während dieses Urlaubs übrigens auch einen verpasst: «Die mit dem Herrn spricht.» Da ich es nicht so mit dem Bügeln habe, musste eben meine berufliche Orientierung herhalten.

Ungefähr eine Woche nach unserer Reise war hier die Gerüchteküche auf Helgoland schon in vollem Gange.

Der Wanderhemdbügler kam eines schönen Tages von der Arbeit nach Hause und fragte mich: «Weißt du, was gerade über die Insel geht?»

«Nein, keine Ahnung. Ist wieder jemand von den Toten auferstanden?»

«Nee, es geht mal wieder um uns.»

«Na, was denn jetzt? Du hast ein Verhältnis mit der Schulleiterin?»

«Nein. Eigentlich ist es ganz süß.»

«Los, sag schon!»

«Es wird behauptet, wir hätten heimlich auf Korsika geheiratet.»

«Ach nein! Wie kommen die denn da drauf!»

«Weiß ich auch nicht.»

«Aber die Idee ist gar nicht so schlecht. Hier auf der Insel groß feiern, kriegen wir eh nicht hin. Wo sollen wir denn Familie und Freunde unterbringen? Außerdem wüsste ich gar nicht, wer uns kirchlich trauen sollte. Kann ich ja schlecht selber machen. Dann doch lieber heimlich im Urlaub. Da ist die Hochzeitsreise gleich mit dabei.»

Am Ende kam es dann auch so: Für unsere Hochzeit haben wir uns einfach vom Acker gemacht. Allerdings nicht nach Korsika, sondern nach Island, weil wir da schon immer mal hinwollten und weil in Island eine kirchliche Trauung rechtsgültig ist. Man muss also nicht auch noch standesamtlich heiraten.

Es war eine wunderschöne Trauung und eine herrliche Hochzeitsreise. Danke, liebe Helgoländer, für die tolle Idee!

Wie man sieht, hat der Inseltratsch einen nicht unerheblichen Einfluss auf unser Leben gehabt. Es soll jetzt aber bloß keiner auf die Idee kommen, zu behaupten, ich sei schwanger! Irgendwann muss ja auch mal Schluss sein.

VON TÜREN UND BADEMÄNTELN

Auch wenn die Insulanerinnen in der Regel über alles tratschen, was sie an Ereignissen zu hören bekommen, verbreitet sich erstaunlicherweise nicht jede Sache wie ein Lauffeuer. Bei einer war ich fast ein bisschen enttäuscht, dass das, was sich da zugetragen hatte, nicht gleich die Runde machte. Dabei ging es doch um so etwas Interessantes wie Bademäntel. Na ja, eigentlich ging es mehr um Türen, aber Bademäntel kamen auch vor, und die eignen sich wirklich gut zum Tratschen!

Aber fangen wir mit den Türen an. Eines schönen Abends wollte ich eine Kirchengemeinderatssitzung mit einem Türengebet (also einem Gebet zum Thema Türen) einleiten. Bevor wir Kirchengemeinderatsmitglieder uns in den arbeitsintensiven Teil der Tagesordnung stürzen, gibt es immer eine kleine Andacht oder einen geistlichen Impuls. An diesem Abend hatte ich dazu den KGR (Abkürzung für Kirchengemeinderat) *vor* die Tür unseres Sitzungsraums gelockt, damit das Türengebet mehr Eindruck hinterlassen konnte, wenn wir anschließend tatsächlich durch eine Tür schritten. Ich habe heute noch den leisen Verdacht, dass ich damit die Ereignisse des darauffolgenden Tages ausgelöst habe, und kann mir gut vorstellen, dass mein alleroberster Boss sich dachte: Du willst Türen? Dann gebe ich dir Türen! Der HERR ist ja bekanntlich schon mal zu Scherzen aufgelegt. Aber vielleicht war doch alles nur irgendwie Zufall.

Der eigentliche Türentag startete jedoch etwa zehn Stunden später, nämlich damit, dass ich aus der Haustür trat, um zu joggen. Nach meiner Runde ums Oberland ging ich durch besagte Tür wieder ins Pastorat, um zu duschen, mich anzuziehen und zu frühstücken. Zum Anziehen und Frühstücken kam ich aber nicht mehr. Nur das Duschen klappte vollständig, das Abtrocknen etwa zur Hälfte. Dann klingelte es an der Wohnungstür.

Die Leute klingeln aus den unterschiedlichsten Gründen und zu den unterschiedlichsten Zeiten an meiner Tür. Da taucht jemand zur besten *Tatort*-Zeit auf und will unbedingt eine Spende loswerden. Oder morgens um halb acht möchte jemand schnell eine Bescheinigung ausgedruckt haben: «Ach, ich war gerade in der Nähe und dachte, ich erledige das gleich mal.» An der Eingangstür zum Pfarramt prangt zwar ein Schild mit der Information «Sprechzeit dienstags, mittwochs und donnerstags von 9:00–11:00 Uhr oder nach Vereinbarung», aber «von 9:00–11:00 Uhr» scheint ein ziemlich dehnbarer Begriff zu sein. «Nach Vereinbarung» scheint ebenfalls ein dehnbarer Begriff zu sein, da Vereinbarungen offensichtlich auch einseitig getroffen werden können.

An diesem ereignisreichen Morgen klingelte es sogar noch vor halb acht an meiner Tür. Ich hatte zuerst unsere Reinigungskraft in Verdacht, bis mir einfiel, dass diese gar nicht so früh zu arbeiten anfängt. Egal. Wenn es so früh klingelte, musste es wohl dringend sein, und ich sollte schnell aufmachen. Noch nicht ganz trocken hinter den Ohren und an anderen Körperstellen, schlüpfte ich schnell in meinen Bademantel, öffnete die Tür (versuchte gleichzeitig mein Herz zu öffnen für das, was da auf mich zukommen würde) – und sah meinen Kollegen im Ruhestand wie ein Häufchen Elend auf einem Stuhl im Pastoratsflur sitzen. Neben dem Kopierer. Im Bademantel.

Mein Kollege im Ruhestand war vor einiger Zeit auf die Insel gezogen, weil er dem Charme Helgolands einfach nicht hatte widerstehen können. Ich selbst kann mich dem Charme des schönen Umstands nicht entziehen, dass ich seitdem einen Berater, Seelsorger, Freund und Gottesdienstvertreter an meiner Seite habe. Obwohl wir uns noch gar nicht lange kennen, mag ich ihn sehr, und deshalb hatte ich auch sofort Angst um ihn, als ich ihn so neben dem Kopierer im Flur sitzen sah.

Als Erstes dachte ich: Oh nein, er ist krank! Oder verletzt! Muss ich ihn ins Krankenhaus bringen?

Laut sagte ich: «Ist alles in Ordnung?»

Er: «Ja. Ich habe mich nur ausgesperrt.»

Ich: «Gott sei Dank! Ich dachte schon, es ist was Schlimmes!»

Auch wenn es dem Ausgesperrten gesundheitlich gutging, war die Situation unangenehm genug. Er konnte schließlich nicht bis in alle Ewigkeit im Bademantel auf der Insel herumlaufen. Aber es gab Hoffnung auf einen zeitnahen Kleidungswechsel, denn es stellte sich heraus, dass es jemanden gab, der einen Zweitschlüssel zu seiner Haustür hatte. Sehr gut! So mussten wir nicht die Feuerwehr rufen und um eine Türöffnung bitten. Wozu sie ja auch nicht da ist.

Alles sah nach einer einfachen Lösung ohne Feuerwehr aus. Wir mussten nur einen Anruf tätigen, und alles wäre wieder in Butter. So begaben sich ein bebademantelter Pastor im Ruhestand und eine bebademantelte amtierende Pastorin in das Amtszimmer dieser Pastorin, um zu telefonieren. Leider war der Zweitschlüsselinhaber nicht zu erreichen. Weil: übers Wochenende aufs Festland gefahren. Mist! Aber zum Glück gab es noch einen Hausverwalter, der ebenfalls helfen konnte. Schon nach dem dritten Freiton meldete er sich, und wir konnten ihm mitteilen, dass ein Bewohner des von ihm zu verwaltenden Hauses, der sich ausgesperrt hatte, gerne wieder seine Wohnung aufsuchen würde. Dieser Bewohner halte sich derzeit aufgrund dringend benötigter Wärmezufuhr (es war Februar und saukalt draußen) im Pastorat bei Frau Hansen auf.

Der Verwalter wollte sich gleich auf den Weg machen, musste aber die lange Strecke vom Unterland zum Pastorat im Oberland auf sich nehmen, was etwas dauern konnte. Wegstrecken auf Helgoland dauern immer lange. Versteht mich jetzt nicht falsch: Das liegt nicht daran, dass die Wege so weit wären. Wir Insulanerinnen sind einfach lange unterwegs, weil wir uns dauernd irgendwo festschnacken. Man begegnet ja zu jeder erdenklichen Tageszeit netten Leuten, mit denen man ein paar freundliche Worte wechseln will. Ich plane zum Beispiel für meine Besuche im Krankenhaus immer eine Dreiviertelstunde «Anfahrtsweg» ein. In normalem Gehtempo auf einem entvölkerten Eiland wäre ich in zehn Minuten da, aber weil diese Insel nicht entvölkert ist, brauche ich eine gute halbe Stunde länger. Und komme trotzdem manchmal noch zu spät.

Ich rechnete also nicht wirklich mit einem prompten Erscheinen des Hausverwalters. Aber das war kein Problem. Im Helgoländer Pfarramt war es warm und trocken. Ich hoffte bei der ganzen Aktion nur, dass niemand durchs Fenster beobachtete, wie ein Pastor im Bademantel und eine Pastorin im Bademantel im Amtszimmer der Pastorin rumgeisterten. Wenn das kein Futter für die Gerüchteküche war!

Mein Kollege meinte dazu nur: «Ich bin ja so froh, dass

ich den Bademantel noch angezogen habe, bevor ich rausgegangen bin, um den Müll wegzubringen. Sonst hätte ich im Schlafanzug vor dir gestanden!»

Was ich nicht weiter schlimm gefunden hätte, außer dass ihm natürlich kalt geworden wäre. Ich selbst gehe auch ab und zu im Schlafanzug vor die Tür – rüber zur Kirche zum Beispiel, um da mal schnell aufzuschließen. Man hatte mich auch schon sehr leicht bekleidet in meinem Amtszimmer am Computer sitzend erwischt. Ich war vom Joggen gekommen und hatte mich gerade von meinen verschwitzten Laufklamotten befreit, als ich plötzlich eine Frage im Kopf hatte, die keinen Aufschub duldete. Weil ich Angst hatte, sie bis nach dem Duschen und Anziehen wieder vergessen zu haben, war ich nur mal schnell rüber in mein Amtszimmer gehuscht. In Unterwäsche. Kann ja keiner ahnen, dass just in diesem Moment jemand etwas von mir will.

Aber wir kommen von der Bademantelgeschichte ab.

Weil ich in der nächsten halben Stunde nicht mit dem Verwalter rechnete, sagte ich: «Ich koche uns jetzt mal einen Kaffee! Komm doch rüber ins Wohnzimmer und mach es dir gemütlich.»

Wir verließen das Amtszimmer der Pastorin und betraten die Dienstwohnung der Pastorin. Ich setzte den Kaffee auf, sagte noch: «Ich ziehe mir nur kurz was an», und verschwand in die obere Etage des Pastorats. Ich konnte gerade noch den Wanderhemdbügler darüber informieren, dass wir Kaffeebesuch hatten (morgens um halb acht!), als es wieder an der Tür klingelte. Das Anziehen konnte ich also vergessen. In der Annahme, dass das schon der Verwalter mit dem Schlüssel sei, rief ich meinem Kollegen von oben zu: «Machst du mal die Tür auf?»

Das tat er auch, sah sich aber einer Dame gegenüber, die ein großes Paket im Arm trug und den fremden Mann im Bademantel völlig verdutzt ansah. Erwartet hatte sie natürlich die Pastorin. Die kam aber gerade erst die Treppe runter – auch im Bademantel. Die gute Frau wirkte ziemlich irritiert, fing sich aber schnell wieder und erklärte, dass sie die Kuchenlieferung für den Seniorenkaffee am Nachmittag dabeihabe, den Kuchen aber nicht abliefern konnte, weil das Gemeindehaus abgeschlossen sei. «Kein Problem», sagte ich, huschte durch die Tür an ihr vorbei, durch den Flur, durch eine weitere Tür nach draußen über den Hof, und schloss Tür Nr. 3 auf, damit der Seniorennachmittagskuchen seinen Weg durch zwei weitere Türen in die Küche des Gemeindehauses finden konnte.

Irgendwann war dann auch der sehnlichst erwartete Hausverwalter da und kümmerte sich darum, dass nun noch eine weitere Tür aufgeschlossen werden konnte, die Haustür meines Kollegen nämlich. Nachdem das geschafft war, waren alle happy. Alle bis auf den Kaffee. Der fand es nämlich gar nicht witzig, dass er komplett ignoriert worden war.

Später am immer noch frühen Morgen, nach der Aussperraktion, kam das Türengebet ein weiteres Mal zum Einsatz. Ich poste nach erfolgreichem Aufschließen der Kirchentür immer ein Morgengebet als Story im Internet. Nachdem wir so viel Interessantes mit den lieben Türen erlebt hatten, fand ich es angemessen, das Thema Tür mit dem Gebet noch einmal aufzugreifen. Was mein oberster Boss kann, das kann ich nämlich auch. Ich dachte: Okay, Chef, du willst Türen? Ich gebe dir Türen! Und so betete ich ein weiteres Mal zum Thema Türen. Man sollte sich allerdings mit Gott nicht auf einen Türenwettstreit einlassen. So einen göttlichen Türenwettstreit kann Mensch nur verlieren. Mein alleroberster Boss musste mir dann im Laufe des Tages auch unbedingt zeigen, dass er noch einen drauflegen konnte.

Ich hatte gerade meinen Joghurt zum Mittagessen vertilgt, als der Pieper ging. Genau wusste ich noch nicht, warum wir alarmiert worden waren, und sprintete so nach Feuerwehrfrauenart einfach erst mal los. Im Gerätehaus der Feuerwehr angekommen und in die Einsatzschutzkleidung gepellt, erfuhr ich dann, warum wir alarmiert worden waren. Die Hilfe der Feuerwehr wurde benötigt … Na? Genau! Um eine *Tür* zu öffnen! Wenigstens musste ich dazu nicht im Bademantel los.

GESTRANDET IM NIRGENDWO

Ich öffnete die Tür zum Abfertigungsgebäude des Helgoländer Flugplatzes auf der Düne, strahlte die Mitarbeiterin der Helgoland AirService GmbH an, die hinter dem Schalter saß, und sagte: «So, bin da.» Einen schönen guten Morgen wünschen musste ich nicht mehr, das hatte ich bereits vorher auf der Dünenfähre erledigt. Der Grund, warum wir nicht gemeinsam am Flugplatz eingetroffen waren, ist der, dass ich es in der Regel vorziehe, vom Anleger aus zu Fuß zu gehen, während die Belegschaft des Flugplatzes gerne das Dünentaxi nimmt.

Die Antwort auf mein «So, bin da» lautete: «Also, vor zehn Uhr geht nix.»

Das ist ein Satz, den ich sehr oft höre, wenn ich am Flugplatz ankomme. Das Einzige, was in diesem Satz variiert, ist die Uhrzeit. Und mit diesem Satz wird, bis auf wenige Ausnahmen, so ziemlich jede (Dienst-)Reise zum Abenteuer, weil man nie weiß, was einen erwartet, sprich: ob im Moment nix geht, ob für eine Weile nix geht oder ob wirklich gar nix mehr geht. Eines dieser Abenteuer erzählt folgende kleine Geschichte, die ich aufgeschrieben habe, als die Ereignisse gerade ihren Lauf nahmen – mitten im Geschehen also:

Ich sitze nicht auf dem Flugplatz auf der Helgoländer Düne, sondern in Österdeichstrich auf dem Festland und hoffe inständig, dass heute noch ein Flieger nach Helgoland geht und mich mitnimmt. Bisher ist noch nix geflogen, denn erst war dicker Nebel auf dem Festland, und nun ist dicker Nebel auf Helgoland. Dann der erste Lichtblick: Die Maschine wird gerade aus dem Hangar geholt. Sie wird vermutlich auch starten, doch ich komme nicht mit, weil dieser erste Flieger schon voll ist. Ich bete, dass der zweite Flug ebenfalls stattfinden kann, denn ich will endlich nach Hause!

Zwei Tage zuvor war ich bei strahlendem Sonnenschein aufs Festland geflogen, zum eintägigen Pastorinnen-Konvent. Um pünktlich dort zu sein, hatte ich schon einen Tag eher anreisen müssen. Am Tag des Konvents musste ich feststellen, dass ich nicht, wie geplant, noch am selben Nachmittag zurück nach Hause kommen würde. Dickster Nebel verhinderte das, denn die Flieger fliegen auf Sicht. Das war die erste Belastungsprobe für meine Nerven, denn ich musste mich entscheiden: Bleibe ich in Büsum, in der Hoffnung, dass am nächsten Tag das Wetter besser ist, oder soll ich auf Nummer sicher gehen und die viereinhalb Stunden Zugfahrt nach Cuxhaven antreten, um am nächsten Tag von dort das Schiff zu nehmen, das mit an Sicherheit grenzender Wahrscheinlichkeit fahren würde? War ja kein Sturm angesagt. Von Büsum aus fuhr zu dieser Zeit kein Schiff, auf das ich hätte ausweichen können. Ich beschloss, das Risiko einzugehen und auf besseres Wetter und einen Flug zu setzen, denn ich hatte weder Lust auf die lange und späte Zugfahrt, noch bin ich komplett seefest, wie du weißt.

Natürlich lag ich die Nacht ab drei Uhr wach in meinem Hotelbett in Büsum und grübelte darüber nach, ob ich auch wirklich die richtige Entscheidung getroffen hatte. Was total sinnlos war, ich weiß, aber manchmal kann ich mein grübelfreudiges Hirn nicht von seinen Grübelfreuden abhalten.

Ich hätte es vielleicht abends nicht zum Grübeln anstacheln sollen, indem ich mich über Zugverbindungen nach Cuxhaven in Kenntnis setzte und mich auf die Suche nach einem finanzierbaren Hotel begab. Jedenfalls fing mein Hirn mitten in der Nacht an auszurechnen, was der Konventbesuch mit einem Umweg über Cuxhaven kosten würde – mit Hinflug, drei Hotelübernachtungen, Mietauto, diversen Taxifahrten und dem Schiff zurück nach Helgoland.

Als ich heute Morgen aufstand und aus dem Fenster sah, sah ich: Nebel. Mir drehte sich der Magen um. Wäre ich doch bloß gestern schon ... Ach, egal! Das war eh abgefrühstückt.

Etwas später verließ ich das Hotel, stieg in das bereits wartende Taxi und bemerkte: kein Nebel mehr! Es klart auf! Juhu! Ich würde heute also doch mit dem Flieger nach Hause kommen!

In Österdeichstrich, am Flugplatz, stieß ich auf die Fluggäste, die ein Ticket für den ersten Flug nach Helgoland gebucht hatten.

Die sind jetzt noch hier. Kein gutes Zeichen. Nebel auf Helgoland.

Ich warte und bange. Wenigstens habe ich nette Gesellschaft, mit der es sich gut die Zeit totschlagen lässt: ein Biologe, der für das Alfred-Wegener-Institut für Polar- und Meeresforschung in Bremerhaven arbeitet und mit dem es sich wunderbar über Gott und die (Unterwasser-)Welt plaudern lässt.

Als die Maschine dann irgendwann doch zum ersten Flug abhebt, keimt das Hoffnungspflänzchen abermals auf. Bis die Nachricht, dass auf Helgoland erneut alles zugezogen ist und der Flieger von dort nicht starten kann, alle Hoffnung zunichtemacht. Zwischendurch Motorengeräusche, die mich fast einen Freudentanz aufführen lassen. Mist, es ist nur ein Moped, das vorbeifährt, und kein landendes Flugzeug.

Um dich nicht total in der Luft hängenzulassen, sei dir mitgeteilt, dass der Flieger nach dieser Odyssee schließlich gegen 14:00 Uhr gen Helgoland flog. Mein alleroberster Boss war vermutlich so genervt von der Flut meiner Stoßgebete, dass er ein Einsehen hatte und Petrus eine Dienstanweisung für gutes Wetter zwischen Österdeichstrich und Helgoland verpasste.

Nicht viel anders erging es mir, als ich wegen eines Arzttermins auf dem Festland war. Amtsarzttermin, um genau zu sein. Die für mich zuständige Amtsärztin befand sich in Elmshorn, das bei Hamburg liegt. Die Terminfindung im Vorfeld war schon unfassbar schwierig gewesen: Wir hatten die amtsärztliche Untersuchung auf zwei Tage aufteilen müssen, weil sie für eine Tagesreise – inklusive An- und Abreise – zu lange gedauert hätte. Zusätzlich hatte die Amtsärztin selbst nur begrenzt Zeit.

Ich reiste über Büsum mit Flieger und Zug an, wollte die Untersuchung Part I hinter mich bringen, dann bei einer Freundin übernachten, am nächsten Tag Untersuchung Part II absolvieren und zu guter Letzt mit Zug und Flugzeug die Rückreise nach Helgoland antreten.

Dazwischen kam: das Wetter.

Als Erstes stellte sich heraus, dass die Amtsärztin doch mehr Zeit hatte als ursprünglich angenommen. Wir konnten alles an einem Tag erledigen und waren sogar so gut in der Zeit, dass ich den letzten Flieger nach Helgoland noch erwischen konnte – plus mit besagter Freundin essen gehen, wenn auch keine Pyjamaparty mehr drin war. Ich war guter Dinge und wollte gerade am Bahnhof die Zugfahrkarte kaufen, als mich ein Anruf der Fluggesellschaft ereilte. Man wisse nicht genau, ob heute noch geflogen werden könne. Und für den nächsten Tag seien die Wetterprognosen noch schlechter und ein Flug nach Helgoland damit noch unwahrscheinlicher.

Solche Aussagen verursachen bei mir jedes Mal seelischen Stress, denn ich muss ad hoc eine Entscheidung über das weitere Prozedere treffen. In diesem Fall stellte mein Hirn folgende (bekannte) Überlegungen an: Auf gut Glück nach Büsum fahren und riskieren, dass ich da weder an diesem noch am nächsten Tag wegkomme? Auch Schiffe fuhren von dort aus mal wieder nicht, denn es war Winter. Im Winter kommt man per Schiff nur von Cuxhaven aus nach Helgoland. Oder sollte ich mich gleich nach Cuxhaven aufmachen, um am nächsten Tag das Schiff nehmen zu können? In der Vergangenheit hatte man mir von Seiten der reiseerfahrenen Inselbevölkerung schon öfter nahegelegt: «Willst du sicher reisen, nimm das Schiff aus Eisen.» Ich wusste nicht weiter und dachte nur: Himmel hilf!

Plötzlich meinte ich, eine innere Stimme zu hören, die mir riet: Ach, fahr nach Büsum. Das wird schon klappen mit dem Flug! Also marschierte ich zum Schalter der Bahn und kaufte eine Fahrkarte. Kurz danach klingelte erneut mein Handy: die Fluggesellschaft. Man teilte mir mit, die Piloten hätten nun entschieden, heute nicht mehr zu fliegen.

Die Dame am Schalter der Bahn schaute mich entsprechend verdutzt an, als ich wenige Minuten später wieder vor ihr stand und meine Fahrkarte umtauschen wollte. Ich musste ja nun nicht mehr nach Büsum zum Flieger, der nicht flog (wegen Nebel), sondern nach Cuxhaven zum Schiff, das vielleicht auch nicht fahren würde (wegen Sturm). Die Wetter-App auf meinem Handy, die sich mit Wind auszukennen glaubt, teilte mir jedenfalls mit, dass es von dem ziemlich viel geben würde.

Hätte ich vielleicht doch lieber Büsum anpeilen sollen? Nein! Die Entscheidung war gefallen, die Fahrkarte getauscht. Mit meiner Freundin konnte ich immerhin noch kurz einen Kaffee trinken, bevor der Zug nach Cuxhaven abfuhr. Nach einer netten Hotelnacht schipperte mich das Schiff aus Eisen am nächsten Tag zu guter Letzt nach Helgoland. Wo ich auch, bis auf ein ziemlich flaues Gefühl in der Magengegend, wohlbehalten ankam. Halleluja! Ich war wirklich froh, die Insel erreicht zu haben. Man hatte mir schon diverse Horrorgeschichten erzählt: Zwar hätte das Schiff bei Sturm den Weg nach Helgoland geschafft, aber wegen des Seegangs hätte es nicht in den Hafen fahren können. Es hätte dann nach Cuxhaven zurückkehren müssen! Das ist etwas, was ich nie erleben möchte. Ich glaube, in solch einem Fall müsste man mich anketten, damit ich nicht von Bord springe und an Land zu schwimmen versuche, nur um dem schaukelnden und übelkeiterregenden Rückweg zu entgehen.

Ein anderes Mal steckte ich auf dem Flugplatz der Insel komplett fest. Im wahrsten Sinn des Wortes: Es ging weder vor noch zurück. Der Flieger flog nicht wegen Nebel. Zurück nach Hause konnte ich auch nicht, weil die Dünenfähre nicht fuhr. Zu niedrig war das Niedrigwasser, da war für die Fähre kein Durchkommen. Vielleicht konnte ich zu Fuß gehen? Okay, das war natürlich nicht mein Ernst. Auch wenn der Wind viel Wasser wegpustet, kann man nicht zu Fuß von der Düne zur Hauptinsel gelangen. Ein solcher Spaziergang kam also nicht in Frage, und ein nervenzerfetzendes Drama nahm seinen Lauf.

Mein Reiseziel war eine Veranstaltung in Hamburg, die

am Vormittag beginnen sollte und an der ich gemeinsam mit zwei Kolleginnen vom Festland teilnehmen wollte. Die beiden waren gleichzeitig meine Mitfahrgelegenheit. Es war kurz vor neun Uhr, und die Maschine, die von Büsum aus kommen sollte, war noch nicht einmal von dort losgeflogen. Es hieß: Der Flieger fliegt um zehn Uhr anstatt um neun. Bei einer Flugzeit von etwa zwanzig Minuten wäre ich gegen zwanzig nach zehn in Österdeichstrich. Ich rief meine Kolleginnen an und schilderte ihnen meine Situation. Sie beschlossen, die Stunde auf der anderen Seite des Meers auf mich zu warten. Doch die Wetterprognosen wurden schlechter, und ich bekam die Info: Im Moment geht gar nichts. Ich telefonierte also wieder mit den Reisegenossinnen auf dem Festland und gab die Hiobsbotschaft weiter. Einstimmiger Beschluss: Es wird nicht mehr auf mich gewartet. Ich versuchte, das Hotel, in dem ich vorhatte zu nächtigen, zu erreichen, um meine Zimmerreservierung zu stornieren. Bevor es dazu kommen konnte, wurde ich unsanft abgewürgt. Vorübergehende Funkstörung.

Dann die Info: Vielleicht ist doch noch ein Flug möglich. Ich rief wieder meine ehemalig zukünftigen Mitreisenden an, diesmal, ohne abgewürgt zu werden, und fragte, ob sie eventuell doch noch länger warten könnten. Nein, das konnten sie leider nicht, denn das wurde definitiv zu spät. Okay, konnte man ja verstehen. Nun war es für mich an der Zeit, alles, aber auch wirklich alles abzusagen. Das nennt man dann «eine Entscheidung treffen».

Die Funkstörung war offensichtlich beendet, und ich konnte auch die Hotelreservierung rückgängig machen – sogar ohne Stornogebühren zahlen zu müssen. Dann hieß es plötzlich: «Der Pilot startet jetzt.» Nicht zu fassen! Mich beschlich kurz das Gefühl, dass es vielleicht doch so sein sollte, dass ich rüberfliege. Aber das war wirklich nur ein ganz kurzer Anfall, denn ich hatte weder einen Plan B, der mich ohne Mitfahrgelegenheit in Hamburg ankommen ließ, bevor die Veranstaltung zu Ende war, noch wollte ich mich im Hotel blamieren mit der Ansage, dass ich jetzt doch gerne einen Schlafplatz hätte. Prompt wurde auch verkündet, dass inzwischen genug Wasser da sei und die Dünenfähre ihren Betrieb wieder aufnehmen könne. Auf nach Hause!

Zwischendurch hatte ich immer mal das Gefühl, dass mich da jemand an alleroberster Stelle total verkaspern wollte. Nicht dass Gott jemals jemanden verkaspern würde. Aber womöglich war Petrus ausnahmsweise mal zu Scherzen aufgelegt, denn der ist ja bekanntlich fürs Wetter zuständig. Vermutlich waren es am Ende aber nur Dinge, die einfach passieren. Zufälle nennt man die. Inzwischen bin ich auf solche Zufälle vorbereitet und packe, wenn ich auf Reisen gehe, den Mantel der Gelassenheit und das gute Nervenkostüm gleich als Erstes ein. Neben Zahnbürste und Wäsche zum Wechseln, auch wenn es sich nur um einen Tagesflug handelt. Man weiß ja nie! Irgendwie bin ich aber der Meinung, dass es gut gewesen wäre, wenn sie uns spätestens im Vikariat beigebracht hätten, übers Wasser zu laufen!

EINKAUFEN IST NICHT
GLEICH EINKAUFEN

Auf einer Insel zu leben, ist ja irgendwie besonders. Aber Insel ist nicht gleich Insel. Da gibt es durchaus Unterschiede. Ich habe schon auf diversen Inseln gelebt und Urlaub gemacht. Und gearbeitet. Auf der Insel Neuguinea sollte ich 1998 einen Eindruck von Missionsarbeit bekommen und für ein knappes halbes Jahr die Frauenarbeit der Evangelisch-Lutherischen Kirche von Papua-Neuguinea kennenlernen. Es gibt im Hochland ein Zentrum für die Aus- und Fortbildung von Frauen, die in der Kirche tätig sind. Da durfte ich mitlaufen und mir ansehen, was die Frauen lernten, um es dann in ihren eigenen Gemeinden weiterzugeben. Das ging von Bibelarbeiten über Ernährung, Medizin, Zusammenleben in Gemeinschaft, Hygiene und Musik bis hin zur Vorbereitung für den jährlich stattfindenden Weltgebetstag der Frauen. Ich konnte sogar an einer nationalen Frauenkonferenz teilnehmen, zu der Tausende Frauen aus ganz Papua-Neuguinea angereist waren. Tja, und wenn da jemand missioniert wurde, dann ich: Ich durfte nämlich erfahren, wie lebendig die Kirche in diesem Land ist und was für vielfältige und bunte Möglichkeiten es gibt, den christlichen Glauben zu leben. Es gibt da übrigens auch vielfältige und bunte Möglichkeiten, Nahrung zu sich zu nehmen. Allerdings konnte man mich nicht missionieren, was den Konsum von Süßkartoffeln angeht, denn die mochte ich gar nicht. Was nicht weiter schlimm war, denn Papua-Neuguinea hat große Mengen von Papaya, Bananen, Passionsfrüchten und allerhand grünem Gemüse zu bieten, die ich oberlecker fand.

In Papua-Neuguinea bekam ich ebenfalls einen Eindruck davon, wie es sich auf Neuguinea lebt: Nicht viel anders als auf dem Festland, denn Neuguinea ist eine sehr große Insel. Und ist eine Insel groß genug, merkt man gar nicht, dass man auf einer Insel ist.

Mein Vikariat machte ich auf der Insel Föhr. Föhr ist deutlich kleiner als Neuguinea. Da merkt man sofort, dass man auf einer Insel ist. Auf Föhr ist es nämlich nicht möglich, eine Stunde lang mit dem Auto in eine Richtung zu fahren, ohne ins Wasser zu fallen. Es sei denn, man fährt im Schneckentempo. Aber auf Föhr gibt es immerhin eine Fähre, die mehrmals am Tag die Insel mit dem Festland verbindet.

Mit Helgoland ist das noch mal anders. Helgoland ist deutlich kleiner als Föhr, und man ist sich eigentlich von jedem Punkt aus bewusst, dass man auf einer Insel ist. Wer sich auf den Pinneberg stellt (ja, wir haben einen Berg auf Helgoland, 61,3 Meter hoch, sogar mit Gipfelkreuz!), sieht in jeder Himmelsrichtung Wasser. Viel Wasser! Von Helgoland aus gibt es auch keine mehrfach tägliche Verbindung mit dem Festland. Die Schiffe fahren einmal am Tag. Im Winter nicht mal das, weil die Schiffe mittwochs und samstags im Helgoländer Hafen liegen bleiben, damit die Grünkohlfahrer abends an Bord Grünkohl essen können.

Als «Grünkohlfahrer» werden hier die Besucher unserer Insel bezeichnet, die ein besonderes Paket für ihre Reise nach Helgoland gebucht haben. Das Paket beinhaltet die Hin- und Rückfahrt, eine Hotelübernachtung auf Helgoland und ein

Grünkohlessen an Bord des Schiffs. Die Fahrten sind sehr beliebt, denn der Grünkohl samt leckerer Beilagen wie Kasseler, Schweinebacke oder einer geräucherten Grützwurst namens Pinkel werden nicht nur in Norddeutschland hoch verehrt.

Im Winter kommt man also mittwochs und samstags wegen der Grünkohlfahrten mit dem Schiff nicht weg (da bleibt nur das Flugzeug). Im Winter passiert es auch häufig, dass das Schiff Helgoland gar nicht erst anläuft, weil Sturm ist. Das betrifft sowohl das Passagierschiff als auch den Frachter, der die Insel mit allen möglichen Dingen versorgt. Mit Milch zum Beispiel. Ich habe es tatsächlich in einem Jahr erlebt, dass das Wetter über lange Zeit so schlecht war, dass ich kurz vor Weihnachten den letzten Liter frische Milch in unserem kleinen Kaufmannsladen erstand. Die nächste frische Milch gab es erst wieder im neuen Jahr. Zum Glück hatte ich vorgesorgt. Ich höre ja manchmal auf die Ratschläge der alteingesessenen Insulanerinnen. Die hatten mir empfohlen, im Keller haltbare Lebensmittel zu bunkern. So konnte ich zwischenzeitlich auf H-Milch umsteigen. Auch ein Gefrierschrank oder eine Gefriertruhe ist ein unbedingtes Muss auf der Insel, um für frachterlose Zeiten gerüstet zu sein.

Na ja, und selbst wenn es denn frische Ware gibt, gibt es noch lange nicht die ganze Palette an Artikeln. Hier ist ja alles sehr klein. Auch die beiden Supermärkte sind klein. Logisch, dass da keine Riesenauswahl von Produkten reinpasst. Das bedeutete, dass ich mein Einkaufsverhalten komplett umstellen musste. Früher, zu Festlandzeiten, hatte ich mir überlegt, was ich gerne essen würde, und dann kaufte ich die Zutaten dafür ein. Auf Helgoland machte ich das anfangs genauso. Ich überlegte mir, was es zu essen geben sollte, schrieb meinen Einkaufszettel und marschierte los. Hatte ich Lust auf ein chinesisches Wok-Gericht, standen auf meinem Einkaufszettel folgende Zutaten: Rindfleisch, Zuckerschoten, Möhren, Zwiebeln, Sojasoße, Bambus, Morcheln und Reis.

Wo die Möhren zu finden waren, wusste ich inzwischen: hinter dem Haus in einer Art Garage. Natürlich ist es keine Garage, weil der Helgolandbewohner an sich kein Auto hat und somit auch keine Garage braucht. In meiner Anfangszeit auf der Insel hatte ich gedacht, der kleine Supermarkt auf dem Oberland habe gar kein frisches Obst und Gemüse, weil ich von dieser Garage, die keine Garage ist, nichts wusste. Irgendwann traute ich mich aber mal zu fragen – und wurde einmal um den Laden herum nach hinten geführt. Und siehe da: Vor mir prangten Äpfel, Birnen, Zwiebeln, Porree, Möhren, Kiwi, Salat und noch viele andere schöne Sachen. Wenn auch in kleiner Auswahl. (Hatte ich schon erwähnt, dass auf Helgoland alles klein ist?)

Ich wusste also, wo die Möhren zum Verkauf angeboten wurden. Auch die Zwiebeln und Zuckerschoten erwartete ich in der Frischegarage vorzufinden. Zwiebeln waren da, aber leider keine Zuckerschoten. Mist! Na ja, auf die konnte ich notfalls verzichten. Dann mussten eben Paprika als Ersatz herhalten. Ich konnte ja die grünen nehmen, dann fiel die leichte Abwandlung vielleicht gar nicht auf.

Mit meinen frischen Produkten im Körbchen betrat ich den Laden, um mich mit den restlichen Zutaten zu versorgen. Es gibt in dem Geschäft eine internationale Abteilung auf einem Regal über der Kühltruhe, in der eingelegte italienische Tomaten und Oliven zu finden sind und ein paar asiatische Produkte. Leider beinhaltete das asiatische Sortiment keine Sojasoße. Wieder Mist. Auf meine Nachfrage hin erfuhr ich, dass die Sojasoße leider ausverkauft sei. Sie sei aber bestellt und würde in ein paar Tagen mit dem Frachter kommen. Das war ein Problem, denn das chinesische Wok-Gericht sollte es nicht erst in ein paar Tagen geben. Aber es gab noch einen Rest in der Flasche im heimischen Schrank.

Ich machte mit den Pilzen weiter: Morcheln waren auch nicht im Angebot. Aber statt Morcheln ließen sich Champignons verwenden, und die waren in ausreichender Menge vorhanden. Sogar frische, wie ich in der Frischegarage gesehen hatte. Ich tigerte also noch mal nach draußen hinter den Laden und deckte mich mit Champignons ein. Als Nächstes ging ich auf die Jagd nach Rindfleisch. Die Art von Rindfleisch, die ich haben wollte, war ebenfalls nicht vorhanden. Rindfleisch gab es nur in Kombination mit Schweinefleisch, als gemischtes Hack. Hier verließen mich meine klugen Ersatzideen, und ich gab auf. Nach den Bambusstreifen suchte ich schon gar nicht mehr. Stattdessen wanderte ich noch einmal in die Frischegarage, deckte mich mit dem Gemüse ein, das da war, und kreierte daraus ein Ratatouille à la Helgoland. Dazu gab es Bratwurst, weil davon im Laden reichlich vorhanden war.

Ich musste einsehen: Mein Festlandsystem funktionierte auf der Insel nicht. Aber ich hatte ordentlich Mühe, mich auf die örtlichen Gegebenheiten einzustellen. Schließlich war es noch nicht so lange her, dass ich in nicht allzu großer Entfernung eines Walmart-Supercenters wohnte, das vierundzwanzig Stunden am Tag geöffnet hatte und in dem ich selbstverständlich alle Zutaten für mein Wok-Gericht bekommen hätte. Auch nachts um drei.

Nur Glühwein konnte ich in fünf Jahren USA nicht auftreiben. Glühfix (ein Import aus Österreich) stöberte ich irgendwann mal auf dem Chicagoer Weihnachtsmarkt auf und bezahlte zwölf Dollar für einen Sechserpack, weshalb ich dazu überging, meinen Glühwein in der Advents- und Weihnachtszeit selbst zu machen: mit Rotwein, Nelken, Orangen und Zimt. Die einzige Hürde, die es dabei zu bewältigen gab, war, herauszufinden, womit Nelken wohl in einem US-amerikanischen Gewürzregal beschriftet sind. Ich hatte natürlich vorher nicht im Wörterbuch nachgesehen und konnte die Nelken deshalb nicht auf Anhieb finden.

Auch sonst boten die Läden in Detroits Umgebung alles, was das Herz begehrte. Sogar viele Dinge, von denen ich noch gar nicht wusste, dass ich sie haben wollte. Oder ich wusste, dass ich sie nicht haben wollte, und bekam sie trotzdem mitgeliefert. «Buy one, get one free» ist ja so typisch amerikanisch. Ich wiederum war so typisch deutsch und wollte immer nur ein Teil und kein zweites umsonst dazu. Deshalb hatte ich schon heftige Debatten mit Kassiererinnen gehabt, weil ich einfach nicht scharf auf «get one free» war.

Kassiererin: «Guten Tag. Darf ich Ihnen das abnehmen?»

Ich: «Ja, gerne.»

Die Kassiererin scannte den Artikel ein.

Kassiererin: «Ach, da haben wir doch gerade diese Sonderaktion. Haben Sie das Schild nicht gesehen: ‹Buy one, get one free›? Sie bekommen einen zweiten Pullover umsonst mit dazu.»

Ich: «Ja, ich habe das Schild gesehen. Ich möchte aber nur einen Pullover kaufen.»

Kassiererin: «Aber den zweiten Pullover gibt es umsonst.»

Ich: «Ich brauche aber nur einen Pullover.»

Kassiererin: «Manchmal ist es doch ganz praktisch, noch einen zweiten zu haben. Vielleicht in einer anderen Farbe?»

Ich: «Ich habe genau die Farbe, die ich wollte.»

Kassiererin: «Na, dann nehmen Sie noch einen in derselben Farbe. Dann haben Sie gleich Ersatz, wenn der eine mal in die Wäsche muss.»

Ich: «Ach, ein Pulli reicht mir völlig.»

Kassiererin: «Aber es gibt zwei für denselben Preis.»

(Die Leute in der Schlange hinter mir wurden langsam ungeduldig.)

Ich: «Na, dann geben Sie mir doch diesen hier zum halben Preis.»

Kassiererin: «Nein, das kann ich leider nicht machen. Aber warum schauen Sie nicht noch mal, ob Sie nicht doch einen zweiten Pullover finden, der Ihnen gefällt.»

Ich kam hier nicht weiter. Also marschierte ich zum Grabbeltisch mit den besagten Kleidungsstücken und der Sonderaktion und wühlte mich durch eine ganze Ladung Pullover, nur um festzustellen, dass mir die anderen Farben wirklich nicht gefielen und es den Pulli, den ich schon hatte, nicht noch ein weiteres Mal in meiner Größe gab. Also griff ich mir eine andere Größe.

An der Kasse wurde ich mit einem Lächeln empfangen, das zu sagen schien: Na, sehen Sie. Geht doch!

Was ich mit einem Pulli anfangen sollte, der mir nicht passte, würde ich mir später überlegen.

Das einzige Mal, dass ich in den USA tatsächlich leere Regale vorfand, war nach einer vom Wetterdienst herausgegebenen Blizzard-Warnung. Ich hatte schon mitgekriegt, dass man bei bevorstehendem Schneesturm seine Autos nicht am Straßenrand parken sollte, weil Räumfahrzeuge sonst nicht durchkämen beziehungsweise die Autos unter geräumtem Schnee begraben würden. Was ich nicht draufhatte, war das Hamstern für Fortgeschrittene.

Es war Sonntag, ich war gerade aus der Kirche gekommen und freute mich auf mein gemütliches Pastorinnen-Wochenende, als ich meinen Nachbarn von schräg gegenüber traf:

Ich: «Hallo Jim! Wie geht's dir?» (Typisch amerikanische Floskel, die aber zu Beginn eines Gesprächs unter gar keinen Umständen fehlen darf. Ich glaube, man riskiert bei Unterlassung tatsächlich eine Runde Fegefeuer.)

Jim: «Gut, danke. Und wie geht es dir?»

Ich: «Auch gut. Ein bisschen kalt, aber ich hätte mich ja auch wärmer anziehen können.»

Jim: «Du solltest dich richtig dick anziehen. Hier geht heute Abend ein Blizzard durch.»

Ich: «Ja, ich habe die Unwetterwarnung vorhin schon im Radio gehört. Dann parke ich wohl besser mal mein Auto um. Weißt du, wo der nächste ausgewiesene Not-Parkplatz ist?»

Jim: «Der ist beim Rathaus. Da wirst du auf dem Nachhauseweg weit laufen müssen. Aber frag doch mal bei der Baptistenkirche hier um die Ecke nach. Die haben einen großen Parkplatz. Vielleicht kannst du dein Auto dort hinstellen.»

Ich: «Gute Idee! Werde ich tun.»

Jim: «Und ich hoffe, du hast genügend Lebensmittel im Haus. Es könnte gut sein, dass wir einschneien.»

Ich: «Nein, viel habe ich nicht da, aber ich wollte sowieso nachher noch einkaufen gehen.»

Jim: «Ich würde lieber gleich losfahren. Vorhin habe ich gehört, dass man im Baumarkt keine Notstromgeneratoren mehr kriegt. Ausverkauft.»

Am Ende stand ich vor total leer geräumten Regalen. So was hatte ich noch nie gesehen! So was hätte ich im Leben auch nicht erwartet! Den ersten Laden, den ich aufsuchte, war der Aldi in meinem Wohnort. Ja, sogar in den USA gibt es Aldi! Es ist das gleiche System wie in Deutschland, nur mit amerikanischen Produkten. Der Aldi hatte an dem Tag allerdings weder amerikanische Produkte noch andere. Er war ausgeräumt. Okay, es gab noch Wäschekörbe, Duschvorhänge, Badewannenvorleger, Handtücher und Armaturen aus der letzten Sonderaktion, aber die halfen niemandem, einen Blizzard zu überstehen. Ich musste also mein Glück woanders versuchen.

Das Glück war mir nicht hold. Das Walmart-Supercenter hatte nur noch frische Lebensmittel in geringen Mengen, Dosenfutter, und andere haltbare Nahrung gab es nicht mehr. Selbst das Katzenfutter war ausverkauft. Ich raffte alles zusammen, was während der nächsten Tage irgendwie verhindern konnte, dass ich verhungerte. Zu diesem Zweck klapperte ich noch diverse Supermärkte ab, und konnte am Ende nur hoffen, dass ich nicht einschneien und den Hungertod sterben würde.

Am nächsten Tag stellte sich übrigens heraus, dass die Hamsterei völlig unnötig gewesen war. Wir waren zwar eingeschneit, aber nur für ein paar Stunden, bis die Räumfahrzeuge aktiv wurden. Am nächsten Morgen, als ich aufstand und aus dem Fenster sah, stellte ich fest, dass ich längst ausgebuddelt war.

Allerdings hatte ich durchaus meine Lektion gelernt und steuerte bei der nächsten Blizzard-Warnung *sofort* einen Supermarkt an. «Better safe than sorry.» Was so viel heißt wie: «Sicher ist sicher.»

«IST DEIN TANNENBAUM SCHON DA?»

Das Motto «Better safe than sorry» ist auch auf Tannenbäume anzuwenden. Auch hier musste ich meine Lektion mühsam erlernen, um zukünftige Katastrophen zu vermeiden. Ja, Katastrophen! Ich finde, ein Weihnachten ohne Weihnachtsbaum verdient durchaus die Bezeichnung Katastrophe.

Meine Lehrstunde begann, als ich gerade die Pfarrstelle im kleinen Ort Hartland in Michigan angetreten hatte. Mein damaliger Mann und ich hatten einen Gutschein von einem sehr lieben Ehepaar aus meiner Kirchengemeinde erhalten: für einen echten Tannenbaum. Zum Selberschlagen auf einer Tannenbaum-Farm! Voll cool!

Dan und Ruth hatten gemeint: «Das ist euer erstes Weihnachten hier bei uns, und ihr seid so weit weg von eurer Familie. Da dachten wir, wir schenken euch einen echten Tannenbaum, so wie in Deutschland üblich. Nicht so ein Plastikding, das viele von uns aufstellen.»

Ich: «Das ist aber total lieb von euch! Das wäre wirklich nicht nötig gewesen!»

Dan: «Ach was, das machen wir doch gerne.»

Ruth: «Wir wollen nur unseren Teil dazu beitragen, dass es ein schönes Weihnachten für euch wird.»

Ich: «Na, mit dem Tannenbaum wird es das bestimmt! Das

erinnert mich an meine Kindheit, als ich mit meiner Mutter losgezogen bin, um den Weihnachtsbaum zu holen. Den haben wir auch immer selber geschlagen.»

Dan zu seiner Frau: «Na, Ruthie, dann haben wir ja alles richtig gemacht.»

Die beiden hatten tatsächlich alles richtig gemacht. Das deutsche Ehepaar, das sich mit den amerikanischen Gepflogenheiten noch nicht auskannte, machte allerdings erst mal alles falsch.

So wie wir es aus unserer Heimat gewohnt waren, begannen wir uns so ab dem 20. Dezember zu überlegen, wann wir denn unseren Tannenbaum holen wollten. Der 23. Dezember war schlecht, denn da hatte ich alle Hände voll zu tun mit den letzten Vorbereitungen für die Weihnachtsgottesdienste. Wir beschlossen, den Baum am 22. Dezember gleich vormittags zu schlagen, so blieb uns noch ausreichend Zeit, um ihn in Ruhe zu schmücken.

Der Wegbeschreibung von Ruth und Dan folgend, fuhren wir auf verschneiten Landstraßen zur Farm, die ein wenig versteckt lag. Zweimal verfehlten wir sie. Erst beim dritten Mal entdeckte ich die Einfahrt mit dem Schlagbaum. Der war unten und versperrte den Weg. Ich stieg aus, um zu sehen, ob er sich anheben ließ. Dabei entdeckte ich ein Schild, auf dem es hieß: «Tree farm – we are closed for the season.» Zu deutsch: «Baumfarm – wir haben für die Saison geschlossen.» Mein Hirn konnte die Information nur schwer verarbeiten. Was sollte das heißen? Hätten sie die ganze Wintersaison zu gehabt – wie waren denn Ruth und Dan an den Gutschein gekommen? Schließlich dämmerte es mir: Die Weihnachtsbaumsaison war für diesen Betrieb bereits vorbei! Aber wie konnte das sein? Es waren doch noch zwei Tage bis Weihnachten!

Ratlos standen wir vor dem Schlagbaum und überlegten, was wir tun sollten. Einen Tannenbaum würden wir hier jedenfalls nicht mehr schlagen können. Was sollten wir Dan und Ruth sagen? Sollten wir woanders einen Baum holen und so tun, als hätten wir ihn hier erstanden? Ich entschied, dass das nicht die Lösung sein konnte. Wir fuhren zunächst zurück nach Hause, dann rief ich bei Ruth und Dan an.

«Hello?», meldete sich Ruth

«Hallo Ruth, ich bin's, Pamela.»

«Hi Pam! Wie geht es dir?»

«Danke, gut. Nein, eigentlich geht es mir gar nicht gut. Wir wollten vorhin unseren Tannenbaum holen, aber die Farm hat schon für diese Saison geschlossen. Es tut mir so leid, weil ihr doch den Gutschein bezahlt habt.»

Ruth wusste, was Sache war: «Heute ist ja auch schon der 22. Dezember. Da haben die nicht mehr auf.»

«Aber wieso? Heiligabend ist doch erst übermorgen!»

«Genau deshalb haben hier alle Leute längst ihre Weihnachtsbäume aufgestellt.»

«Wie, schon so früh?»

«Klar. Die meisten haben schon zu Thanksgiving den Weihnachtsbaum gekauft. Spätestens aber zum ersten Advent.»

«In Deutschland stellen die Leute ihre Weihnachtsbäume erst kurz vor Heiligabend in die Wohnung», erklärte ich, «so hält der Baum dann auch problemlos bis zum Dreikönigstag am 6. Januar, ohne zu sehr zu nadeln.»

«Wir entsorgen unsere Weihnachtsbäume direkt nach Weihnachten», berichtete Ruth.

Ich erwiderte, etwas geknickt: «Na, dann muss ich mich ja auch nicht wundern, dass es am 22. Dezember keine Tannenbäume mehr zu kaufen gibt.»

«Keine Sorge», beruhigte mich Ruth. «Ich werde unsere Freunde von der Tannenbaum-Farm mal anrufen. Vielleicht lässt sich da noch was machen.»

Ruth war tatsächlich erfolgreich. Nach ein paar Minuten rief sie zurück, um mir mitzuteilen, dass die Besitzer extra noch mal für uns aufmachen würden.

Nach dieser Aktion entschieden wir uns allerdings, es in den folgenden Jahren zu Weihnachten gar nicht mehr mit einem echten Tannenbaum zu versuchen, sondern investierten in eine stolze Plastiktanne: «pre-lit», also vorbeleuchtet. Da war die Lichterkette schon drin, und wir ersparten uns damit das nervenaufreibende Bestücken des Baums mit Kerzen, die man nie dort anbringen konnte, wo man sie haben wollte, weil gerade an der Stelle ein Zweig fehlte. Diese vorbeleuchtete Plastiktanne schmückte zu diversen Weihnachtsfesten in den USA unser Wohnzimmer.

Auf Helgoland wollte ich die Tradition des vorbeleuchteten Plastikbaums allerdings nicht fortsetzen. Schließlich war es hier möglich, auch kurz vor Heiligabend noch einen Baum zu erstehen. Dachte ich.

Anfangs bestellte ich den Weihnachtsbaum bei einer Gärtnerei auf dem Festland, weil ich von anderen Möglichkeiten noch nichts wusste. Dabei kam unweigerlich die Frage auf, wann der Baum denn geliefert werden solle. In meinem ersten Jahr auf der Insel sagte ich, noch völlig naiv: «Na, kurz vor Weihnachten.» In dem Jahr ging auch alles gut, und der Baum wurde planmäßig geliefert, aufgestellt und für das Weihnachtsfest geschmückt. Später lief das nicht mehr so glatt. Inzwischen hatte ich herausgefunden, dass es sinnvoll war, den Baum nicht auf den letzten Drücker liefern zu lassen, da es ja immer mal Sturm geben konnte und die Schiffe nicht fuhren. Aber obwohl ich, wie ich dachte, den Liefertermin rechtzeitig angesetzt hatte, wurde es in einem Jahr verdammt eng. Dass ich von diversen Leuten gefragt wurde: «Hey, ist dein Tannenbaum schon da?», war da auch nicht besonders gut für meine Nerven. Mit jedem «Nein, ist er noch nicht» wurde der Knoten in der Magengegend größer.

Zwischenzeitlich hatte ich ordentlich Schweißperlen auf der Stirn, obwohl es im Dezember gar nicht mehr so warm hier ist. Ich hatte echt Panik und wünschte mir sehnlichst die guten alten Zeiten zurück, als ich auf deutschem Festlandboden ansässig war und mit dem Weihnachtsbaumkauf alles wie am Schnürchen lief. Wie schön war es doch, als ich nur losfahren, eine Tanne aussuchen, diese ins Auto laden und wieder nach Hause fahren musste.

Aber das Inselleben hat so seine Tücken.

Irgendwann hatte ich beschlossen, unseren Tannenbaum nicht mehr bei der Gärtnerei auf dem Festland zu bestellen, weil mir der Preis zu hoch war. Ich war der Meinung, dass ich zu wenig Baum bekam und dafür zu viel Geld hinlegen musste – teilweise bedingt durch die hohen Frachtkosten.

Stattdessen hatte ich herausgefunden, dass man Tannenbäume auch bei einem Internetanbieter bestellen konnte, der für die Lieferung normale Versandgebühren berechnete. Preis und Größenangabe waren okay. Der Baum sollte zwischen 1,30 Meter und 1,80 Meter hoch sein. Ich dachte noch: Na, wenn er die 1,80 nicht ganz hat, sondern irgendwo dazwischen liegt, ist das in Ordnung. Was dann allerdings geliefert wurde, war der hässlichste Tannenbaum der Welt! Der beim Auspacken schon gleich die Hälfte seiner Nadeln verlor. Und den ich als Inselbewohnerin mitten in der Nordsee auch nicht mal eben zurückschicken konnte. Es waren nämlich nur noch ein paar Tage bis Weihnachten, und die Weihnachtsbaumkaufwahrscheinlichkeit auf Helgoland lag zu diesem Zeitpunkt schon bei null.

Wir erbarmten uns also des Krüppeltännchens (es konnte ja schließlich nichts dafür), nahmen es bei uns auf und erlaubten ihm sogar einen mehrwöchigen Aufenthalt in unserem Wohnzimmer. Wir gaben unser Bestes, um dieses Tännchen einigermaßen ansehnlich aussehen zu lassen. Der Wanderhemdbügler gab alles in Sachen Heimwerkertätigkeit und zimmerte dem hässlichen Tännchen eine Kiste, auf der es stehen und etwas größer aussehen konnte. Liebevoll und sehr vorsichtig dekorierten wir es mit selbstgebastelten Engeln und goldenen Kugeln und hofften, dass es bei den Verschönerungsversuchen nicht noch den Rest seiner Nadeln verlor.

Trotz allem gelang es uns nicht, aus dem Ding einen ansehnlichen Weihnachtsbaum zu machen. Eine hässliche Tanne bleibt einfach eine hässliche Tanne! Außerdem war sie nicht nur hässlich (ein ganzer Zweig war abgebrochen, und auch sonst wies der Baum diverse Lücken auf), sondern dazu noch viel zu klein. Sie hatte mit Ach und Krach die angegebenen 1,30 Meter geschafft.

Als ich während einer Dienstbesprechung von dem Tannenbaumfiasko berichtete, erntete ich kein Mitleid. Nur verständnislose Blicke. Schließlich wurde ich gefragt: «Warum holst du deinen Weihnachtsbaum denn nicht bei Tony wie wir alle?»

Tony ist auf unserer Insel eine Art Institution in Sachen Tannenbaumverkauf. Eigentlich heißt Tony gar nicht Tony, sondern Rudolf, aber das ist den Tannenbäumen ja egal. Den Tannenbaumkäufern auch. Tony hat jedenfalls einen Laden am Falm gepachtet, vor dem jedes Jahr im Dezember eine Menge Tannenbäume zur Schau gestellt und verkauft werden. Für alle Nicht-Helgoland-Bewanderten: Der Falm ist die Straße beziehungsweise die Kante auf dem Oberland, die über dem Unterland schwebt und von der aus man einen tollen Blick auf das Unterland und die Düne hat. Es sei denn, es ist Nebel.

Ja, wieso holte ich meinen Weihnachtsbaum nicht bei Tony wie alle anderen auch?

Das war in der Tat eine gute Frage. Bisher war es nie nötig gewesen. Dazu kam, dass ich durchaus dem Inseltratsch geglaubt hatte, dass die Tannenbäume, die Tony jedes Jahr auf die Insel schiffen lässt, nicht schön seien und dazu noch überteuert. Eigentlich sollte ich es besser wissen! Manches Gerede stimmt einfach nicht.

Es spricht nicht gerade für mich, dass ich es nach sechs Weihnachtsfesten auf dieser Insel nicht geschafft hatte, der Tony-Variante des Tannenbaumkaufs eine Chance zu geben. Aber das ist wieder so typisch für mich. Ich habe es ja auch während meines Studiums jahrelang nicht geschafft, die Unibibliothek mit meiner Anwesenheit zu beglücken. Wozu auch? Die Bibliothek im Theologischen Institut hatte alles, was ich bis dahin gebraucht hatte. Und was mich dann im elften Semester in die Unibibliothek zog, waren nicht die Bücher, sondern das schlechte Gewissen, dass ich noch nie dort gewesen war.

Aber zurück zum Tannenbaum. Im nächsten Jahr bestand ich darauf, mir die Tannenbäume bei Tony anzusehen. Wenn keiner dabei war, der uns gefiel, konnten wir immer noch einen bestellen. Zeit genug war ja, denn die Tannenbäume bei Tony sollten ab dem 11. Dezember verkauft werden.

Das Ganze verschob sich noch um einen Tag, weil wir mal wieder Sturm hatten, weshalb der Frachter nicht kam, der die Tannenbäume bringen sollte. Das alte Lied. Wir kennen das ja schon mit den Lebensmitteln. Die Post verspätet sich übrigens auch gerne mal, wenn die Schiffe wegen Sturm nicht fahren können. Ich hatte in einem Winter gehört, dass sich in Cuxhaven die Postsäcke stapelten, die die Post für Helgoland enthielten. Es war einfach nicht möglich, sie auf die Insel zu schaffen, weil ständig Sturm war.

Nun war es aber so weit. Am 12. Dezember ab 11:00 Uhr sollte es mit dem Tannenbaumverkauf losgehen. Ich war dazu mit unserer Küsterin so gut wie verabredet. Sie meinte aber, wir müssten keine feste Zeit abmachen. Wir würden uns auch so finden, wir beide wollten ja gegen Mittag los. Und selbstverständlich wollte auch der Wanderhemdbügler mit dabei sein. So ein Tannenbaumkauf ist eine wichtige Angelegenheit und darf in einer Ehe nicht unterschätzt werden. Er war sogar bereit, seine Mittagspause dafür zu opfern.

Als ich dann am Falm vor Tonys Laden ankam, standen da noch keine Tannenbäume. O Schreck! Hatte der Frachter die Bäume etwa nicht gebracht? Doch! Da stand ein Auto mit Anhänger, und auf dem Anhänger war ein Container. Und da waren die heißbegehrten Tannenbäume drin. Mist, Mist, Mist!, dachte ich. Das konnte dauern, bis der Container entladen war. Der Wanderhemdbügler hatte aber nur eine Stunde Mittagspause. Nach Feierabend wiederkommen ging auch nicht, weil *ich* dann noch nicht Feierabend hatte. Es stand der adventliche Lichtergottesdienst mit dem Kindergarten an.

Was tun? Ich machte das, was schon andere potenzielle Tannenbaumkundinnen machten: Ich packte mit an. Die Küsterin kam etwas später dazu und packte auch mit an.

Kurz darauf tauchte der Wanderhemdbügler auf – und packte ebenfalls mit an. Eine Verkäuferin freute sich sehr, dass wir alle mithalfen, die Bäume aus dem Container zu bugsieren und am Falm entlang aufzustellen.

Zwischenzeitlich dachte ich: Das ist richtig schön! Kein Kunde, der rumsteht und zusieht, wie die Verkäufer sich mit den Bäumen abasten, und womöglich noch rummeckert, dass es schon nach elf ist und die Bäume noch nicht zum Verkauf bereitstehen. Stattdessen halfen alle mit. Und dann ärgerte ich mich, dass meine Weihnachtspredigt fast fertig war. Die Tannenbaumaktion wäre gutes Futter für die Predigt an Heiligabend gewesen: Wenn da nicht der Geist der Weihnacht sichtbar wird! Allerdings hatte die Predigt schon ein richtig gutes Thema, und zu lang sollte sie auch nicht werden. Die Leute wollten ja irgendwann wieder nach Hause zu ihren Weihnachtsbäumen.

Als der Container fast leer war, beschlossen wir, mal nach einem Tannenbaum Ausschau zu halten. Ein Blick, ein Griff, und mein Mann hatte den richtigen Baum in der Hand! Ich zückte vorsichtshalber den mitgebrachten Zollstock, um sicherzugehen, dass der Baum die richtige Höhe hatte. Und: Er hatte. Wir befreiten den Tannenbaum aus seinem Netz, um zu sehen, ob neben der Höhe auch der Rest stimmte. Und was soll ich sagen? Der Baum war perfekt! Nachdem wir im Jahr zuvor den hässlichsten Weihnachtsbaum der Welt gehabt hatten, würde in diesem Jahr der schönste Weihnachtsbaum der Welt das Helgoländer Pastorat zieren. (Man soll eben nicht immer alles glauben, was die Leute hier so erzählen!)

FLEXIBILITÄTSTRAINING
FÜR FORTGESCHRITTENE

Die Post kommt mit dem Schiff. Die Lebensmittel kommen mit dem Schiff. Die Tannenbäume kommen mit dem Schiff. Auch Täuflinge und deren Familien kommen mit dem Schiff, wenn sie denn auf dem Festland wohnen, die Feier aber hier stattfinden soll. Wenn Sturm ist, dann kommt die Post nicht. Die Lebensmittel kommen nicht. Die Tannenbäume kommen nicht. Der Täufling und die Angehörigen können auch nicht kommen.

Auf der Insel musste tatsächlich wegen Sturm eine Taufe ausfallen. Die Terminfindung für solche Amtshandlungen ist ohnehin nicht ganz leicht. Selbst wenn die betroffene Familie auf der Insel ansässig ist, sind oft Gäste vom Festland eingeladen, die hierher verfrachtet und untergebracht werden müssen. Das alles gilt es zu berücksichtigen, da muss vorher akribisch geplant werden.

Ich habe allerdings auch schon ein Höchstmaß an Flexibilität erlebt. Es sollte auf der Düne eine Taufe in der Nordsee stattfinden, und es gab eine Familie mit einem kleinen Kind, das die Idee einer Dünentaufe so klasse fand, dass sie sich dieser Outdoor-Amtshandlung relativ spontan anschließen wollte. Eigentlich war die Taufe ihres Kindes zu einem anderen Termin auf dem Festland geplant, aber das wurde kurzerhand und zugunsten der Helgoländer Düne umgeschmissen.

Meistens erfordert eine Taufe oder eine andere Amtshandlung einigen Vorlauf. Wenn die Planung dann steht, fangen alle an, gespannt auf den Wetterbericht zu schauen. In erster Linie, weil niemand möchte, dass irgendwer bei der Anreise seekrank wird. Ich muss gestehen, dass ich mir vorher nie Gedanken um das Wetter im Zusammenhang mit einer Amtshandlung gemacht hatte. Bis das erste Mal etwas schiefging. Und natürlich traf es dann auch gleich meinen armen Kollegen im Ruhestand, der mich an dem Sonntag, an dem im Gottesdienst eine Taufe stattfinden sollte, vertreten würde (und nein: nicht im Bademantel!). Ich musste rüber aufs Festland und konnte deshalb den Gottesdienst samt Taufe nicht selbst übernehmen. Mein Kollege und ich hatten einige Zeit damit verbracht, um alles akribisch (!) vorzubereiten, weil nicht nur Täufling und Familie vom Festland anreisen würden, sondern weil es zudem eine Helgoländer Taufe werden sollte, zu der die Inselkinder das Taufwasser bringen. Mein Kollege musste dazu genauestens instruiert werden.

Als das Taufwochenende anstand, sah alles gut aus: Alle wussten, wann sie wo zu sein hatten. Alle wussten, was sie zu tun hatten. Das Einzige, was nicht gut aussah, war der Wetterbericht. Sturm war angesagt. Aber über den hatte ich mir keinen Kopf gemacht, denn ich wollte fliegen und nicht das Schiff nehmen. Mein Gedanke war nur: Hauptsache kein Nebel.

Gut gelaunt kam ich von meinem Festlandaufenthalt zurück und fragte den Kollegen:

«Na, wie ist es gelaufen mit deiner ersten Helgoländer Taufe?»

«Gar nicht», sagte er.

«Wie, gar nicht?»

«Es gab keine Taufe.»

«Wieso das nicht? Ist jemand krank geworden?»
«Nein. Das Schiff hatte abgesagt. Es war Sturm.»

Ich hatte davon schon gehört, aber ich hatte gar nicht an die Taufgesellschaft gedacht.

«Da hast du dir jetzt so viel Arbeit umsonst gemacht», sagte ich. «Aber du kannst das ja nachholen. Gibt es einen neuen Termin?»

«Noch nicht. Die Familie wollte sich melden.»

Das tat sie auch, aber sie meinte, das Wetter und die damit möglicherweise verbundenen Schwierigkeiten hätten sie dazu gebracht, ihr Kind doch lieber auf dem Festland taufen zu lassen.

Schlimmer ist es natürlich, wenn die geplante Amtshandlung eine Trauerfeier mit Bestattung ist und das Wetter die Durchführung zu verhindern droht. Einen solchen Termin kann man nicht mal eben verschieben. Also, eine Trauerfeier ließe sich schon verschieben, aber die Bestattung nicht.

Man könnte jetzt vermuten, dass auch das Verschieben einer Trauerfeier nicht so ganz ohne ist, aber so etwas kriegen wir hier ziemlich gut hin: per Aushang. Nein, wir sind nicht in der Steinzeit steckengeblieben. Wir nutzen durchaus moderne Kommunikationsmittel wie Telefon und Internet. Aber am besten funktioniert noch immer die Nachrichtenübermittlung, indem die halbe Insel mit Plakaten gepflastert wird. Oder zumindest die Schaukästen. Auf diese Weise lässt sich eine ausfallende Trauerfeier relativ kurzfristig absagen. Mit einer Beisetzung wäre das unter Umständen schwierig, denn das Bestattungsgesetz schreibt einen bestimmten Zeitraum vor, in dem eine Bestattung stattzufinden hat. Wenn also das Wetter zu lange zu schlecht ist, um die Angehörigen anreisen zu lassen, haben wir ein Problem.

Das umgekehrte Fiasko wäre genauso möglich: Die Angehörigen sind schon hier, aber der oder die zu Bestattende noch nicht.

Auf Helgoland haben wir keine Möglichkeit, die Verstorbenen einzuäschern. Dazu müssen sie zunächst aufs Festland. Wenn dann die Beisetzung auf Helgoland erfolgen soll, muss die Urne natürlich wieder auf die Insel. Was sie nicht kann, wenn kein Schiff fährt.

Es ist übrigens ebenfalls von Vorteil, wenn auch die Pastorin zur Trauerfeier und zur Beisetzung anwesend ist. In den USA hätte meine Ortsunkenntnis die Durchführung einer Trauerfeier mit anschließender Beisetzung fast verhindert.

Weil ich spät dran war, düste ich damals recht zügig über die Straßen eines Detroiter Vororts, als ich die Sirene hörte: Wiiuu Wiiuu Wiiuu Wiiuu!!! Da stellten sich mir sofort die Nackenhaare auf. In meinem ersten USA-Jahr hätte mich das noch überhaupt nicht beindruckt. Ich kannte nur unser Martinshorn: Lalü Lala, Lalü Lala, Lalü Lala, und hätte gar nicht reagiert. Da ich aber inzwischen wusste, dass Polizisten und Polizistinnen in der Detroiter Umgebung nicht gerade zimperlich mit den Verkehrsteilnehmerinnen umgehen, hatte ich jedes Mal Manschetten, wenn ich dieses Wiiuu Wiiuu Wiiuu Wiiuu hörte. Ein deutscher Pastorenkollege, der in einer Gemeinde in der Nähe tätig war, hatte mich sogar genauestens instruiert, wie ich mich zu verhalten hätte, sollte mich die Polizei anhalten: «Immer die Hände auf dem Lenkrad lassen, am besten Handflächen nach oben. Auf gar keinen Fall gleich in die Jacke greifen oder ins Handschuhfach, um Führerschein und Fahrzeugpapiere herauszuholen. Da hast du sofort eine Dienstwaffe im Gesicht. Keine hektischen Bewegungen, und alles erst nach Aufforderung tun.»

«Ooookayyyyy ...»

Ich hörte also hinter mir Wiiuu Wiiuu Wiiuu Wiiuu, schaute in den Rückspiegel und sah ein Polizeiauto direkt hinter mir. Das Fahrzeug zog an mir vorbei, setzte sich vor mich, bremste und zwang mich so zum Anhalten. Da wusste ich, dass tatsächlich ich gemeint war.

Dann stand ein Polizist auf der Fahrerseite neben meinem Auto und signalisierte mir, dass ich die Scheibe runterkurbeln sollte. Ich hatte etwas Mühe, meine Hand vom Lenkrad zu lösen, die dieses krampfhaft umklammerte. Wie man sieht, hatte ich das mit «Handflächen nach oben» nicht hingekriegt. War viel zu aufgeregt.

Irgendwann hatte ich die Scheibe unten, und der Polizist sprach mich an:

«Ich würde gern Ihren Führerschein, den Fahrzeugschein und den Versicherungsschein sehen.»

«Das liegt alles im Handschuhfach. Darf ich das aufmachen?»

«Ja, natürlich. Wissen Sie eigentlich, warum ich Sie angehalten habe?»

Ich wollte gerade zugeben, dass ich wohl zu schnell gefahren war, als sein Blick auf meinen Kollarkragen fiel, was ihn ein bisschen irritierte:

«Oh, Reverend ...»

«Officer?»

«Es tut mir sehr leid, dass ich Sie anhalten musste, aber Sie sind deutlich zu schnell gefahren.»

«Ja, ich weiß», sagte ich zerknirscht. «Aber ich bin auf dem Weg zu einer Beerdigung und habe mich verfahren. Ich bin ziemlich spät dran.»

«Wo ist denn die Beerdigung?», fragte der Polizist.

Ich nannte ihm den Friedhof, auf dem die Beisetzung stattfinden sollte.

«Okay, ich bringe Sie hin. Fahren Sie mir einfach nach.»

Dass er eigentlich meine Fahrzeugpapiere kontrollieren und mir einen Strafzettel verpassen wollte, hatte er anscheinend vergessen.

Der Polizist stieg ein, schaltete das Rot-Blau-Licht und die Sirene an. Wiiuu Wiiuu Wiiuu Wiiuu, und los ging's.

Gerade noch rechtzeitig kam ich zur Beisetzung. Und nein: Ich wollte überhaupt nicht wissen, was die Leute sich gedacht haben, als sie die Pastorin mit Polizeieskorte auf die Friedhofskapelle zubrettern sahen.

Ist das Wetter auf Helgoland schlecht, hilft auch keine Polizeieskorte mehr. Zum Glück habe ich es aber bisher immer noch rechtzeitig zu meinen Beerdigungen geschafft. Wegen mir ist noch keine Trauerfeier ausgefallen. Bis jetzt.

Zum Glück ist mir ebenso noch nicht passiert, dass eine Trauerfeier wegen Nichtanreisemöglichkeit der Angehörigen verschoben werden musste oder dass eine Beisetzung ohne die Angehörigen stattgefunden hätte. Oder ohne die Urne. Es kam zwar schon vor, dass alles verflixt knapp und ich total unentspannt war, aber am Ende ging doch immer alles gut aus.

Was allerdings schon in die Hose ging, war die rechtzeitige Anlieferung von Kränzen zu bestimmten Gedenkfeiern.

So spazierte ich denn am Volkstrauertag eine halbe Stunde vor Gottesdienstbeginn in unseren Glockenturm, um die niederzulegenden Kränze in die Kirche zu bringen und die Kranzschleifen aus ihrem Plastiktütengefängnis zu befreien. Werden Kränze geliefert, werden sie von der zuständigen Firma im Glockenturm deponiert. Die Kränze für den Volkstrauertag befanden sich jedoch nicht dort. Na, dann hatte sie wohl schon jemand in die Kirche getragen. In der Kirche fand ich aber nur einen Kranz vor, den von der Bundeswehr. Was fehlte, war der Rathauskranz.

Wenig später betrat unser Bürgermeister die Kirche, und ich fragte ihn:

«Hast du euren Kranz mitgebracht?»

«Nein. Wieso?» Der Bürgermeister sah mich erstaunt an. «Den haben wir doch wie immer in den Glockenturm liefern lassen.»

«Da ist er nicht.»

«Das ist ja komisch. Aber guck mal, da kommt unser Bürgervorsteher. Vielleicht weiß er, wo der Kranz ist.»

Ich fragte den Bürgervorsteher: «Weißt du, wo euer Kranz geblieben ist?»

«Ist er nicht im Glockenturm?»

«Nein.»

«Dann ist er nicht rechtzeitig rübergekommen», meinte der Bürgervorsteher. «Wir hatten Sturm, und die letzten Tage kam kein Schiff.»

«Aber wieso ist der Kranz von der Bundeswehr dann da?», wollte ich wissen.

«Den haben sie letzte Woche selbst mit rübergebracht.» Gemeint waren die hier stationierten Soldaten.

«Was machen wir denn jetzt?», wollte nun der Bürgermeister wissen.

Der Bürgervorsteher: «Da können wir nix machen»

«Nö, da können wir wirklich nix machen», bestätigte ich. «Ich erkläre der Gemeinde einfach, was Sache ist.»

Das hatte ich dann auch getan, mit dem Hinweis, dass der Rathauskranz selbstverständlich an seinen Platz neben der

Gedenktafel kommen würde, sobald er auf der Insel sei. Es hatte sich auch niemand negativ über den fehlenden Rathauskranz geäußert. Das Problem kennen alle hier. Das Wetter ist, wie es ist.

Und weil das Wetter ist, wie es ist, habe ich gelernt, mir möglichst rechtzeitig einen Plan B (und C und D) zu überlegen und gleichzeitig meine Flexibilität zu trainieren.

EINE SEEFAHRT, DIE IST LUSTIG

Helgoland ist ja eine autofreie Insel. Deshalb bin ich auch fast immer zu Fuß unterwegs, vor allem, weil die Wege nicht weit sind. Allerdings erinnere ich mich an eine Begebenheit, bei der ich eine schnelle Transportmöglichkeit zur Kirche gut hätte brauchen können (fast jedenfalls) – zwecks anstehender Trauerfeier, vorzugsweise auch mit Eskorte.

Ich war gerade im Gerätehaus der Feuerwehr auf dem Unterland mit Aufbauarbeiten für das Sommerfest beschäftigt, als mein Handy klingelte. Dran war meine Teamleiterin für «Kirche am Urlaubsort».

«Pamela Hansen», meldete ich mich.

«Hallo, ich bin's», sagte die Teamleiterin.

«Was gibt's? Alles okay bei euch?»

«Na ja, nicht so ganz.»

«Wieso? Was ist denn los?»

«Wir wollten doch um 13:30 Uhr eine Andacht in der Kirche machen.» Es war kurz vor halb zwei.

«Ich weiß.»

«Jetzt sieht es aber so aus, als könnten wir nicht in die Kirche.»

«Wieso das denn nicht?», fragte ich.

«Na, weil du doch um zwei eine Trauerfeier mit anschließender Bestattung hast.»

«Ich habe was?» Mir wurde abwechselnd heiß und kalt.

Kacke, Kacke, Kacke! Hatte ich da etwa einen Termin vergessen? Irgendwie musste ich jetzt ganz schnell rauf aufs Oberland!

Laut sagte ich: «Trauerfeier? Ich weiß von keiner Trauerfeier! Bist du gerade in der Nähe der Kirche?»

«Ich stehe davor», erwiderte die Teamleiterin.

«Guck mal vorsichtig rein, ob da ein Sarg drinsteht. Oder eine Urne. Wenn wir gleich eine Trauerfeier haben, müsste auch unsere Bestatterin da sein.»

Meine Teamleiterin berichtete mir einen Augenblick später: «Kein Sarg, keine Urne. Die Bestatterin ist auch nicht da. Nur ein paar Touris, die sich die Kirche angucken.»

Mir polterte ein Felsbrocken von der Seele. Der war so groß, der musste die ganze Insel erschüttert haben.

«Dann findet bei uns auch keine Trauerfeier statt», erklärte ich. «Wer hat dich denn nach der Trauerfeier gefragt?»

Meine Teamleiterin nannte mir den Namen und berichtete, dass sie eigentlich nur nach einer Bestattung gefragt worden war. Sie hatte angenommen, dass es vorher dann auch eine Trauerfeier geben würde. Ein weiterer Felsbrocken polterte mir von der Seele, denn jetzt wusste ich, was Sache war.

«Ach, dann geht es um die Seebestattung, die nachher stattfinden soll. Eine kirchliche Trauerfeier gibt es aber nicht. Die fahren direkt raus. Vermutlich wusste derjenige das nicht. Jedenfalls ist alles gut. Ihr könnt die Andacht in der Kirche machen. Himmel, hast du mich erschreckt!»

Noch heute passierte es ab und zu, dass jemand Schnappatmung bei mir auslöst mit der Annahme, es würde eine kirchliche Trauerfeier stattfinden, obwohl es sich nur um eine Seebestattung handelt, bei der keine pastorale Begleitung gewünscht ist. Komischerweise frage ich mich in solchen Fällen als Erstes, ob ich einen Termin vergessen habe. Ich weiß nicht, ob es anderen Pastorinnen und Pastoren auch so geht, aber für mich ist das der absolute Albtraum: einen Gottesdienst zu vergessen – egal zu welchem Anlass er stattfindet.

Bei Trauerfeiern mit anschließender Seebestattung ist die Wahrscheinlichkeit jedoch äußerst gering, dass ich den Termin vergessen könnte, weil sich vorher immer der Brückenkapitän bei mir meldet, um wichtige Absprachen zu treffen. Unser Brückenkapitän ist derjenige, der mit einem Börteboot die Urne zu der Stelle rausfährt, wo sie seebestattet werden kann.

Börteboote sind klasse. Sie sind ziemlich robust und haben auf Helgoland Tradition. Ein Börteboot ist aus massivem Eichenholz gemacht, zwischen acht und zehn Metern lang, etwa drei Meter breit, und es hat bummelig einen Tiefgang von einem Meter. Das nur für die Bootsbegeisterten unter euch. Okay, und um ein bisschen mit meinem Börteboot-Wissen anzugeben.

Wenn man mir das hier auf der Insel richtig erzählt hat (ist ja auch immer viel Seemannsgarn dabei), dann sind Börteboote so was wie Schaluppen, bloß ohne Mast und Segel. Wie Schaluppen wurden und werden sie zum Fischen genutzt. Börteboote sollen auch als Rettungsboote gedient haben. Heute kommen sie in erster Linie zum Einsatz, wenn es darum geht, Besucherinnen vom Seebäderschiff zur Insel zu transportieren und wieder zurück, denn nicht alle Schiffe laufen in den Hafen ein. Einige bleiben draußen vor der Insel «auf Reede» liegen, wie es hier heißt, und da es der Spezies Mensch bisher nicht möglich ist, übers Wasser zu laufen (bis auf zwei Ausnahmen, Jesus und Petrus, wobei das bei Petrus ja fast schiefgegangen wäre), werden sie von den Börtebooten transportiert.

Was ich sehr schön finde, ist die Tatsache, dass die Börteboote auch bei Seebestattungen zum Einsatz kommen und jemanden auf seiner allerletzten Reise mitnehmen.

Unser Brückenkapitän ist derjenige, der das Börteboot fährt. Unser Brückenkapitän ist ebenfalls derjenige, den ich ab Windstärke 4 beknie, doch bitte dafür zu sorgen, dass ein Eimer an Bord ist. Für den Fall, dass mir schlecht wird.

Wenn wir also vor solch einer Trauerfeier mit anschließender Seebestattung noch telefonieren, will er als Erstes wissen, ob ich überhaupt mit rausfahre. Und ich will als Erstes wissen, ob er den Eimer an Bord hat. Wenn ich denn mit rausfahre. Ich fahre nämlich nicht immer mit. Bei Windstärke 7 ist Feierabend. Eigentlich. Einmal habe ich mich überreden lassen, auch bei ordentlich Wind und Seegang mitzukommen. Und habe es bitter bereut. Das heißt, mein Magen hat es bitter bereut.

Auf der Hinfahrt war es gerade noch okay. Als wir die Stelle erreichten, wo die Urne der See übergeben werden sollte, bekam ich die ersten Schwierigkeiten. Ich bin ja der Meinung, dass man für so eine wichtige Sache wie das Übergeben der Urne an die See stehen muss. Außerdem bete ich mit den Angehörigen das Vaterunser. Auch da ist es angemessen zu stehen. Was nicht leicht ist, wenn das Boot so schaukelt! Normalerweise reicht es, wenn ich mich breitbeinig wie ein Seebär hinten im Boot aufstellen und mich noch irgendwo anlehnen kann. In diesem Fall war das nicht möglich. So breitbeinig konnte ich gar nicht stehen, wie es nötig gewesen wäre, um mein Umfallen zu verhindern. Also setzte ich mich wieder. Gott würde schon nichts dagegen haben, wenn wir das Vaterunser im Sitzen beteten. Außerdem bin ich fest davon überzeugt, dass Gott es gut mit mir meint und nicht wollen würde, dass ich wegen des Vaterunsers über Bord gehe.

Was ich beim Bootfahren nur schwer ertragen kann, ist das rumdümpeln. Also wenn das Boot keine Fahrt macht. Wenn es keine Fahrt macht, schaukelt es mehr, und die Wahrscheinlichkeit ist größer, dass mir schlecht wird. Wird aber die Urne der See übergeben, noch die eine oder andere Rede gehalten und das Vaterunser gebetet, können wir keine Fahrt machen. Dann müssen wir dümpeln. Und das mag mein Magen gar nicht. Was mein Magen dann auch nicht mehr gut verkraftet, ist das dreimalige Umrunden der Stelle, an der die Urne der See übergeben wurde. Im Grunde ist das ein sehr schönes Ritual (es erinnert mich an die Dreieinigkeit), aber wenn wir das bei zu viel Seegang tun müssen, bin ich froh, wenn es vorbei ist.

Außerdem war ich mir sicher, dass der Wind während der Seebestattung noch zugenommen hatte, es damit mehr Seegang gab und das Börteboot noch mehr schaukelte. Gefühlt waren wir nicht mehr bei 7 Windstärken, sondern bei 10. In Böen 11! Mindestens! Inzwischen war mir richtig schlecht, obwohl wir wieder Fahrt aufgenommen hatten. Geradeaus. Nicht im Kreis.

Mitleid hatte niemand mit mir. Die Angehörigen, die mit im Boot saßen, waren zu sehr mit sich selbst und ihren eigenen Magenproblemen beschäftigt. Und unser superseefester Brückenkapitän ließ die Gelegenheit nicht aus, mir gleich einen beizupulen: «Wir haben noch Zeit. Sollen wir eine Inselrundfahrt machen?»

Ich brachte nur ein mühsames «Seeeeehr witzig!» raus und fing wieder das Beten an. Im Sitzen. War auch nicht das Vaterunser, sondern «nur» ein Stoßgebet, dass diese total unlustige Seefahrt bald ein Ende haben möge.

Unser Brückenkapitän hat es sich übrigens nicht nehmen lassen, irgendwann den Einsatz im Wetter-Glücksspiel zu erhöhen. Er ist immer bei den Trauerfeiern anwesend, wenn es anschließend eine Seebestattung gibt, damit er Urne, Pastorin und sich selbst zur Landungsbrücke oder zum Nordosthafen bringen kann, je nachdem, wo wir ablegen. Vor Beginn einer Trauerfeier wollte ich ihm, wie allen anderen Trauergästen, ein Gesangbuch in die Hand drücken. Er schüttelte nur mit dem Kopf und meinte: «Du weißt doch, dass ich nicht singe. Obwohl: Wenn du bei 9 Windstärken mit rausfährst, singe ich auch.»

Das war echt gemein! Ich wäre geneigt, die Herausforderung anzunehmen, wenn ich nicht jedes Mal, wenn ich seekrank werde, dächte, ich müsste sterben. Und außerdem fährt er bei 9 Windstärken bestimmt selbst nicht mehr raus. Es geht ja schließlich um die Sicherheit der Leute an Bord.

Aber wie dem auch sei, eine Antwort bin ich ihm bis heute schuldig geblieben. Denn nicht jede Seefahrt ist lustig. Schon gar nicht bei Windstärke 9!

Damit jetzt nicht ein total schiefes Bild entsteht, muss ich einräumen, dass es bislang nur wenige Seebestattungen gegeben hat, bei denen mich ein heftiges körperliches Unwohlsein packte. Findet eine Seebestattung bei gutem Wetter statt, was oft genug vorkommt, dann gefällt mir das. Man hat auf der Fahrt noch mal Gelegenheit, an die verstorbene Person zu denken oder mit Angehörigen Erinnerungen zu teilen. Diese Art der Bestattung bietet eine besondere Form, Abschied zu nehmen. Und ja: Manchmal wird eine solche Seefahrt trotz des traurigen Anlasses sogar lustig. Denn schließlich nehmen wir nicht nur Abschied und bestatten, sondern wir feiern auch das Leben eines Menschen.

SCHAFWEGTRIEB

Auf See machen mir zu viel Wind und zu viel Seegang das Leben schwer. An Land beziehungsweise auf der Insel sind es die Schafe, die sich selbst und damit auch mich in Bedrängnis bringen. Immer wieder passiert es, dass ich wegen dieser doofen Schafe nicht rechtzeitig im Büro bin. Das sind ganz gemeine Viecher! Die haben es auf mich abgesehen! Die versuchen, meinen mühsam zusammengebastelten Terminplan durcheinanderzubringen! Das machen die doch mit Absicht!

Eines schönen Tages hatte sich ein Schaf im Drahtzaun am Klippenrandweg verfangen. Das bemerkte ich natürlich gerade dann, als ich auf meiner morgendlichen Hunderunde unterwegs und sowieso schon viel zu spät dran war. Ich (beziehungsweise das Schaf) benötigte Hilfe. Deshalb wollte ich den netten Herrn kontaktieren, der hier für die Pflege der Schafe zuständig war. Dazu musste ich zum Telefonieren wieder nach Hause zurück, denn ich hatte mein Handy nicht mit. Nach erfolgtem Telefonat kehrte ich dann pflichtschuldigst wieder an den Unglücksort zurück, damit der nette Herr auch die Stelle finden konnte, wo das arme Tier feststeckte. Klar, dass deshalb das Kirchenbüro erst einmal geschlossen bleiben musste. Der nette Herr kam aber nicht. Und ich saß da am Klippenrandweg und versuchte, Fräulein Schaf zu beruhigen.

Dass Fräulein Schaf fast durchdrehte, war ja kein Wunder.

Ich wäre auch aus dem Häuschen, wenn ich so mit den Beinen im Draht festhängen würde. Und wenn der Bock noch ständig versuchen würde, mich zu bespringen, weil die Gelegenheit so günstig ist und ich sowieso nicht wegkann. Ich verbrachte meine Bürozeit also mit dem Versuch, Herrn Schaf von seiner gefangenen Geliebten fernzuhalten und gleichzeitig dafür zu sorgen, dass sich Fräulein Schaf nicht noch mehr verhedderte.

Der nette Herr, der auf der Insel die Schafe pflegte, tauchte immer noch nicht auf. Zum Glück ließ sich irgendwann ein anderer netter Herr blicken, der morgens seine Runde übers Oberland drehte, die Mülleimer ausleerte und bei der Gelegenheit auch Zäune flickte. Mit seiner tatkräftigen Unterstützung bekamen wir Fräulein Schaf endlich frei. Und ich war endgültig zu spät dran für meine Bürostunden. Seufz. (So viel zum Thema: «Die Pastorin ist ja nie da.»)

Ein anderes Mal war ich abermals wegen eines Schafs zu spät im Büro. Wieder morgendliche Hunderunde, wieder Schaf in Bedrängnis, wieder kein Handy dabei. (Ich weiß: Manchmal bin ich selbst ein Schaf.) In diesem Fall war es ein Schaf auf dem Schafstalldach. Eigentlich müssten die doch wissen, dass sie *in* den Stall gehören und nicht *obendrauf.* Da stand es jedoch nun und blökte herzzerreißend übers Oberland. Ich wollte schon mein Handy zücken, um meinen Feuerwehrkameraden eine WhatsApp zu schicken mit einem Foto und der Nachricht: «Sagt mir bitte, bitte, dass das von alleine wieder runterkommt!» Ich musste aber, wie gesagt, feststellen, dass ich kein Handy dabeihatte.

Ich war ratlos und fragte mich: Wie kriegen wir die Kuh vom Eis? Beziehungsweise das Schaf vom Dach? Eine Kuh vom Dach holen musste die Feuerwehr hier auch schon, aber das war leider vor meiner Zeit. Sonst hätte ich vielleicht gewusst, wie man das macht, und mich alleine drum kümmern können. Ich entschloss mich jedenfalls, die Hunderunde abzukürzen, das Handy zu holen und noch mal zum Stall zu laufen, um mir die Situation genauer anzusehen. Als ich wieder vor Ort war, war das Schaf nicht mehr auf dem Dach. Es war von alleine runtergekommen. Juhu! Schafe sind zwar doof, aber offensichtlich bessere Kletterer als Kühe. Und ich? Ich kann zwar klettern, bin aber doof genug, ständig mein Handy zu vergessen, wenn Schafe in Not sind.

Berührungsängste mit Tieren habe ich, wie man sieht, nicht. Das muss daran liegen, dass ich in den USA durch eine gute Schule gegangen bin: Ein Murmeltier (oder so was Ähnliches) wohnte unter unserer hinteren Veranda, ein Waschbär plünderte regelmäßig unsere Mülltonne, und Kojoten hörte ich des Nachts im kirchlichen Sommercamp heulen, zu dem wir jedes Jahr mit unseren Jugendlichen fuhren. Beim Kojotengeheul war mir anfangs schon etwas mulmig zumute gewesen, aber später habe ich mich daran gewöhnt, besonders nachdem ich gesehen hatte, wie cool die Jugendlichen mit der Kojoten-Population in der Nachbarschaft umgingen.

Weniger entspannt war ich, wenn es darum ging, in ein verstaubtes Regal zu greifen und so möglicherweise Bekanntschaft mit einer Schwarzen Witwe zu machen. Ich fühlte mich auch nicht besser, nachdem mir gesagt worden war, dass Schwarze Witwen zwar extrem giftig sind, aber ganz selten beißen, weil: total scheu. Was es in Michigan noch gab, waren Klapperschlangen.

Das erfuhr ich während einer Autofahrt mit meinem Kollegen David, bei der wir gerade die in Michigan heimische Tierwelt als Gesprächsthema zu packen hatten.

«Also, besonders einfallsreich waren die Leute ja nicht, als es um die Namensgebung einiger Arten ging», sagte ich.

«Wieso das?», fragte David.

«Na, einen schwarzen Vogel mit roten Flügeln rotflügeligen Schwarzvogel zu nennen, ist nicht besonders kreativ, oder?» (Im Englischen heißt der Vogel tatsächlich Red-winged Blackbird.)

David musste lachen: «Ja, da hast du recht.»

«Aber egal, was für komische Namen sie auch haben mögen, Vögel sind nett. Wovor ich echt Respekt habe, das sind Schlangen. Im letzten Urlaub haben wir einen Rastplatz an der Interstate angefahren, weil ich mal musste. Wir hatten genau vor einem Schild geparkt, auf dem stand: ‹Rattlesnakes have been observed. Please stay on sidewalks.› (‹Klapperschlangen wurden gesichtet. Bitte bleiben Sie auf den Gehwegen.›) Ich traute mich kaum, aus dem Auto auszusteigen und aufs Klo zu gehen. Wie gut, dass es in Michigan keine Klapperschlangen gibt.»

«Doch, gibt es», widersprach David. «Den Michigan Rattler. Aber keine Angst, wenn du von dem gebissen wirst, dann tut es zwar höllisch weh, und es geht dir ein paar Tage lang richtig schlecht, aber du stirbst davon nicht.»

Na super. Das war wirklich beruhigend.

Da machte ich doch lieber Bekanntschaft mit rotflügeligen Schwarzvögeln. Oder Waschbären. Oder Kolibris. Ja, sogar Kolibris konnten wir anlocken. Nicht mit Müll, wie die Waschbären, sondern mit Zuckerwasser und einem roten (!) «Vogelfütterer». Auf Englisch heißt das Ding «bird feeder». Ein Vogelhaus war es nicht, sondern ein Plastikgefäß, das Zuckerwasser in kleinen Mengen an die Kolibris abgab. Rot musste es sein, weil diese Farbe auf Kolibris wie ein Magnet wirkt.

Sagt man. Ich weiß nicht, was die Kolibris am Ende angelockt hat, die rote Farbe oder das Zuckerwasser, aber irgendwas hat sie veranlasst, uns Besuche abzustatten.

Ich muss zu meiner Schande gestehen, dass ich die Kolibris erst gar nicht als solche identifizierte, weil sie so klein sind. Ich dachte wirklich, was sich da am Vogelfütterer tummelte, seien Insekten. Okay, sehr große Insekten, aber zu meiner Verteidigung sei gesagt, dass die Vögelchen nicht größer waren als mein Daumen.

Ich habe jedenfalls eine Menge über Tiere gelernt, als ich noch in den USA weilte. Und im Zuge einer Predigtvorbereitung lernte ich, dass Schafe doof sind. Zumindest behauptete eine Kollegin, mit der ich die Predigt zum Thema «Der gute Hirte» vorbereitete, dass Schafe nicht besonders helle sind.

Was die Helgoländer Schafe betrifft, kann man durchaus zu einer anderen Einsicht gelangen. So doof können unsere Schafe eigentlich gar nicht sein, denn sie treiben sich oft genug auf dem Schulhof herum. Gärtnerisch fachkundig sind sie auch. Zumindest werden sie mit schöner Regelmäßigkeit auf dem Friedhof gesichtet, wo sie sehr akribisch den Pflanzenwuchs zurückstutzen. Besonders rote Tulpen haben es ihnen angetan. Bei so viel Bildungshunger und Fachkompetenz in der Landschaftspflege kann man doch nicht von doofen Schafen sprechen, oder?

Das mit der Vorliebe für rote Blumen stimmt übrigens wirklich! Ich habe das selbst gesehen und würde das auch unter Eid aussagen. Ich habe keine Ahnung, woher die Vorliebe für rote Blumen bei den Schafen kommt. Vielleicht haben Kolibris und Schafe gemeinsame Vorfahren?

Oder vielleicht ist das so wie bei mir und den Paprika. Die Schafe erkennen wie ich an der Farbe, was besser schmeckt.

Ich mag am liebsten die roten Paprika. Gelb geht gerade noch so. Grün gar nicht. Wenn sich die Schafe zum Mittagessen auf unseren Friedhof einladen, ist das dann auch so: Rot ist offensichtlich oberlecker, gelb ist okay, das meiste, was grün ist, wird durch Nichtachtung gestraft.

Ich kam gerade vom Einkaufen zurück, als mir mitgeteilt wurde: «Die Schafe sind schon wieder auf dem Friedhof.»

Na, das ging ja gar nicht! Ich hatte in den Tagen zuvor schon die abgeknabberten Grabbepflanzungen bemerkt und mir gedacht, dass sich unsere inseleigenen Wolleproppen mal wieder den Friedhof als Nahrungsquelle ausgesucht hatten. Aber die Schafe selbst hatte ich nicht zu Gesicht gekriegt. Ich schmiss meinen Einkaufskorb ins Pastorat, bewaffnete mich mit einem Besen und stürmte auf den Friedhof. Tatsächlich, da waren sie. Genüsslich knabberten sie die (roten!) Blumen auf einem der Gräber ab. Na wartet, euch werde ich helfen, dachte ich und setzte zum Angriff an. Das Problem war, dass ich die Schafe dermaßen erschreckt hatte, dass sie zu einem geordneten Rückzug nicht mehr in der Lage waren. Panisch stürzten sie vom Friedhofsgelände, zum Glück, ohne dort noch weiteren Schaden anzurichten. Da der Rückzug aber weiterhin ungeordnet, sogar sehr chaotisch, verlief, verteilten sich die Schafe auf diverse Vorgärten und nahmen dabei nicht wirklich Rücksicht auf Bepflanzung oder etwaige Garten-Deko. Um ehrlich zu sein, hatten diese Schafe ein ziemlich großes Verwüstungspotenzial, das sie auch fröhlich nutzten.

Ich konnte die Tiere natürlich nicht in den Vorgärten lassen, damit sie womöglich auch dort die roten Blumen abfraßen. Von der Deko ganz zu schweigen. Also enterte ich mit meinem Besen die Vorgärten und versuchte, die Schafe da wieder rauszutreiben. Mehr oder weniger erfolgreich. Einige fanden den

Ausgang nicht (Schafe sind doch doof!) und sprangen kurzerhand über den Zaun in den Nachbargarten und damit auf ihre Kumpels drauf, denn auch die Nachbargärten waren von Schafen bevölkert.

Ich habe keine Ahnung, wie es mir letztlich gelungen war, die Schafe aus den Vorgärten und in Richtung ihres Stalls zu treiben. Ich weiß nur noch, dass die Schafe irgendwann weg und Friedhof und umliegende Vorgärten in einem bemitleidenswerten Zustand waren. Wenigstens fand der Schafwegtrieb außerhalb meiner Bürozeiten statt.

SO EIN MÜLL!

In meinem Garten haben die Schafe noch keine Blumen abgefressen. Weder rote noch andersfarbige. Das liegt vermutlich daran, dass die Mauer zu hoch ist. Da kommen die Schafe nicht rüber. Manchmal wünsche ich mir allerdings, dass die Mauer noch höher wäre, denn dann könnten die Touristen ihre Hundekacktüten nicht mehr auf ihr ablegen oder, was noch schlimmer ist, drüberschmeißen. Ich meine, im Ernst jetzt: Mein Garten ist doch kein Mülleimer!

Aber offensichtlich scheint da trotzdem ein sehr großes Verwechslungspotenzial zu bestehen. Manche Leute hätten vielleicht Verständnis: Da hat so ein Helgolandbesucher gerade den Klippenrandweg absolviert, ist überflutet worden mit tollen Eindrücken, und muss dann auch noch die Hinterlassenschaften des eigenen Hundes aufsammeln. Und dabei stellt er fest: «Huch! Hier ist ja gar kein Mülleimer, in dem ich das Tütchen entsorgen kann. Was mache ich da bloß? Auf keinen Fall werde ich die volle Tüte die ganze Zeit mit mir rumschleppen! Ach, da ist ja eine Gartenmauer. Da kann ich sie ja drauflegen.»

Ich habe kein Verständnis! Liebe Hundebesitzerinnen: Geht's noch? Ich meine, ihr würdet es doch auch nicht so toll finden, wenn jemand das bei euch macht, oder?

Ich jedenfalls habe schon mit dem Gedanken gespielt, ein Schild an meiner Gartenmauer anzubringen mit der Aufschrift: «Nächster Mülleimer neben der Telefonzelle gegenüber dem Restaurant Mocca-Stuben. Bitte entsorgen Sie Ihre Hundehaufen dort!» Aber ich habe bereits ein Verbotsschild an der Gartenmauer, auf dem ein durchgestrichener Hund abgebildet ist, der sein Geschäft verrichtet. Dazu die Aufschrift: «Hier nicht! Bitte entsorgen Sie die Haufen Ihres Hundes.» Das Schild prangt an dieser Stelle, weil sich vor der Gartenmauer ein kleines Beet befindet, das immer wieder als Hundeklo missbraucht wird. Das Schild nützt leider nicht viel, denn ich finde nach wie vor Hundehaufen in besagtem Beet. Ich dachte mir, dass es dann auch wenig nützen würde, ein Schild anzubringen, das die Leute mit den Hundekacktüten zum nächsten Mülleimer lotst. Der Mensch an sich ist ja faul.

Ob es auch mit der Faulheit der Leute zu tun hat, dass mein Pastoratsgarten im Frühling immer aussieht wie eine Müllhalde, weiß ich nicht genau. Faulheit ist es sicherlich, wenn Weinflaschen, Bierdosen oder Verpackungen anderer Art einfach über meine Gartenmauer geschmissen werden. Und ja, ich weiß: Nicht aller Müll wird von Menschenhand in meinen Garten befördert. Sturm und Möwen tragen durchaus ihren Teil zur Pastoratsgarten-Verunreinigung bei. Wenn da allerdings ganze Müllsäcke stehen, fein säuberlich zugeknotet und akkurat zwischen Gartenmauer und Baum abgestellt, damit man sie nicht gleich sieht, ist die Wahrscheinlichkeit eher gering, dass das die Möwen waren. Oder der Sturm.

Ich freue mich in jedem Frühjahr wieder über die Narzissen und Tulpen, die meinem Garten ein paar schöne Farbkleckse verleihen. Das motiviert mich dazu, ihn frühlingsfein zu machen, das erste Mal den Rasen zu mähen, die Blumenkübel zu bepflanzen und tote Blätter einzusammeln, die sich so gut in irgendwelchen Ecken versteckt haben, dass der Sturm sie nicht zu packen kriegen konnte. Leider muss ich dann auch an den Müll ran. Und ich weiß nicht, worüber ich mich mehr ärgere: über den «Kleinmüll» wie Bierdosen oder über komplette Müllsäcke. Die Müllsäcke lassen sich immerhin leichter entsorgen. Die muss ich nicht erst mühsam aufklauben. Bei dem Kleinkram bin ich als umweltbewusster Mensch sogar versucht, den Müll zu trennen. Ja, ich weiß, das ist total bescheuert: Da schmeißen Leute ihren Müll in meinen Garten, und ich trenne ihn auch noch für sie.

Das muss daran liegen, dass ich das Mülltrennen irgendwie im Blut habe. Oder ich habe ein Mülltrenn-Gen geerbt. Ich habe das Mülltrennen so sehr verinnerlicht, dass ich in meiner Zeit in den USA schon fast körperliche Schmerzen bei der Müllentsorgung empfand. Da, wo ich wohnte, wurde nämlich nicht getrennt.

Ich erinnere mich, dass ich eines Tages jemanden aus meiner Kirchengemeinde fragte: «Was mach ich denn mit dem Verpackungsmüll und dem Papier?»

Als Antwort bekam ich einen verständnislosen Blick.

Ich erklärte: «Na ja, in Deutschland wird diese Art Müll getrennt entsorgt, damit er recycelt werden kann. Dazu gibt es eigene Mülltonnen oder Müllsäcke für die einzelnen Müllsorten.»

Antwort: «So was machen wir hier nicht. Schmeiß einfach alles in deine Mülltonne. Einmal in der Woche stellst du sie an die Straße, damit sie geleert werden kann.»

Ich wollte wissen: «Und was macht ihr dann mit dem ganzen Müll, wenn ihr nicht recycelt?»

Antwort: «Der endet in einem Landfill. Mit dem Müll werden Senken im Boden aufgefüllt. Natürlich werden die Senken erst mit Plastik ausgekleidet, damit keine giftigen Stoffe ins Grundwasser gelangen. Dann kommt ein Haufen Erde drüber, und anschließend wird ein Wohngebiet drauf gebaut.»

Ich, völlig entsetzt: «Ihr baut Häuser auf Müllkippen? Und Menschen wohnen da?»

Ich erntete nur ein «Ja», kombiniert mit einem müden Schulterzucken.

Obwohl ich zugeben muss, dass mir unser Müllverbrennungssystem in Deutschland auch nicht wirklich zusagt. Aber wenigstens sind wir ganz gut darin, Stoffe wiederzuverwerten – jedenfalls im Vergleich zu den USA. Es tat mir in der Seele weh, als ich meinen Müll dort ungetrennt in den Mülleimer schmeißen musste. Ich freute mir deshalb jedes Mal einen Ast ab, wenn ich irgendwo an einem Ortsschild vorbeifuhr und unter jenem auf einem weiteren Schild lesen durfte: «We recycle!» Es bestand also doch noch Hoffnung für die US-amerikanische Bevölkerung. Zumindest in einigen Orten.

Mein offensichtlich vorhandenes Recycle-Gen bedeutet aber nicht, dass mir die Leute den Müll getrennt in den Garten schmeißen sollen! Eigentlich will ich gar keinen fremden Müll in meinem Garten! Ein weiteres Schild wäre deshalb wohl vonnöten, auf dem steht: «Dies ist der Pastoratsgarten. Die Inselentsorgung befindet sich auf dem Unterland! Bitte, geben Sie *dort* Ihren Müll ab!» Ich habe aber bereits erwähnt, dass das bei mir mit den Schildern nicht wirklich gut funktioniert ...

Wo wir gerade beim Thema Mülltrennung sind: Wahre Meister darin sind die Möwen. Allerdings nicht so, wie wir Menschen es zu Recyclingzwecken tun. Möwen trennen nicht die einzelnen Müllsorten. Außerdem trennen sie in zwei Phasen. Zuerst trennen sie den Müll vom Müllsack. In Phase zwei werden dann die einzelnen Müllteile voneinander getrennt.

Die Mülltrennungsbegeisterung der Möwen wird immer dann geweckt, wenn jemand auf der Insel vergisst, die rausgestellten Müllsäcke, die auf ihre Abholung durch die Inselentsorgung warten, abzudecken. Mülltonnen haben wir hier nicht, dafür haben wir keinen Platz. Außerdem würde der Wind die ausgeleerten Mülltonnen über die halbe Insel pusten. Deshalb machen wir hier alles ohne Mülltonnen. Die Müllsäcke, die Gelben Säcke, die Pappe und das Glas werden frühmorgens am Müllabfuhrtag fein säuberlich vor dem Haus platziert. Am besten die schweren Sachen obendrauf, damit bei zu viel Wind nix wegfliegt. Und: unbedingt abdecken! Viele nutzen dafür alte Bettlaken oder Wolldecken. Ich nehme dafür das hässlichste geerbte Handtuch der Welt, damit die Möwen wirklich einen großen Schreck kriegen und fluchtartig die Gegend verlassen, ohne auch nur auf den Gedanken zu kommen, die Müllsäcke aufzupicken.

Inzwischen habe ich das mit dem Müll ganz gut raus, aber ich habe es auf die harte Tour lernen müssen.

Gut erholt und total entspannt kam ich aus einem Urlaub zurück und lief einer Frau aus meiner Gemeinde über den Weg. Begrüßt wurde ich nicht mit: «Schön, dass du wieder da bist. Wie war dein Urlaub?», sondern mit einem vorwurfsvollen «Wir mussten deinen ganzen Müll aufsammeln! Der war übers halbe Oberland verteilt!».

«Wieso das denn?», fragte ich.

«Da waren wohl die Möwen dran. Die haben die Müllsäcke aufgehackt, und der Wind hat den Rest erledigt. Du hast vergessen, die Müllsäcke abzudecken.»

Ich hatte an meinem Abreisetag ganz artig noch die Müllsäcke vor die Tür gestellt, weil mein Abreisetag gleichzeitig Müllentsorgungstag war. Aber ich hatte bestimmt nicht «vergessen», den Müll abzudecken. Ich wusste gar nicht, dass man den Müll überhaupt abdecken muss! Der Zusammenhang zwischen Möwen und dem Abdecken der Müllsäcke hatte sich mir bis dahin noch nicht erschlossen, deshalb fragte ich etwas begriffsstutzig:

«Wieso muss ich den Müll abdecken?»

«Na, damit die Möwen nicht an die Müllsäcke gehen! Am besten packst du die Müllsäcke richtig gut ein, damit auch die Katzen da nicht rankönnen.»

Es dauerte ein bisschen, bis mir das Ausmaß meines Versäumnisses so richtig bewusst wurde. Nach dem Gespräch gewöhnte ich mir zwar an, meinen Müll einzupacken, aber irgendwann vergaß ich es tatsächlich mal. Da sich die Möwen an Mülltagen auf die Lauer legen, bekamen sie natürlich sofort mit, dass da ein uneingepackter Müllsack vor dem Haus stand, der reiche Beute versprach. Dazu ein unabgedeckter Gelber Sack. Noch mehr reiche Beute!

Später konnte man dann eine lauthals fluchende Pastorin antreffen, die genervt über die Straße kroch und versuchte, die umherfliegenden Müllteile wieder einzufangen. Was ich dabei alles an Kraftausdrücken von mir gab, will ich gar nicht erwähnen. Ich verfluche die Möwen, ich verfluche den Müll, und ich verfluche meine eigene Blödheit. Aber am meisten verfluchte ich den Wind, der mir immer gerade dann den Müll vor der Nase wegwehte, wenn ich zugreifen und ihn in seinen Müllsack zurückbefördern wollte.

Inzwischen hat mir mein Inseldasein eine sehr gute Ausbildung in effektiver Müllsackabdeckung beschert. Was die Möwen natürlich nicht so klasse finden. Ich bilde mir ein, dass sie mir das wirklich übelnehmen. Wie kann es sonst angehen, dass die Anzahl der Möwenschisse rund um das Helgoländer Pastorat so dermaßen zugenommen haben?

DER WIND, DER WIND

Ach ja, der Wind! Der macht es nicht nur schwer, den Müll auf dieser Insel artgerecht zu entsorgen. Der Wind macht auch so einige andere Dinge schwer. Da führe ich mal meine Haare ins Feld. Zum Glück wehen sie nicht weg, denn sie sind an meinem Kopf festgemacht. Trotzdem kann man da schon einige Scherereien haben, denn sie können sich ordentlich verheddern. Wenn das passiert, habe ich unter Umständen im wahrsten Sinne des Wortes «Scherereien», denn wenn ich sie nicht entwirren kann, muss ich den verfilzten Keratinfäden auf meinem Kopf mit der Schere zu Leibe rücken.

Mich fragte mal jemand: «Frau Hansen, man sieht Sie immer nur mit Zopf. Tragen Sie die Haare auch mal offen?»

«Klar trage ich die Haare offen», erwiderte ich. «Bei 3 Windstärken und drunter.»

Da es auf Helgoland relativ selten vorkommt, dass wir «3 Windstärken und drunter» haben, sieht man mich sehr oft mit Zopf. Oder mit anderweitig zusammengeknoteten Haaren. Denn so vermeide ich «Scherereien».

Es ist also ziemlich ungünstig, auf dieser Insel lange Haare offen zu tragen. Ebenfalls ungünstig ist es, auf dieser Insel die Wohnung zu lüften. Dabei fallen nämlich regelmäßig die Bilder von der Wand. Okay, ich neige zur Übertreibung. Es ist ja nicht so, dass ich überhaupt nicht lüften kann. Das geht schon: unter 7 Windstärken! Es geht natürlich auch, wenn der Wind mit mehr als 7 Beaufort weht, aber dazu müssen vorher ein paar Sicherheitsmaßnahmen getroffen werden:

1. Unbedingt die Fensterbänke abräumen!
Oft genug hatte ich Glück, und die Deko auf der Fensterbank wurde *in* das Zimmer geweht. Es ist mir aber auch schon passiert, dass ich irgendwann die Stumpenkerzen auf meinem vierarmigen Kerzenständer vermisste. Na ja, am Anfang habe ich sie nicht vermisst. Ich wunderte mich nur zu Beginn der dunklen Jahreszeit, als ich Kerzen anzünden wollte, dass da keine Kerzen auf dem Kerzenständer waren. Irgendwann wurde es dann wieder Frühling, und es war Zeit, den Pastoratsgarten frühlingsfein zu machen. Als ich gerade in der Birnbaumecke ein paar restliche Blätter zusammenklaubte, fand ich unter dem Laubteppich – drei Stumpenkerzen! Der Birnbaum steht übrigens in der Ecke, in der sich auch das Wohnzimmerfenster befindet, auf dessen Fensterbank der vierarmige Kerzenleuchter sein Dasein fristet. In dieser Ecke herrschen öfter mal widrige Winde, die alles Mögliche an sich reißen. Und nein: Ich kann euch nicht sagen, wo die vierte Kerze geblieben ist. Die hat sich bis heute nicht wieder angefunden.

2. Gardinen festbinden!
Wenn Gardinen dem Wind ausgesetzt sind, fangen sie an zu flattern. Wenn der Wind stärker ist, flattern auch die Gardinen stärker. Wenn der Wind noch stärker wird, flattern die Gardinen so sehr, dass sie schnell mal einreißen. Gut, nicht alle Gardinen nehmen Schaden von zu viel Geflatter. Da ich aber immer noch Billiggardinen aus Zeiten besitze, in denen ich mir keine qualitativ höherwertigen leisten konnte, sind

meine Gardinen durchaus gefährdet. Deshalb: Mit Schnur sichern, damit sie nicht flattern!

3. Hunde festbinden!
Für Besitzerinnen und Besitzer von kleinen Hunderassen empfiehlt es sich, auch die vierbeinigen Hausgenossen zu sichern. Mit einer Leine natürlich, nicht mit einer Schnur. Jessie ist mir zwar beim Lüften noch nicht weggeweht, was auch schwierig werden dürfte mit einer Hundedame, die mehr als dreißig Kilo auf die Waage bringt, aber einen kleinen Jack Russell Terrier hat es durchaus schon erwischt. Der hatte leider nicht das Glück, sich in einem geschlossenen Raum aufzuhalten, sondern war auf einem Spaziergang auf dem Klippenrandweg unterwegs, als ihn eine Windböe packte und in die Nordsee wehte. Der arme Kerl stürzte schlappe vierzig Meter tief. Und überlebte! Irgendwie schaffte er es an den Nordoststrand, krabbelte dort aus dem Wasser und hatte auch schon die halbe Treppe zum Oberland bewältigt, wo er Herrchen und Frauchen vermutete, als ihn schließlich jemand aufgabelte. Gäste hatten morgens die Suchaktion der Feuerwehr mitbekommen und wussten, dass der kleine Kerl vermisst wurde. Sie schnappten sich den Hund und brachten ihn in Sicherheit. Wir alle waren total von den Socken, als über unsere WhatsApp-Gruppe der Feuerwehr die Nachricht kam, dass der Hund lebte. Niemand hatte ernsthaft damit gerechnet, dass er den Sturz überlebt haben könnte. Wie sich herausstellte, hatte er nicht nur überlebt, sondern war auch «nur» mit ein paar Prellungen davongekommen. Nix gebrochen. Jetzt musste er nur noch bei nächster Gelegenheit aufs Festland transportiert werden, um wieder mit seiner Familie vereint zu werden. Das sollte am nächsten Tag per Flugzeug geschehen, aber bis da-

hin brauchte der Hund eine Bleibe. Die Anfrage dazu kam ebenfalls über die WhatsApp-Gruppe der Feuerwehr.

Ich tippte eine Nachricht: «Ich würde ihn ja nehmen, aber ich weiß nicht, ob Jessie sich mit ihm verträgt.»

Unser Wehrführer schrieb daraufhin: «Versuchen!»

Ich: «Okay. Wie komme ich an den Hund? Soll ich ihn irgendwo abholen?»

Wehrführer: «Ich steh schon vor deiner Tür.»

Meine Bedenken, dass die beiden Hunde sich nicht vertragen würden, waren absolut grundlos. Jessie merkte sofort, dass etwas im Busch war, und kümmerte sich total liebevoll um unseren Hausgast. Sie hatte ihn so sehr ins Herz geschlossen, dass sie Wochen später noch gedankenverloren die eine Ecke unseres als Teppich dienenden Kuhfells ableckte, weil das dieselbe Farbe hatte wie das Fell des kleinen Jack Russell. Natürlich ließ ich das Lüften ganz sein, solange wir den «Flughund» bei uns hatten. Der war schließlich schon traumatisiert genug und musste nicht noch mehr Wind abbekommen.

4. Bilder von den Wänden nehmen!

Je nachdem, aus welcher Richtung der Wind ins Zimmer weht, müssen Bilder in Sicherheit gebracht werden. Auch das habe ich, wie so viele andere Dinge, auf die harte Tour lernen müssen. Als ich das erste Mal versuchte, bei Windstärke 8 zu lüften, hatte ich anschließend einen Haufen Glasbruch. Der Wind hatte es geschafft, die Bilder von der Wand zu wehen, was natürlich kein Bilderrahmen mit sich machen lässt, ohne kaputtzugehen. Es sei denn, es handelt sich um einen sehr kostengünstigen Bilderrahmen eines schwedischen Einrichtungshauses, der nur aus Holz und Plastik besteht und zudem sehr klein und leicht ist. Solche Bilderrahmen gehen nicht so schnell kaputt. Allerdings können die vom Wind auch leichter von der Wand montiert und in gefährliche Wurfgeschosse verwandelt werden. Nach einer Lüftaktion fand ich einen dieser leichten Holz-/Plastikrahmen in direkter Nachbarschaft einer Glasschale – am anderen Ende des Zimmers! Zum Glück war das Bild *neben* und nicht *auf* der Glasschale gelandet.

Den Wind muss man hier also immer auf dem Schirm haben. Der gehört zum Inselleben einfach mit dazu. Aber ich beschwere mich nicht. Ich kann am Wetter sowieso nichts ändern, und auch anderswo gibt es Wetter, das einem ordentlich zusetzen kann.

In Michigan war es die Eiseskälte im Winter, die mich manchmal herausgefordert hat. Da hatten wir locker bis zu minus zwanzig Grad Celsius, und ich hätte nie gedacht, dass ich meine Winterstiefel mal nicht danach aussuchen würde, ob sie zu meinen Outfits passen, sondern danach, ob sie noch gegen diese Kälte isolieren. Die Optik war mir total egal!

Woran ich mich in Michigan auch erst gewöhnen musste, war die Tatsache, dass es da einen extrem kurzen bis nicht vorhandenen Frühling beziehungsweise Herbst gab. Ich hatte mich schon gewundert, warum die in den Läden mit der Kleidung gleich von Winter zu Sommer springen. Zwischen Daunenjacke und Bikini gab es leider keine Übergangskleidung käuflich zu erwerben. Irgendwann merkte ich, dass ich die Übergangskleidung gar nicht brauchte, weil es keine Übergänge gab. Während ich an einem Tag noch mit meinen bis minus dreißig Grad isolierenden Winterstiefeln rumlief, konnte ich am nächsten Tag schon in die Flip-Flops schlüpfen. Winterstiefel in Kombination mit kurzer Hose und T-Shirt machen sich einfach nicht so gut.

Der Wind hatte es in Michigan ebenfalls in sich. Eigentlich sogar noch mehr als auf Helgoland, zumindest wenn er in Form einer Windhose daherkam. Michigan liegt zwar nicht in der berüchtigten «Tornado Alley», aber auch dort entwickeln sich Tornados. Was für mich ziemlich gewöhnungsbedürftig war, denn Wirbelstürme kannte ich aus Deutschland nicht. Entsprechend unvorbereitet war ich, als ich meine ersten Erfahrungen mit einer Tornadowarnung machte. Ich hatte sie nicht einmal mitgekriegt. Dass es eine Warnung für unser Gebiet gab, erfuhr ich nur, weil die Gemeindesekretärin ahnte, dass ich völlig ahnungs*los* war. Mein Telefon klingelte, Nancy war dran. Sie fragte nicht als Erstes, wie es mir geht, sondern kam gleich zur Sache. Das sagte mir, dass etwas ganz und gar nicht stimmte.

«Hi Pam, hast du den Fernseher an?»

«Nein, Nancy. Ich sitze auf dem Sofa und höre CDs.»

«Schalt ihn an. Oder das Radio. Die haben eine Tornadowarnung für Livingston County rausgegeben. Das seid ihr!»

«Oh Gott! Was mach ich denn jetzt?», fragte ich aufgeregt.

«Pam, Fernseher anmachen und sehen, ob die Tornadowarnung noch aktuell ist.»

Ich schaltete den Fernseher ein und sagte: «Ja, ist noch aktuell. Und jetzt?»

«Jetzt gehst du runter in den Keller. Nimm ein Radio mit, ein paar Decken und eine Gallone Wasser. Vielleicht noch ein paar Müsliriegel. Nur für den Fall, dass der Tornado euch in Hartland erwischt und ihr verschüttet werdet.»

«Meinst du das jetzt ernst?»

«Ich meine das total ernst», erwiderte Nancy. «Und jetzt sieh zu, dass du in den Keller kommst.»

«Wann weiß ich, dass ich wieder rauskann?», wollte ich noch wissen.

«Dafür hast du das Radio. Das meldet dir, wann die Tornadowarnung aufgehoben wird.»

Ich schnappte mir also Decken, Wasser, Radio und Müsliriegel und flitzte in den Keller. Und flitzte gleich wieder nach oben, um meinen Pass und mein Visum an mich zu nehmen. Letztlich klemmte ich mir den ganzen Ordner mit den wichtigsten Dokumenten unter den Arm und begab mich erneut in den Keller. Würde ich verschüttet werden, dann wenigstens mit meinen Papieren. Dort blieb ich abermals nur kurz, denn ich hatte mir überlegt, dass es länger dauern könnte, bis man mich nach dem Tornado ausgegraben hätte. Ich brauchte mehr Wasser und mehr Lebensmittel. So bewaffnete ich mich mit einer weiteren Gallone Wasser und ein paar Dosen mit Fertiggerichten und kehrte zurück in den Keller. Und kam wieder raus. Ich hatte den Dosenöffner vergessen.

Ein paarmal lief ich noch hin und her, bis ich alles hatte, von dem ich glaubte, dass es überlebensnotwendig war. Dann setzte ich mich in einen Klappstuhl und wartete. Und langweilte mich. Mir fiel ein, dass ich ja das Radio hatte. Das würde garantiert gegen die Langeweile helfen. Als ich es einschaltete, musste ich allerdings feststellen, dass ich im Keller keinen Empfang hatte. Das war jetzt echt blöd, denn so würde ich mich nicht nur weiter langweilen, sondern ich würde nicht mitbekommen, wenn die Tornadowarnung aufgehoben wurde.

Nach etwa einer Stunde beschloss ich, dass der Tornado sich längst verabsentiert haben musste, und begab mich zögernd ins Erdgeschoss. Als ich aus dem Wohnzimmerfenster guckte, sah ich einen Himmel, der mit einem ganz komischen Grün eingefärbt war. Vorsichtig machte ich die Haustür auf und hörte ein Rumpeln, das sich wie ein vorbeifahrender Zug anhörte. Der grüne Himmel und das Rumpeln gefielen mir gar nicht. Missmutig tapste ich zurück in den Keller, allerdings nicht, ohne ein Buch mitzunehmen.

Nach einer weiteren Stunde startete ich einen erneuten Versuch im Erdgeschoss. Der Himmel war strahlend blau, und alles war ruhig. Ich schaltete den Fernseher ein: Tornadowarnung aufgehoben. Ich konnte also oben bleiben.

Später erfuhr ich, dass das, was ich da gehört hatte, als ich die Haustür aufmachte, tatsächlich der Tornado war, der zu dem Zeitpunkt durch einen etwa zwanzig Kilometer entfernten Ort gefegt war und dort ordentlich Schaden angerichtet hatte.

In den Pastoratskeller auf Helgoland musste ich zum Glück noch nie. Jedenfalls nicht, um mich vor einem Tornado in Sicherheit zu bringen. Es hat zwar auf der Düne schon eine Windhose gegeben, die ordentlich Schaden angerichtet hat, aber das war lange vor meiner Zeit und ist wirklich die Ausnahme.

Nur mit einem Orkan müssen wir öfter rechnen. Der dann auch schon mal Fische aus der Nordsee aufs Oberland pustet. So fand sich denn eine Scholle auf dem Schuldhof wieder. Womit wir ganz wahrheitsgetreu behaupten können, dass es auf Helgoland fliegende Fische gibt.

WENN SICH DER PIEPER MELDET

Auf dem Schulhof landen bei Orkan nicht nur fliegende Fische. Fliegende Schuldächer landen da auch.

Eines windigen Tages saß ich gerade beim Mittagessen, als mein Pieper ging. Eigentlich heißt das Ding Funkmeldeempfänger, aber wenn den bei uns zu Hause jemand verlegt hat, heißt es nicht: «Hast du meinen Funkmeldeempfänger gesehen?», sondern: «Hast du meinen Pieper gesehen?» Dabei piept er gar nicht, sondern macht Lüdel-lüdel-lüdel-lüdel ... Aber im Grunde ist es auch egal, wie sich der Funkmeldeempfänger meldet, er gibt mir zu verstehen, dass ich meinen Hintern gefälligst zum nächstgelegenen Gerätehaus der Feuerwehr bewegen soll.

Mein Pieper scheuchte mich also vom Mittagessen hoch und jagte mich zum Feuerwehrgerätehaus. Wir hatten Orkan, und es war so schlimm, dass die Hilfe der Feuerwehr gebraucht wurde. Einer der Einsatzorte war die Schule, und als ich dort ankam, aus dem Feuerwehrauto stieg und mich über den Schulhof in Richtung Eingangstür bewegte, fiel mir das Schuldach vor die Füße. Zumindest ein Teil davon. Weisungsgemäß bezog ich dann vor der Eingangstür Posten und musste mit ansehen, wie alles Mögliche auf mein Pastorat zuflog, das sich in unmittelbarer Nähe der Schule befindet. Ich selbst war durch meinen Helm vor fliegenden Teilen geschützt, aber mein Pastorat hatte keinen Helm. Entsprechend angespannt war ich dann auch. Okay, ich war nicht nur angespannt. Ich war richtig gestresst.

Einen weiteren Stressfaktor stellen für mich Türen dar. Abgeschlossene Türen! Und damit meine ich nicht abgeschlossene Türen zu Gebäuden oder Wohnungen, in die wir dringend reinmüssen, um ein Feuer auszumachen. Ich meine Türen, durch die ich laufen muss, wenn ich aus meinem Haus raus und in den Einsatz will.

Mal wieder meldete sich der Funkmelder und riss mich mitten in der Nacht unsanft aus dem Tiefschlaf. Völlig benusselt stand ich in meinem Schlafzimmer und wartete darauf, dass die Meldung auch in meinem Gehirn ankam und das Gehirn dann die Alarmkette in Gang setzte: Achtung Einsatz! Erst Klo! Dann anziehen! Schnell loslaufen! Dieses Mal hatte ich Glück, und es ging alles fix, weil ich daran gedacht hatte, meinen Alarmstuhl herzurichten. Anmerkung für alle Nicht-Feuerwehrleute: Der Alarmstuhl ist der Stuhl, auf dem die Klamotten bereitliegen, die einen bei nächtlicher Alarmierung ohne Erfrierungen oder entsetzte Blicke noch aktiver Nachteulen das Gerätehaus erreichen lassen. Der Alarmstuhl ist sehr, sehr wichtig! Denn wenn man nach einer Alarmierung erst im Kleiderschrank oder Wäschepuff rumwühlen muss, erreicht man das Gerätehaus unter Umständen gar nicht.

Mein Alarmstuhl ist allerdings nicht immer hergerichtet; manchmal vergesse ich das oder bin einfach zu faul. Ich denke dann vor dem Schlafengehen: Ach, heute mal nicht. Wird schon gutgehen. Meine persönliche Statistik ist allerdings anderer Meinung: In neunzig Prozent der Fälle, in denen ich es versäumt habe, meinen Alarmstuhl zu bestücken, gibt's 'nen Einsatz. Und dann vergeude ich wertvolle Zeit mit der Suche nach Klamotten.

Dieses Mal war aber alles gut. Fast alles. Meine persönliche, von meinem Gehirn initiierte Alarmkette war im Gange: Einsatzinfo, Klo, anziehen und loslaufen, all das hatte zügig geklappt. Ich stürzte nun durch die Wohnungstür in den Vorflur und – BAMM! Ich kollidierte mit der Haustür.

Aua! Das tat weh! Da hatte ich in der Eile die Tür nicht sofort aufgekriegt und mir richtig derbe den Kopf gestoßen. Egal, ein Indianer kennt keinen Schmerz. Eine Feuerwehrfrau schon gar nicht! Zähne zusammenbeißen und ab ins Gerätehaus. BAMM! Ich hatte die Tür immer noch nicht auf. Wenigstens war ich nicht schon durch die Tür gestürzt, bevor ich sie aufhatte. Mit genügend Schwung hätte auch das passieren können.

Was war denn los? Diese verflixte Tür musste doch aufgehen! Mein dritter Versuch, die Haustür aufzumachen, fiel nun etwas vorsichtiger aus. Zwei Beulen am Kopf reichten mir. Aber: Die Tür ging nicht auf. Da hatte doch irgend so ein Idiot tatsächlich die Eingangstür abgeschlossen! Die war sonst immer auf.

Ich fummelte nach meinem Schlüsselbund. In der Eile fand ich natürlich nicht gleich den richtigen Schlüssel und musste noch mehr fummeln. Endlich: Der nächste Schlüssel passte. Doch er schloss die Tür nicht auf, weil sich da überhaupt nichts bewegte. Das Schloss war ziemlich verrostet und länger nicht mehr benutzt worden. Weiß der Geier, wie sie überhaupt hatte abgeschlossen werden können. Ich versuchte wirklich alles: gutes Zureden, einschleimen, drohen, anschreien, treten. Ich dachte, was bei unserem Kopierer hilft, hilft vielleicht auch bei einem störrischen Türschloss. Falsch gedacht. Und ich verlor weiter wertvolle Zeit. Also brauchte ich einen Plan B. Der führte mich durch meine Terrassentür in den Garten und über die Gartenmauer (die Gott sei Dank nicht so hoch ist!)

auf die Straße. Wo mich die nächste Herausforderung erwartete: Wenn ich zu viel Fahrt aufgenommen hatte, kriegte ich beim Abbiegen im wahrsten Sinne des Wortes die Kurve nicht.

Es reicht wohl zu sagen, dass ich am Ende aber doch rechtzeitig im Gerätehaus war. Hinzufügen muss ich allerdings, dass ich nach dem Einsatz einen Feuerwehrkameraden ordentlich zusammengefaltet habe. Ich wusste nämlich ganz genau, wer die Haustür zum Pastorat abgeschlossen hatte: Jemand, der nicht nur freiwillig für die Feuerwehr tätig war, sondern noch ehrenamtlich für die Kirche. Allerdings konnte ich ihm nicht so wirklich böse sein, weil eine gute Absicht dahintersteckte.

Ich: «Du kannst mich doch nicht einfach im Pastorat einschließen! Außerdem ist das Schloss total verrostet, da ging gar nichts mehr!»

Er: «Wie bist du dann rausgekommen?»

Ich: «Durch die Terrassentür! Und weil ich das mit der abgeschlossenen Haustür nicht wusste, habe ich mir ordentlich den Kopf angehauen! Zweimal! Das gibt Beulen!»

Er: «Das tut mir wirklich leid! Ich habe es nur gut gemeint. Ich war vorhin noch im Kirchenbüro und dachte beim Gehen, ich gönne dir ein bisschen Privatsphäre ...»

Ich: «Schon gut. Aber schließ mich trotzdem nie wieder ein!»

Neben dem Wind und einem barrierefreien Zugang zum Feuerwehrgerätehaus gibt es noch einen Punkt, den es bei Feuerwehreinsätzen zu beachten gilt: die Kleiderordnung. Das Drüber ist klar: PSA, wie es im Fachjargon heißt. Das steht für «Persönliche Schutzausrüstung». Das ist einfach, denn die ist ja gesetzt. Was jedoch das Drunter angeht, da existieren diverse Möglichkeiten und Vorlieben. Im Sommer sollte die Drunter-Kleidung nicht zu warm sein, im Winter nicht zu leicht. Ich bin auf jeden Fall für bequem! Was nicht immer hinhaut, zum Beispiel, wenn mein Pieper loslüdelt und ich für einen bestimmten Anlass gerade das kleine Schwarze trage. Dann muss ich nicht nur in Pumps das Gerätehaus erreichen, ohne mir die Füße zu brechen, sondern irgendwie auch einen Weg finden, das kleine Schwarze in die PSA zu stopfen.

Beim Bestücken meines Alarmstuhls kann ich mir durchaus etwas Bequemes zurechtlegen. Und da habe ich auch schon das perfekte Kleidungsstück ausfindig gemacht. Allerdings setze ich mich damit immer mal wieder dem Gespött meiner Kameraden aus: «Willst du Fallschirm springen?»

Das war der Kommentar, den ich mir anhören durfte, als ich mich nach einem frühmorgendlichen Einsatz aus meiner Einsatzschutzkleidung schälte. Der Spruch bezog sich auf mein Outfit, das nicht unbedingt als «stadtfein» zu bezeichnen war. Als der Pieper losging, bin ich aus dem Bett und in meinen Jumpsuit gesprungen. Deshalb heißt er ja auch Jumpsuit: Weil man einfach reinspringen kann. Okay, eigentlich hat die Bezeichnung tatsächlich etwas mit Fallschirmspringen zu tun, denn die Sprünge werden in solch einteiligen Anzügen durchgeführt. Aber das mit dem Reinspringen passt auch.

Ich finde, so ein Jumpsuit ist ein absolutes Musthave, wenn es um die sinnvolle Bestückung des Alarmstuhls geht.

Jedenfalls sehen die lieben Kameradinnen auch nicht viel besser aus, wenn sie zu nachtschlafender Zeit zu einem Einsatz anrücken müssen. Da kommen sie in Puschen und Pantoffeln angelaufen, manche sogar sockfuß. Statt dunkelblauer Diensthemden kriegt man karierte Schlafanzughosen zu sehen oder geringelte Nachthemden. Die Auswahl ist groß bei über fünfzig aktiven Kameradinnen und Kameraden, die um die vierzigmal pro Jahr in den Einsatz müssen.

Der akkurate Sitz der Outfits lässt gerade nachts oft zu wünschen übrig. Manchen ist die Jogginghose beim Sprint zum Gerätehaus über den Hintern gerutscht. Haare stehen zu Berge oder in alle Himmelsrichtungen. Das hastig im Dunkeln übergestülpte T-Shirt ist nicht nur auf links gedreht, sondern auch noch verkehrt herum angezogen (mit dem Wäscheschild vorne). Kommentar dazu: «Ich wollte kein Licht machen und meine Frau wecken.»

Das ist das, was ich an nächtlichen Einsätzen so mag: Müde Gesichter lächeln einen verschlafen an und wünschen trotz der Eile noch schnell einen guten Morgen. Und aus den harten Jungs und toughen Mädels werden plötzlich Menschen wie du und ich.

Das ist das, was ich an der Feuerwehr so mag: Es ist schön, nicht immer den Überflieger in Sachen Lebensführung raushängen lassen zu müssen – allzeit korrekt gekleidet und allzeit mit gutem Benehmen. Es ist schön, einfach mal auszusehen, als wolle man gleich mit dem Fallschirm abspringen! Oder besser: Als wäre man gerade mit dem Fallschirm abgesprungen.

Was ich an nächtlichen Einsätzen nicht so mag, ist die Tatsache, dass mein Gehirn manchmal ziemlich viel Zeit braucht, bis es einwandfrei funktioniert. Dazu muss es die Müdigkeit abschütteln, was mal mehr, mal weniger lange dauert. Dauert es länger, kann ich ziemlich begriffsstutzig sein.

Während eines dieser nächtlichen Einsätze war ich Maschinistin auf einem TLF 2000. Das ist ein Tanklöschfahrzeug, das einen Tank mit zweitausend Litern Wasser dabeihat. Irgendwann stand der Einsatzleiter vor mir und fragte mich:

«Hast du Wasser auf dem Auto?»

Ich guckte ihn völlig konsterniert an. Mein Gehirn war zu diesem Zeitpunkt noch nicht ganz wach. Deshalb antwortete ich: «Ja klar. Zweitausend Liter. Der Tank ist voll.»

Daraufhin war der Einsatzleiter dran, irritiert aus der Wäsche zu gucken. Dann meinte er: «Das ist mir klar. Ich meinte Wasser zum Trinken.»

Nun ging mir ein Licht auf: «Ja, ich habe Wasser auf dem Auto. Apfelschorle müsste auch noch da sein.»

Solche lustigen Missverständnisse lockern angespannte Situationen für einen Moment auf. Ich für meinen Teil war sogar ziemlich angespannt gewesen, denn bei dem Einsatz hieß es, es seien Menschenleben in Gefahr. Da fällt es mir auch nicht so leicht, hinterher wieder zur Tagesordnung überzugehen. Geht am Sonntagmorgen um zwei der Pieper und liege ich gegen fünf endlich wieder im Bett, ist es eine Herausforderung, um zehn in der Kirche zu stehen und Halleluja zu singen, als wäre nichts gewesen.

Und wenn es mal gar nicht klappt mit dem Abschalten, wenn sich ein Erlebnis in meinem Inneren festgefressen hat, dann tut es gut, jemanden zu haben, mit dem ich darüber reden kann. Am besten funktioniert das mit Feuerwehrkameradinnen und -kameraden, denn sie können nachvollziehen, womit ich gerade zu kämpfen habe.

Was mir außerdem hilft, ist körperliche Betätigung. Ich gehe dann ins Schwimmbad, ziehe meine Bahnen und schwimme alles weg. Oder ich ziehe ganz frühmorgens die Laufschuhe an und drehe meine Runden auf dem Oberland. Dabei erlebt man nämlich Sachen, die so skurril sind, dass sie schon wieder therapeutische Wirkung haben.

DREI KILOMETER
IN VIERUNDZWANZIG MINUTEN
UND SIEBZEHN SEKUNDEN

Joggt man im Februar frühmorgens, ist es kalt. Und dunkel. Leider lässt mir ein gutgefüllter Terminplan keine zeitliche Alternative, sodass ich nicht auf eine spätere (hellere) Tageszeit ausweichen kann.

Im Dunkeln sieht man nicht besonders gut. Was man aber sieht, sind komische leuchtende Punkte am schwarzen Himmel, die dafür sorgen können, dass einem recht mulmig wird.

Zumindest ging es mir so, als ich sie entdeckte. Ich dachte, sie würden jeden Moment herunterfallen. Irgendwann bemerkte ich aber, dass die Punkte alle fünf Sekunden sichtbar wurden und dass sie sich dazu in eine bestimmte Richtung bewegten. Mein noch müdes und um Sauerstoff ringendes Gehirn schaffte es dann irgendwann, einen Zusammenhang zwischen den zeitlichen Intervallen und der Bewegung herzustellen. Während es damit beschäftigt war, der Lunge mitzuteilen, dass sie sich gefälligst um die Sauerstoffzufuhr zu kümmern habe, begriff es endlich, was die Augen sahen: Dass es sich da am Himmel nicht um abgeworfene Bomben, sondern um fliegende Vögel handelte, die alle fünf Sekunden vom Licht unseres Leuchtturms angestrahlt wurden.

Das mit den Bomben ist jetzt kein Witz! Der Gedanke kam mir tatsächlich. Und ich hatte deshalb auch ein sehr,

sehr mulmiges Gefühl in der Magengegend. Ich weiß nicht, woher ich solche skurrilen Ideen habe, aber vielleicht hat es damit zu tun, dass ich mich als Pastorin zwangsläufig mit der Geschichte Helgolands auseinandergesetzt habe, in der abgeworfene Bomben in großzügiger Anzahl vorkamen. Ein Übriges tun dann vermutlich die vielen Terroranschläge, mit denen die Welt immer wieder gebeutelt wird. Da entwickelt Frau Pastorin dann durchaus mal eine kleine Paranoia beim Joggen und bildet sich ein, bombardiert zu werden.

Was man ebenfalls sieht, wenn man im Februar frühmorgens joggt, sind die beleuchteten Schiffe draußen in der Nordsee. Die sehen ein bisschen aus wie schwimmende Weihnachtsdeko. Nur dass diese Weihnachtsdeko das ganze Jahr über in der Nordsee rumschwimmt.

Ich war von der schwimmenden Weihnachtsdeko, dem Blinken des Leuchtturms und einer möglichen Bombardierung durch Seevögel derart abgelenkt, dass ich nicht auf den Weg achtete und fast die inseleigene Schafherde über den Haufen gerannt hätte. Okay, ich hätte wohl nur das erste Schaf über den Haufen gerannt. Eine ganze Herde rennt man nicht so einfach um, auch wenn man im Auftrag des Herrn übers Oberland joggt. Ich weiß jedenfalls nicht, wer sich mehr erschreckt hat: die Schafe oder ich.

Ich ließ mich aber weder von Seevögelbomben noch von getarnten Schafen beeindrucken, verlangsamte nur kurzfristig mein Tempo, schickte ein Stoßgebet gen dunklen Himmel und lief weiter.

Ich bete übrigens ständig beim Joggen, und nicht nur, wenn ich Gott dafür danken will, dass er mich noch rechtzeitig auf eine getarnte Schafherde hat aufmerksam werden lassen. Wenn ich ehrlich bin, hat das Jogginggebet einen ziemlich banalen Grund: Ich brauche etwas, das mich von der Anstrengung ablenkt. Ich habe wirklich Mühe mit den Steigungen, und dazu dann das Gefühl, gleich sterben zu müssen. Dieses Gefühl mag ich gar nicht.

Ich habe es zwar nur noch selten, da ich inzwischen fitter bin, aber beten tue ich immer noch, wenn ich laufe. Ich bin eben ein Gewohnheitstier. Außerdem tut es mir gut, wenn ich mich da draußen mit Gott unterhalte. Natürlich nur gedanklich, denn für den Einsatz meiner Stimme habe ich nicht genug Puste. Meistens gehe ich in Gedanken die «Perlen des Glaubens» durch. Ich stelle mir jede dieser Perlen vor und spreche ein kleines Gebet passend zur Bedeutung der jeweiligen Perle. So sehe ich zum Beispiel die große weiße Taufperle vor meinem inneren Auge und danke Gott dafür, dass er (oder sie) mich annimmt, wie ich bin, und mich in meinem Leben begleitet. Wenn ich bei den drei kleinen Fürbittenperlen angekommen bin, denke ich an Menschen, die es im Moment besonders schwer haben, und bitte Gott um Hilfe für sie. Ich kann euch sagen: Das lenkt wunderbar von übersäuerten Muskeln und Atemnot ab.

Gefordert ist aber weiterhin Konzentration. Joggen im Dunkeln ist nämlich nicht ohne. Nicht nur, dass man dunkle Schafe vor dunkler Nordseeszenerie nicht erkennt. Die durch Bodenfrost gefrorenen Stellen auf dem Weg sieht man ebenfalls nicht. Auf den Grünstreifen an der Seite ausweichen ist nicht drin, weil der Boden uneben ist und die Gefahr besteht, sich den Knöchel zu verknacksen. Den Knöchel verknacksen will ich mir schon überhaupt gar nicht. Dann müsste ich womöglich noch die Kameradinnen von der Feuerwehr alarmieren, die mich dann, verschwitzt und verknackst, wie ich gerade bin, von dort weghieven müssen. Geht gar nicht!

Die viel größere Gefahr auf besagtem Grünstreifen stellen allerdings die Tretminen in Form von Hundehaufen dar. Also, ich will da garantiert nicht reintreten! Ich kann mich nach einem solchen Tretminenkontakt zwar immer noch selbst weghieven, aber wer will schon mit Hundekacke am Schuh zu Hause ankommen? Ich nicht!

Da bleibt mir nur, tapfer auf dem eisglatten Weg entlangzuschlittern und zu hoffen, dass nicht plötzlich eine Schafherde im Weg steht und sich womöglich auf dem Kriegspfad befindet. Mit dem Bremsen auf Glatteis ist das nämlich so eine Sache.

Der Wanderhemdbügler kommentierte die Jogging-Aktion im Dunkeln übrigens wie folgt: «Hauptsache, du merkst, wenn die Insel zu Ende ist!»

Was mich an einem anderen Tag noch viel mehr in Angst und Schrecken versetzte als die Schafe, die mir immer wieder im Dunkeln auflauerten, war die Stimme aus dem Off.

Ich hatte mich gerade auf ein für mich angenehmes Tempo eingejoggt, als mich plötzlich eine weibliche Stimme ansprach. Ich muss gestehen, dass ich total von der Rolle war, weil ich gar nicht erwartete, irgendeinem menschlichen Wesen zu begegnen. Um diese Uhrzeit ist sonst niemand auf dem Klippenrandweg unterwegs. Jedenfalls hatte ich vor Schreck und vor Anstrengung nicht verstanden, was die Stimme gesagt hatte. Ich drehte mich um, weil ich die Besitzerin dieser Stimme hinter mir vermutete. Da wird wohl, dachte ich, ohne dass ich es mitbekommen hatte, jemand auf mich aufgelaufen sein. Na wunderbar: Noch so eine Bekloppte, die lieber draußen bei Eiseskälte im Finstern ihre Runden dreht, anstatt im kuschelig-warmen Bett zu bleiben. Ich drehte mich also um, aber: Da war niemand.

Nach etwas über acht Minuten sprach mich die Stimme ein weiteres Mal an, und ich versuchte erneut herauszufinden, wo die dazugehörige Person stecken mochte. Ohne Erfolg.

Und dann dämmerte mir: Die Stimme kam gar nicht von irgendwo hinter mir! Sie kam aus meinem Bauch! Oder vielmehr aus der Gürteltasche, die ich mir um den Bauch gebunden hatte. Es war das Handy, das mit mir sprach!

Ich schleppe zum Joggen immer ein Handy mit, weil es eine GesundheitsApp hat, die meine Schritte zählt. Und Kilometer. Und den Kalorienverbrauch. Und die Laufgeschwindigkeit. Es war die Stimme dieser App, die mich da ansprach, um mir mitzuteilen, wie schnell ich den letzten Kilometer gelaufen war. Das hatte ich allerdings bei der zweiten Ansprache noch nicht geblickt. Immerhin wusste ich schon, dass die Stimme aus dem Handy kam.

Aber gerade das trieb mir den Angstschweiß auf die Stirn (zusätzlich zum Joggingschweiß), denn ich dachte nun, ich hätte versehentlich jemanden angerufen – durch die Bewegung beim Laufen. Völlig panisch riss ich das Handy aus meinem Gürtel und versuchte das herauszufinden. Ist ja nicht so, als wäre mir das nicht schon passiert. Nicht beim Laufen, aber in anderen Situationen. Zum Beispiel, als das Handy willenlos und ungeschützt in einer Handtasche rumflog.

Ich versuchte also mein Handy aus der Gürteltasche zu fummeln, was natürlich mit behandschuhten Fingern nicht funktionierte. Also erst einmal Handschuhe ausziehen und hinten in die Laufhose stopfen. Dann Handy raus. Dann Recherche nach ausgegangenen Anrufen starten. Da ich bei diesen Aktionen nicht nur meine Füße aus dem Tritt brachte, sondern meine Sauerstoffzufuhr gleich mit (ich befand mich kurz vor Einsetzen einer Schnappatmung), stopfte ich das

Handy unverrichteter Dinge wieder zurück in die Gürteltasche und versuchte mir *nicht* vorzustellen, wie es sich am anderen Ende der Leitung anhört, wenn man gezwungenermaßen unter Stöhnen und Keuchen mitjoggen muss. Ich versuchte die Möglichkeit zu ignorieren, dass mir da irgendjemand beim Joggen zuhörte.

Nach weiteren acht Minuten sprach die Stimme schon wieder zu mir. Dieses Mal verstand ich sogar, was sie sagte: «Drei Kilometer in vierundzwanzig Minuten und siebzehn Sekunden. Verbrauchte Kalorien: 178.» Da wurde mir bewusst, dass sich die Stimme immer nach genau einem absolvierten Kilometer meldete, und ich erlebte die längst fällige Offenbarung, dass es meine GesundheitsApp war, die mit mir redete. Ich wurde also weder verfolgt, noch hörte mir jemand beim Joggen zu. Welch eine Erleichterung! Ich glaube, ich bin den letzten Kilometer meiner Runde noch nie so leichtfüßig gelaufen wie an diesem Morgen. Für den letzten Kilometer habe ich garantiert keine acht Minuten gebraucht!

Ach ja, die Sportcracks unter euch werden gemerkt haben, dass ich eine ziemlich lahme Ente bin, wenn es ums Laufen geht. Acht Minuten für einen Kilometer ist schon ziemlich langsam. Was aber von Vorteil sein kann, wie wir inzwischen wissen: wegen der Tarnschafe und so.

Ich könnte jetzt natürlich behaupten, dass meine lahmen Laufzeiten mit dem Gegenwind zu tun haben, der mir öfter zusetzt. Und komm mir jetzt nicht mit dem Argument, dass mich der Rückenwind doch nach vorne pustet und den Gegenwind so wieder ausgleicht. Das funktioniert leider nicht.

Egal aus welcher Richtung der Wind weht, er kostet Kraft. Und er versucht auch gerne mal, mich von den Füßen zu holen. Was nicht nur für die morgendlichen Joggingrunden zutrifft, sondern für das Leben ganz allgemein. Jedenfalls ist bei 8 Windstärken für mich Schluss mit Laufen. Bei 7 Beaufort wage ich mich durchaus noch auf den Klippenrandweg. Wenn es nicht regnet. Oder hagelt. Oder gewittert. Das muss ich mir wirklich nicht antun.

Deshalb bin ich auch immer ein bisschen aufgeregt, wenn mein Handy mir morgens zu verstehen gibt, dass ich aufstehen soll. (Ja, wir kommunizieren öfter miteinander, nicht nur beim Laufen.) Seit dem letzten Update sagt mir mein Handy nicht nur mit sanften Klängen, dass ich aufstehen soll, sondern liefert ein freundliches «Guten Morgen» und einen kurzen Wetterbericht gleich mit. Besonders nervös macht mich, wenn es angibt, mit wie viel Stundenkilometern der Wind über das Helgoländer Oberland weht. Kommen wir bei dreißig an (was etwa 5 Windstärken entspricht) samt einer Regenvorhersage, fangen Engelchen und Teufelchen, die die Nacht über einigermaßen friedlich auf meinen Schultern geschlafen haben, morgens um sechs den wüstesten Streit an:

Teufelchen: «Lauf gar nicht erst los. Das Wetter ist zu schlecht!»

Engelchen: «Ach, so schlimm ist es gar nicht. Nur 5 Windstärken. Du bist schon bei mehr Wind gelaufen.»

Teufelchen: «Aber da kommt noch Regen. Ich kann schon die ersten Tropfen hören, die aufs Dachfenster fallen.»

Wir drei lauschen gespannt.

Engelchen: «Also ich hör nix. Es regnet noch gar nicht.»

Teufelchen: «Doch, doch! Glaub mir, es regnet schon.»

Engelchen: «Also, wenn du jetzt nicht aufstehst und dich fertig machst, wird das heute nichts mehr mit dem Laufen.»

Meistens gewinnt das Engelchen. Mit dem Ergebnis, dass Teufelchen sich vor Lachen auf meiner Schulter wälzt, wenn ich nach der Laufrunde klatschnass und mit einer Herzfrequenz, die bis zum Mond reicht, wieder zu Hause ankomme.

Zum Glück hat Teufelchen nicht oft Grund, das Engelchen und mich auszulachen. Das Wetter ist nämlich nicht immer schlecht. Eigentlich ist es sehr oft sogar sehr gut. Besonders im Sommer: Im August frühmorgens joggen zu gehen, ist überwiegend angenehm, denn es ist in der Regel warm. Und atemberaubend schön. Ich sehe die Sonne hinter der Düne aufgehen und kann den Himmel bewundern, der in den allerschönsten Farben angemalt ist und mich wissen lässt: Gott ist auch schon auf und joggt mit.

Ich kann kaum beschreiben, wie wunderbar diese Sonnenaufgänge sind und wie gut es sich anfühlt, wenn dann auch in mir drin die Sonne aufgeht. Wenn ich in den Sonnenaufgang laufe, darf ich eine halbe Stunde lang zugucken, wie die Welt erst pastellbunt wird und schließlich Meer und Himmel Feuer fangen. Auf dem Oberland habe ich den Platz in der ersten Reihe für diese atemberaubende Vorführung. Außer dem Leuchtturm ist da nichts, das mir die Sicht auf den aufgehenden Sonnenball nehmen kann.

Es gibt sicherlich viele tolle Laufstrecken auf unserem Planeten. Aber ich bin fest davon überzeugt, dass ich nicht nur die abenteuerlichste Laufstrecke habe (Tarnschafe und so), sondern die schönste der Welt. Und die schönste Spazierstrecke habe ich damit auch. Ihr merkt schon: Ich habe einen großen Bewegungsdrang! Das hat vermutlich damit zu tun, dass ich als Pastorin viel Zeit am Schreibtisch zubringe. Eigentlich sollte man ja meinen, ich sei ständig unterwegs, um Leute zu besuchen, an Ausschüssen und Sitzungen teilzunehmen, um mit dem Chor oder dem Seniorenkreis essen zu gehen, oder um einfach mitten im Inselleben zu sein. Das bin ich auch, aber ein Großteil meines Dienstes besteht aus guter alter, langweiliger Schreibtischarbeit. Da mein Rücken das auf Dauer nicht so klasse findet, muss ich mich immer wieder bewegen. Das tue ich dann auch ausgiebig und aus den unterschiedlichsten Gründen.

Über das morgendliche Joggen nach dem Motto «Fit for ministry» oder «Fit fürs Pfarramt» habe ich mich ja schon ausgelassen.

Dann wäre da noch mein Pelzgesicht, also die Hundedame, die mit mir und dem Wanderhemdbügler das Pastorat bewohnt. Die kann ich auf meine Laufrunden leider nicht mehr mitnehmen, weil sie schlichtweg zu alt dafür ist. Wer will denn schon mit über neunzig morgens ums Oberland joggen? Unsere Jessie jedenfalls nicht.

Trotzdem muss der Hund täglich mehrfach raus, und die Hunderunden sorgen dafür, dass ich zusätzliche Bewegung bekomme. Manchmal nutze ich diese Hunderunden für geistige Auszeiten, meistens enden sie aber in Predigtvorbereitungen. Ich kann einfach nicht anders, als mir beim Spazierengehen Gedanken über die noch zu schreibende Sonntagspredigt zu machen. Spaziergänge sind eine perfekte Gelegenheit, um im Kopf die Predigt zu schreiben.

Und dann gehe ich öfter auch dienstlich spazieren, wie du inzwischen weißt. Dienstgespräche und Seelsorgegespräche lassen sich supergut dabei führen. Ich finde ja, dass es sich beim Gehen mit Blick auf die Nordsee viel besser reden lässt als in einem schlechtgelüfteten Büro. Besonders bei Seelsorgegesprächen ist es schon passiert, dass wir nicht nur eine Runde gedreht haben, sondern noch eine und noch eine. Man ist ja ziemlich schnell einmal rum. So groß ist Helgoland nicht. Und manche Menschen brauchen einfach ein bisschen Zeit, bis sie sich alles von der Seele geredet haben. (Meine Fitnessuhr freut sich dann immer und startet ein Feuerwerk an meinem Handgelenk, wenn ich meine zehntausend Schritte geschafft habe.) Das ist schon ein ganz erfolgreiches Seelsorgekonzept. Nicht nur das Reden und Reflektieren hilft den Menschen, sondern auch der Wind, der einem den Kopf wieder frei pustet und für Ordnung im Hirn sorgt. Bisher hat es zumindest funktioniert.

Damit habe ich den perfekten Arbeits- und Lebensplatz: landschaftlich umwerfend schön, fitnessfördernd und dazu noch mit einem sehr guten Arbeitsklima.

Hatte ich schon erwähnt, dass ich hier nicht mehr wegwill?

EPILOG

Nun hast du einen Eindruck davon bekommen, wie eine Pastorin so mitten in der Nordsee lebt. Es gibt viel Sonnenschein, aber auch mal Regen und ganz bestimmt eine Menge Gegenwind. Das betrifft sowohl das Wetter als auch das Leben und Arbeiten auf dieser Insel.

Lange habe ich überlegt, ob ich hier diverse Themen überhaupt anschneiden und damit ein «Unwetter» riskieren soll, weil der eine oder die andere meinen könnte, das Ansehen des Amtes würde damit beschädigt werden. Aber mir ist es sehr wichtig, zu zeigen, dass ich nicht nur Pastorin, sondern auch Mensch bin. Pastorinnen und Pastoren tragen nun mal nicht vierundzwanzig Stunden am Tag liturgische Kleidung, sondern dazwischen auch Jeans, verschwitzte Laufklamotten, Bademäntel, Schlafanzüge oder nur die Unterwäsche. Pastorinnen und Pastoren sind nicht vierundzwanzig Stunden am Tag, sieben Tage die Woche und dreihundertfünfundsechzig Tage im Jahr ein Vorbild in perfekter Lebensführung. Ich kenne sogar eine Pastorin, der durchaus mal das Wort «Kacke!» rausrutscht.

An manchen Tagen sind wir begriffsstutzig, an anderen schlecht gelaunt und an wieder anderen schwer genervt. Oder traurig. Oder nicht bei der Sache. Es gibt sogar Tage, an denen wir Fehler machen. Ich für meinen Teil habe aber die Erfahrung gemacht, dass der offene Umgang damit Distanzen abbaut und mich den Menschen, mit denen ich es zu tun habe, näherbringt. Diese Nähe erlebe ich ganz oft, und das lässt mich das Pastorinnen-Dasein auf Helgoland als wirklich schön empfinden.

Ich finde es sogar so schön hier, dass ich nicht lange überlegen musste, als ich mal gefragt wurde, ob ich nicht die Insel wechseln und woanders eine Pfarrstelle antreten wolle. Nein, will ich nicht. Ich will hier ganz, ganz lange bleiben.

Eine Reaktion auf meine Aussage, dass ich auf Helgoland lange bleiben möchte, wenn möglich sogar bis zum Ende meiner Dienstzeit, war, dass ich den Menschen hier keine falschen Hoffnungen machen solle, weil es ja anders kommen könnte. Ich habe damals gedacht: Ich mache doch niemandem falsche Hoffnungen, denn schließlich sage ich, dass ich hier lange bleiben *möchte* und nicht, dass ich lange bleiben *werde*. Das ist ein riesengroßer Unterschied.

Natürlich weiß ich, dass einen der Inselkoller auch nach mehreren Jahren noch ereilen kann. Und ich weiß, dass das mit meinen Plänen nicht immer so gut funktioniert, wenn mein alleroberster Boss andere Vorstellungen hat als ich. Was durchaus vorkommt, wie mein fünfjähriger USA-Aufenthalt beweist oder die Tatsache, dass ich auf dieser Insel gelandet bin.

Gott weiß aber auch, aus langjähriger Erfahrung, dass ich ziemlich widerborstig sein kann, wenn ich etwas unbedingt will. Im Grunde könnte sich mein alleroberster Boss natürlich immer durchsetzen, aber im Moment sieht es nicht danach aus, als würden Gott und ich über dieses Thema einen Streit anfangen.

DANK

Ich danke allen, die mich bis hierher begleitet und geprägt haben – als (Insel-)Pastorin und als Mensch: Ohne euch würde es dieses Buch mit seinen schönen Geschichten nicht geben.

Besonders bedanken möchte ich mich aber bei meinem Mann, der nicht nur ganz hingebungsvoll seine Wanderhemden bügelt, sondern mit noch viel mehr Hingabe für mich da ist und mich mit all meinen Gemütszuständen trägt und erträgt: Ohne deine Motivation und Rückendeckung hätte ich dieses Buch nie angefangen (oder ich hätte spätestens auf halber Strecke aufgegeben). Ohne dich hätte es auch die vielen Gespräche am Küchentisch nicht gegeben, die mir eine Mega-Hilfe beim Sortieren meiner Gedanken waren.

Bedanken möchte ich mich genauso bei meinen Eltern, die mich immer bei meinen Vorhaben unterstützt haben. Ihr habt mir von Anfang an vermittelt: «Wenn das jetzt dran ist, dann mach es. Wir helfen dir auch. Du schaffst das! Und wenn nicht, dann stehen wir trotzdem hinter dir.» Ich bin nicht nur Gottes Kind, ich bin auch euer Kind, und ihr habt einen ganz großen und wunderbaren Teil dazu beigetragen, dass ich mein Leben bis hierher gut gemeistert habe.

Ein großes Dankeschön geht auch an meine beiden Lektorinnen, die mit einer Engelsgeduld meine Sturheit und mein Rumgezicke ertragen haben, welche oft der Erkenntnis vorausgingen, dass sie ja doch recht haben.

Zu guter Letzt muss ich mich natürlich noch bei dem bedanken, der ja sowieso immer Schuld hat, bei dem Heiligen Geist. Und dieser Dank kommt aus tiefstem Herzen.

INHALT

Prolog * **7**
Ankunft mit drei Containern * **14**
«Wie bist du eigentlich auf Helgoland gelandet?» * **23**
Eine Kneipenpastorin * **31**
Einsatz zur See und in der Luft * **41**
Seekabel 2.0 * **50**
Kegelrobben textilfrei * **60**
Urlauberseelsorge oder Mee(h)r erleben * **72**
Ich bin die Auferstehung und das Leben * **79**
Kein esoterischer Kram * **89**
Einen Bartschutz brauche ich nicht * **98**
Auf die Glocke * **107**
Die Sache mit der Einfühlsamkeit * **121**
Da ist der Friedhof! Da liegen die Walfänger! * **130**
Achtung Baustelle! * **138**
Geburtstagsbesuche mit Pannen * **148**
Fluchtfahrzeug mit G? Gehwagen! * **156**
Nichts für schwache Nerven! * **165**
Ihr Kinderlein kommet * **178**
Was so gekocht wird in der Gerüchteküche * **185**
Von Türen und Bademänteln * **194**
Gestrandet im Nirgendwo * **201**
Einkaufen ist nicht gleich einkaufen * **209**
«Ist dein Tannenbaum schon da?» * **218**

Flexibilitätstraining für Fortgeschrittene * **227**
Eine Seefahrt, die ist lustig * **235**
Schafwegtrieb * **241**
So ein Müll! * **248**
Der Wind, der Wind * **255**
Wenn sich der Pieper meldet * **263**
Drei Kilometer in vierundzwanzig Minuten
und siebzehn Sekunden * **270**
Epilog * **280**

Dank * **282**

Stephanie Petersen
Die Inseltierärztin

Mit Herz und Schnauze – Geschichten aus meiner Praxis

Schon als kleines Mädchen wollte Stephanie Petersen Tierärztin werden. Der Liebe wegen strandete sie auf Sylt – dort, wo andere Urlaub machen, führt sie seit fast 20 Jahren ihre eigene Praxis. In ihrem Alltag mit kleinen und größeren Tieren gleicht kein Tag dem anderen, und in all den Jahren hat Stephanie Petersen viel erlebt; lustige Begegnungen mit Hunden und ihren Haltern, dramatische Rettungsaktionen und traurige Abschiede von langjährigen Weggefährten, all das vor der großartigen Kulisse der schönsten Insel Deutschlands. Diese Geschichten erzählt sie nun – mit Witz, Tempo, Feingefühl und vor allem einem großen Herz für Tiere.

192 Seiten

Weitere Informationen finden Sie unter **rowohlt.de**